Schöningh

Franz Josef Floren

Politik-Wirtschaft

Wirtschaftspolitik in der sozialen Marktwirtschaft

www.schoeningh-schulbuch.de
Schöningh Verlag, Jühenplatz 1–3, 33098 Paderborn

Druck 5 4 3 2 1 / Jahr 2014 13 12 11 10
Die letzte Zahl bezeichnet das Jahr dieses Druckes.

Umschlaggestaltung: Franz-Josef Domke, Hannover
Druck und Bindung: westermann druck GmbH, Braunschweig

ISBN 978-3-14-024444-2

Inhaltsverzeichnis

Vorwort

Die *methodisch-didaktische Zielorientierung* des vorliegenden Heftes entspricht den im Kerncurriculum formulierten **Kompetenzbereichen** *„Fachwissen"* (politisch-ökonomisches Orientierungswissen zur Ermöglichung kritisch-rationalen Urteilens), *„Erkenntnisgewinn"* (Analysieren politischer und ökonomischer Phänomene mit Hilfe fachspezifischer Methoden und Arbeitstechniken) und *„Bewertung"* (Bewerten politischer und ökonomischer Sachverhalte).
Zur Verdeutlichung werden in einer *Synopse* die diesen Bereichen zugeordneten sieben *Kompetenzen* (Kerncurriculum S. 10 f.) sowie die verbindlichen *Themen und Inhalte* (Kerncurriculum S. 13 – 16) den *Kapiteln und Abschnitten* des Bandes für die Jahrgangsstufe 11 zugeordnet. Die Synopse steht im Internet (www.schoeningh-schulbuch.de/pdf/978-3-14-024413-8-1-1.pdf) zur Verfügung.

Das **Materialangebot** soll den Schülerinnen und Schülern eine möglichst selbstständige und kritische Auseinandersetzung mit den Themen und Gegenständen ermöglichen. Es bietet der Lehrkraft und der Lerngruppe die Möglichkeit der Auswahl und Schwerpunktsetzung im Hinblick auf die Vorkenntnisse und die zur Verfügung stehende Unterrichtszeit.
Materialien für das *Fach auf grundlegendem Anforderungsniveau* werden durch vertiefende (als VERTIEFUNG markierte) Materialien für das *Fach auf erhöhtem Anforderungsniveau* ergänzt, sodass der Band eine flexible Arbeitsgrundlage für die Unterrichtsarbeit in beiden Ausprägungen des Faches darstellt.

Auf den zentralen Stellenwert der ausdifferenzierten **Arbeitshinweise** als eines wichtigen *Steuerungsinstruments* bei der Erarbeitung der Materialien und im Hinblick auf die Kompetenzorientierung der gesamten Unterrichtsarbeit sei besonders hingewiesen. Die Hinweise bestehen aus
- differenzierten, auf das jeweilige Material bezogenen *Erschließungshilfen* (Sach- und Methodenkompetenz),
- Hinweisen zur *Erfassung gedanklicher Zusammenhänge*, zur *Anregung von Argumentation und Diskussion* (Urteilskompetenz) und aus
- Vorschlägen für eine möglichst selbstständige, auf ein bestimmtes Ergebnis bezogene *Untersuchung bestimmter Fragestellungen* (Methodenkompetenz, Urteilskompetenz).

Die Formulierung der Arbeitshinweise orientiert sich an den für das Fach Politik-Wirtschaft geltenden *Operatoren* (s. die Übersicht im Methodischen Anhang, S. 92).

Verweise auf *Internet-Informationsangebote* zur Ergänzung und Vertiefung werden zu den einzelnen Kapiteln, Abschnitten und Materialien gegeben.

Darüber hinaus sei hier gesondert hingewiesen auf folgende, z. T. auch im Klassensatz leicht beziehbare Veröffentlichungen der *Bundeszentrale für politische Bildung:*

- *pocket Wirtschaft – Ökonomische Grundbegriffe* (2006), erhältlich und verwendbar wie „pocket politik" (im Internet: http://www.bpb.de/files/QTBEX0.pdf)
- das sehr informative *„Lexikon der Wirtschaft – Grundlegendes Wissen von A bis Z* (Neuauflage 2009); der textgleiche *„Duden Wirtschaft von A bis Z"* steht vollständig im Internet zur Verfügung: http://www.bpb.de/wissen/P2JEFH,0,Duden_Wirtschaft.html
- das Dossier *Wirtschaft* (http://www.bpb.de/themen/JECP88,0,Wirtschaft.html)
- *Informationen zur politischen Bildung Nr. 293 (2007): „Unternehmen und Produktion"* (im Internet: http://www.bpb.de/publikationen/5OAIS6,0,Unternehmen_und_Produktion.html)
- *Informationen zur politischen Bildung Nr. 294 (2007): „Staat und Wirtschaft"* (im Internet: http://www.bpb.de/publikationen/IXJNWG,0,Staat_und_Wirtschaft.html)

Herausgeber und Verlag sind für kritische Hinweise (gerichtet an den Schöningh Verlag, Jühenplatz 1 – 3, 33098 Paderborn, Fax: 05251/127-860, E-Mail: info@schoeningh-schulbuch.de) jederzeit dankbar.

Wirtschaftspolitik in der sozialen Marktwirtschaft

I Marktwirtschaft – Funktionen und Grenzen des Marktes

M1 Modell „Marktwirtschaft"

Abb. 1

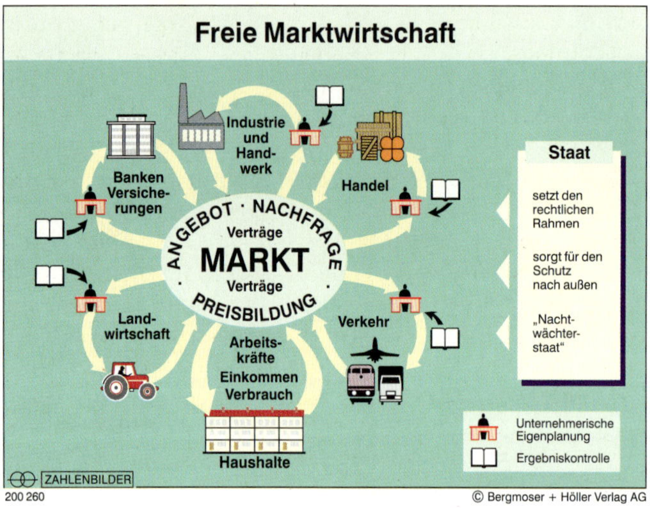

In der Marktwirtschaft entscheiden und handeln die Einzelnen – einzelne Menschen, Verbraucher und Produzenten, Haushalte und Unternehmen – nach ihren jeweiligen Interessen. Unternehmen legen fest, welche Güter sie in welchen Mengen herstellen und zu welchen Preisen verkaufen wollen. Sie entscheiden, wen sie als Arbeitskraft einstellen und woher sie die Produktionsmittel beziehen. Die Haushalte bzw. die einzelnen Konsumenten wiederum entscheiden, wofür sie ihr Geld ausgeben wollen. Die Arbeitnehmer stellen ihre Arbeitskraft – den Produktionsfaktor Arbeit – zur Verfügung. Das erste Grundprinzip der Marktwirtschaft ist also die **individuelle Entscheidungsfreiheit** in wirtschaftlichen Angelegenheiten. Das zweite Grundprinzip ist der **Wettbewerb** zwischen denen, die in der Wirtschaft tätig sind, insbesondere zwischen den Unternehmen. Sie konkurrieren um die Kunden; wenn sie dabei Erfolg haben, erzielen sie Gewinne. Doch sie können auch scheitern, d. h. Verluste machen. [...]

Die vielen wirtschaftlichen Einzelentscheidungen müssen aufeinander abgestimmt werden. Das geschieht letztlich auf dem **Markt**, weshalb dieses Modell einer Wirtschaftsordnung auch **Marktwirtschaft** genannt wird.

(Herbert Uhl [Hg.], Grundwissen Politik, Ernst Klett Schulbuchverlag, Stuttgart/Leipzig 2007, S. 75)

Gelenkt wird der Wirtschaftsprozess durch **Märkte und Preise**, die sich nach Angebot und Nachfrage regeln (s. Abb. 2) und nicht durch zentrale Pläne der Regierung. Das **Privateigentum** wird in besonderer Weise geschützt und garantiert.

Abb. 2

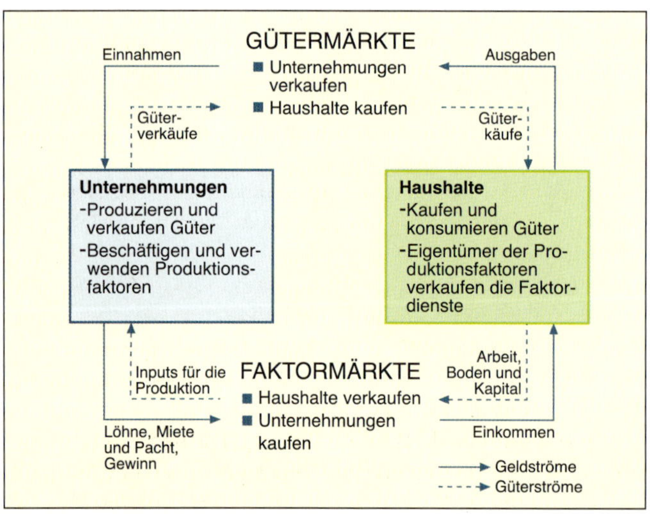

(Gregory Mankiw/Mark Taylor, Grundzüge der Volkswirtschaftslehre, Schäffer-Poeschel Verlag, Stuttgart, 4. Aufl. 2008, S. 28; übers. von Adolf Wagner und Marco Herrmann)

- In der Regel verfügt nicht der Staat über Maschinen und Fabriken, sondern einzelne Bürger. Es gibt also bis auf wenige Ausnahmen, in denen der Staat Eigentümer ist, *Privateigentum* an den Produktionsmitteln.
- Die *Preise* für Sachgüter und Dienstleistungen bilden sich auf Märkten durch Angebot und Nachfrage und nicht dadurch, dass der Staat die Preise festsetzt.
- Die *Unternehmer* streben danach, Gewinne für ihre Unternehmen zu erzielen. Sie arbeiten also nicht für die Erfüllung staatlicher Pläne.
- Der *Staat* greift nach Möglichkeit nicht in das Wirtschaftsgeschehen ein, er hat lediglich Überwachungsfunktion und garantiert durch seine *Rechtsordnung* z. B. Vertragsfreiheit, freie Berufs- und Arbeitsplatzwahl sowie die Gewerbefreiheit (s. Abb. 1).

(Hans Kaminski [Hg.], Praxis Arbeit/Wirtschaft, Gesamtband, Westermann Schulbuchverlag, Braunschweig 2002, S. 229)

M2 Der Markt als Institution und seine Funktionen

In einer arbeitsteiligen, komplexen Welt sind wirtschaftliche Strukturen und Prozesse dann wirksam gestaltet, wenn die „Reibungen“ bei den Transaktionen* möglichst gering gehalten werden können, d.h., dass die Kosten für das Gewinnen von Informationen, die Durchführung von Verhandlungen, für die Koordination, Steuerung und Kontrolle so weit wie möglich zu minimieren sind. [Experten schätzen den Anteil dieser **Transaktionskosten*** an den Gesamtkosten auf rd. 50%.] Gerade die hochgradige nationale und internationale Arbeitsteilung* macht es erforderlich, Produktion und Konsumtion zu koordinieren. Diese Leistung soll in einem marktwirtschaftlichen System der **Markt** erbringen. Er ist der **zentrale Lenkungsmechanismus** für die wirtschaftlichen Aktivitäten der Wirtschaftssubjekte. Betrachten wir den Markt genauer, dann ist er eine Institution, die durch die Bekanntgabe einer Zeit, eines Ortes, eines Preises sowie der Art und Qualität eines Gutes Verkäufer und Käufer zusammenführt.

(Franz Josef Kaiser/Volker Brettschneider, Volkswirtschaftslehre, Cornelsen Verlag, Berlin 2002, S. 63)

Durch das Zusammentreffen von Anbietern und Nachfragern auf Märkten bilden sich **Preise**. Diese zeigen den Grad der Knappheit gehandelter Güter an und bestimmen dadurch das Wirtschaftshandeln von Unternehmen und Konsumenten (*Informations- und Lenkungsfunktion*). Die Entscheidungen der wirtschaftenden Menschen über die Verwendung knapper Ressourcen* für Investitionen*, Produktion und Konsum werden so aufeinander abgestimmt, dass die Gesellschaft bestmöglich mit knappen Gütern und Dienstleistungen versorgt wird (*Koordinationsfunktion*). Steigende Preise signalisieren eine geänderte Zusammensetzung der am Markt geäußerten Bedürfnisse und damit neue Gewinnchancen. Sie vermitteln Anreize zur Umlenkung von Ressourcen und zur Entwicklung neuer und besserer Produkte und Produktionsverfahren (*Entwicklungs- und Fortschrittsfunktion*).

(www.wissen.de/wde/generator/wissen/ressorts/bildung/index,page=1186104,chunk=1.html)

M3 Welche Merkmale treffen auf das Modell Marktwirtschaft (nicht) zu?

Grundannahmen und Merkmale der Modelle „Marktwirtschaft“ und „Zentralverwaltungswirtschaft“

1. Nur der einzelne Mensch kennt seine Bedürfnisse.
2. Staatliche Stellen planen die Produktion (Art, Beschaffenheit, Menge) der Güter.
3. Welche Güter die Menschen brauchen und wünschen, lässt sich für eine ganze Volkswirtschaft bestimmen.
4. Unternehmen und Fabriken sind gemeinschaftliches (staatliches, gesellschaftliches) Eigentum.
5. Das wirtschaftliche Handeln der Menschen orientiert sich an ihrem Streben nach eigenem Gewinn und Nutzen.
6. Die Verbraucher (Konsumenten) haben entscheidenden Einfluss auf die Menge und Art der produzierten Güter.
7. Die einzelnen Produktionsbetriebe können im Prinzip nicht pleitegehen, ganz gleich, ob sie Gewinn oder Verlust machen.
8. Was wirtschaftlich geschieht (Produktion, Verbrauch), entscheidet sich an unzählig vielen Stellen.
9. Unternehmen, Betriebe, Geschäfte usw. gehören jeweils denen, die ihr Geld darin anlegen.
10. Welche und wie viele Güter die Bürger brauchen, wird für ein oder mehrere Jahre festgelegt.
11. Unternehmen entscheiden selbst darüber, was und wie viel sie produzieren wollen.
12. Der Staat überlässt den Wirtschaftsprozess dem freien Spiel der Kräfte, er sorgt aber für gewisse Spielregeln und für die innere und äußere Sicherheit der Bürger.
13. Der Preis für die Güter ergibt sich aus einem Ausgleich zwischen dem, was die Unternehmen und Geschäfte verkaufen, und dem, was die Verbraucher kaufen wollen.
14. Die Preise für die Güter können auch längerfristig niedriger festgesetzt werden, als die Herstellung der Güter kostet.
15. Zwischen einzelnen Unternehmen und Geschäften besteht kein Wettbewerb um das günstigste Güterangebot.
16. Unternehmen und Geschäfte geben viel Geld für die Werbung aus, um die Verbraucher zu beeinflussen.
17. Werbung spielt in der Wirtschaft keine Rolle. Die Verbraucher brauchen die Güterpreise verschiedener Geschäfte nicht zu vergleichen.
18. Der Überblick über die angebotenen Güter wird durch die unendliche Vielfalt von Waren und Marken erschwert.

(Autorentext)

Mit dem System der Marktwirtschaft im Unterschied zum System der Planwirtschaft* haben Sie sich sicherlich im Politik-Unterricht der Mittelstufe schon beschäftigt. Wir beschränken uns daher an dieser Stelle auf die kompakte Darstellung einiger wichtiger Aspekte.

1 Erläutern Sie die beiden in M 1 genannten zentralen Prinzipien einer marktwirtschaftlichen Ordnung – „individuelle Entscheidungsfreiheit“ und „Wettbewerb“ – möglichst auch an einigen konkreten Beispielen.

2 Im zweiten Teil des Textes werden wichtige Merkmale der Marktwirtschaft in Abgrenzung zum System der Planwirtschaft* aufgeführt, auf die wir nicht mehr näher eingehen. Machen Sie deutlich,
- welche Rolle der Staat in der freien Marktwirtschaft spielt,
- wie der Wirtschaftsprozess koordiniert wird und welche Rolle dabei die Preise spielen und
- welche Bedeutung dem Privateigentum an den Produktionsmitteln zukommt.

3 In einem bekannten Lehrbuch zur Volkswirtschaftslehre heißt es: „Die Volkswirtschaft besteht aus Millionen von Menschen, die sich in vielerlei ökonomischen Aktivitäten engagieren – Kaufen, Verkaufen, Arbeiten, Leute einstellen, Produzieren und so weiter. Um verstehen zu können, wie die Volkswirtschaft funktioniert, müssen wir einen Weg zur Vereinfachung des Nachdenkens über diese Aktivitäten finden. Mit anderen Worten brauchen wir ein Modell, das in allgemeinen Begriffen erklärt, wie die Volkswirtschaft organisiert ist.“ (G. Mankiw) Erklären Sie – ggf. auf dem Hintergrund Ihrer Kenntnisse aus dem Mittelstufenunterricht –, inwiefern es sich bei der Darstellung des Wirtschaftskreislaufs (Abb. 2) um ein Modell* handelt.

4 Erläutern Sie, was man unter Transaktionskosten* versteht und inwiefern der Markt als eine Institution* bezeichnet wird, durch welche die Koordination (gegenseitige Abstimmung) zwischen Produzenten (Unternehmen) und Konsumenten (Verbrauchern) auf eine Weise geschieht, die solche Kosten möglichst gering hält („minimiert“). (M 2)

5 Erläutern Sie mit eigenen Worten die einzelnen Funktionen, welche die sich auf den Märkten ergebenden Preise erfüllen sollen. (M 2, zweiter Abschnitt)

6 Anhand von M 3 können Sie Ihr Verständnis wesentlicher Merkmale des Modells der freien Marktwirtschaft in Abgrenzung zu dem der Zentralverwaltungswirtschaft (Planwirtschaft*) noch einmal überprüfen.

M 4 Grenzen des Marktes – „Marktversagen“

In den vorangehenden Materialien hatten Sie sich mit den Funktionen des Marktes und der Marktpreisbildung beschäftigt. Zusammenfassend kann man sagen, dass es die Aufgabe des Marktes ist, die Bürger möglichst „effizient“ (wirksam, leistungsgerecht, günstig, kostensparend, flexibel) mit den gewünschten Gütern zu versorgen. Das heißt u. a., dass

- *die unterschiedlichen Interessen von Anbietern (Produzenten) und Nachfragern (Konsumenten) auf dem Markt ausgeglichen werden;*
- *die Marktpreise alle Kosten enthalten, die bei der Produktion des betreffendes Gutes angefallen sind;*
- *der Preis also anzeigt, wie knapp das betroffene Gut und wie teuer seine Herstellung ist;*
- *der Produzent nur Güter für den Markt produziert, für die er einen angemessenen Preis zu erzielen hofft;*
- *vom Marktergebnis (Kauf/Verkauf) nur die Verkäufer und Käufer betroffen sind, keine „Dritten“;*
- *die Güter also nur dem gehören und nur der über sie verfügen und den Nutzen von ihnen haben kann, der sie verkauft oder der sie kauft.*

In der Marktwirtschaft gibt es Bereiche, in denen der Markt mit der Erfüllung dieser Aufgaben an seine Grenzen stößt und damit die eingreifende Hand des Staates notwendig wird. Das ist der Fall,

– *wenn die wirtschaftlichen Handlungen einzelner Akteure* ***„negative externe Effekte“*** *erzeugen, d. h. andere Akteure schädigen, ohne dass letztere sich wehren können, und*

– *wenn der Markt bestimmte Güter, die dem Wohl der Allgemeinheit dienen (****„öffentliche Güter“****) nicht anbietet, weil sie sich „nicht rechnen“.*

Was das im Einzelnen bedeutet, darauf wollen wir im Folgenden (M 4 a/b) näher eingehen. Von einer weiteren Dimension des „Marktversagens“, einer sich aus dem Marktprozess ergebenden, i. d. R. sehr ***ungleichen Verteilung der Einkommen****, wird in einem späteren Abschnitt (M 16ff.) des Näheren die Rede sein.*

M4a Marktversagen: „negative externe Effekte“

Analysieren wir die Wirkung von **externen Kosten** am (notgedrungen stark vereinfachten) **Beispiel des Fluglärms**: Passagiere, Fluggesellschaften und Flughafen müssen für die *internen Kosten* (Flugzeug, Löhne, Benzin, Wartung, Essen, Flugplatz usw.) aufkommen. Doch damit sind noch nicht alle Kosten abgedeckt, die ein Flug verursacht. Es fällt unter anderem auch noch Fluglärm an. Der Flugverkehr verursacht *externe Kosten*, die von den Fluggesellschaften in ihrer Kalkulation nicht berücksichtigt werden müssen.
Wo Lärmschäden nicht beachtet werden müssen, kann zu einem tieferen Preis geflogen werden. Dies lockt Kunden an, die nicht fliegen würden, wenn sie alle Flugkosten tragen müssten. Für die Fluggesellschaft und ihre Kunden geht die Rechnung auf – doch gesamtgesellschaftlich gesehen fliegen wir zu viel. Die Kosten, die von der Gesamtgesellschaft getragen werden müssen (die Kosten der Verursacher und der Außenstehenden zusammen), übersteigen den gesamtgesellschaftlichen Nutzen.

(Bernhard Beck, Volkswirtschaft verstehen, vdf Hochschulverlag, Zürich 2006, S. 115)

- Ein *Fall* von Marktversagen liegt vor, wenn *nicht alle Kosten*, die bei der Produktion oder beim Konsum anfallen, *vom Verursacher* getragen werden. Wohnt beispielsweise jemand an einer Autobahn, wird er durch die Autofahrer, die Lärm und Abgase verursachen, belästigt, ohne dass die Autofahrer ihn dafür entschädigen müssen. Weil solche Lasten beziehungsweise Kosten auf Außenstehende abgewälzt werden – also nicht in die Kostenfunktion der Autofahrer einbezogen werden, sondern in die der Betroffenen –, spricht man in solchen Fällen von **externen Kosten**. Der Einzelne berücksichtigt bei seinen Produktions- oder Konsumentscheidungen nur die für ihn entstehenden (privaten) Kosten und Nutzen und nicht die zusätzlichen Kosten und Nutzen anderer.

Auch wir verursachen externe Kosten, zum Beispiel, wenn wir unsere Nachbarn, die Liebhaber von klassischer Musik sind, mit U-Musik konfrontieren; wenn Sie Raucher sind oder wenn Sie die Gewohnheit haben, am Samstagmorgen um 7 Uhr den Rasen zu mähen.

Verursacht die Produktion oder der Konsum externe Kosten, versagt der Markt als Folge dieser negativen externen Effekte. Solche Güter werden in zu großer Menge hergestellt oder konsumiert, weil in die Kalkulation zu geringe Kosten eingehen (s. Kasten zum Beispiel des Fluglärms).

- Es gibt auch *„positive externe Effekte“*, die aber in der Regel kein vordringliches Problem für die Wirtschaftspolitik darstellen. Positive externe Effekte bedeuten, dass jemand, der seinen eigenen Interessen nachgeht, dabei gleichzeitig und unbeabsichtigt einem anderen nützt. Hier ist es also so, dass ein Akteur einen Nutzen erzeugt, der nicht in seine eigene Kalkulation eingeht. Deshalb wird auch vom „externen Nutzen“ gesprochen. Zum Beispiel betreibt ein Imker sein Gewerbe in der Nähe eines Gartenbaubetriebes. Die Pflanzen des Gartenbaubetriebes erhöhen die Produktivität der Imkerei. In diesem Fall gibt es für die Wirtschaftspolitik keinen Grund einzugreifen, denn es wird niemand benachteiligt. Der Imker genießt lediglich einen unentgeltlichen Vorteil. Aus der Sicht des Imkers wäre es vielleicht wünschenswert, wenn der Gartenbaubetrieb noch mehr Blumen pflanzen würde. Das tut er aber nicht, weil er die positiven Effekte auf die Imkerei nicht einkalkuliert, sie sind eben „extern“. Sollte hier jemand wirtschaftspolitischen Handlungsbedarf sehen, so ist dieser gewiss nicht dringend.
- Negative externe Effekte stellen dagegen ein schwerwiegendes Problem marktwirtschaftlicher Volkswirtschaften dar. Eine Möglichkeit sie zu lösen besteht darin, die Erzeugung negativer externer Effekte zu verbieten. Solche *Verbote* sind in Marktwirtschaften aber selten, sie gelten beispielsweise für die Verbreitung giftiger Stoffe. Außerdem gibt es kaum Aktivitäten ohne negative externe Effekte. Auch der Krankenwagen, der einen Verletzten ins Hospital bringt, belastet die Umwelt. Dennoch wollen wir, dass er fährt.
- Eine andere Lösung besteht darin, den *Verursacher der negativen externen Effekte mit den Kosten seines Verhaltens zu belasten*. Man holt also die Kosten von außen wieder in die Kalkulation des Verursachers zurück, man *„internalisiert“* sie. Der Staat könnte den Verursacher beispielsweise

Kaum ein Kraftwerk in Europa emittiert mehr CO_2 als das Braunkohlekraftwerk Niederaußem (s. Foto). Der Energiekonzern RWE plant Investitionen in umweltschonende Technologien, mit CO_2-Einsparungen von mehreren Millionen Tonnen pro Jahr.

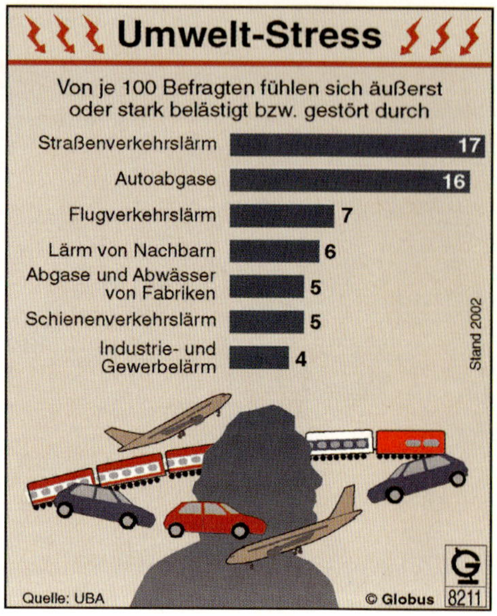

mit einer *Steuer* belegen oder ihn zwingen, den Geschädigten mit einer Zahlung zu kompensieren, um den Verursacher von seinem schädigenden Verhalten abzubringen oder ihn zumindest dazu zu veranlassen, es einzuschränken.

- In jedem Fall gibt es allerdings *schwierige Probleme* zu klären: Selbst wenn der Verursacher bekannt ist, was keineswegs immer der Fall ist, muss die Höhe des Schadens, den er angerichtet hat, festgestellt werden. [...] Dies alles lässt sich aber nicht zweifelsfrei berechnen. Daher muss der Staat im Falle negativer externer Effekte eine wertende Entscheidung treffen und die folgenden Fragen beantworten: Ist der externe Effekt so erheblich, dass die Regierung eingreifen sollte? Wie hoch sind die externen Kosten insgesamt zu veranschlagen? Nach welcher Methode soll die „Internalisierung“ der externen Effekte erfolgen?

Letztere kann durch eine Reihe von Maßnahmen herbeigeführt werden. In manchen Fällen löst **Besteuerung** das Problem. Stehen die notwendigen Informationen zur Verfügung, so ist die Regierung in der Lage, die Verursacher von negativen externen Effekten in genau dem Maße zu besteuern, das nötig ist, um sie zur Verringerung der Aktivitäten zu veranlassen, welche die negativen externen Effekte verursachen. In diese Kategorie fallen die sogenannten *Emissionssteuern*. Diese Herangehensweise ist jedoch aus zwei Gründen problematisch: In der Regel stehen der Regierung die für die Besteuerung nötigen Informationen nicht zur Verfügung, sondern sie müssen erst unter Aufwand beschafft werden. Hinzu kommt, dass die Besteuerung auch nicht kostenlos ist, denn die staatliche Verwaltung, welche die Besteuerung organisiert, muss ebenfalls finanziert werden. [...]

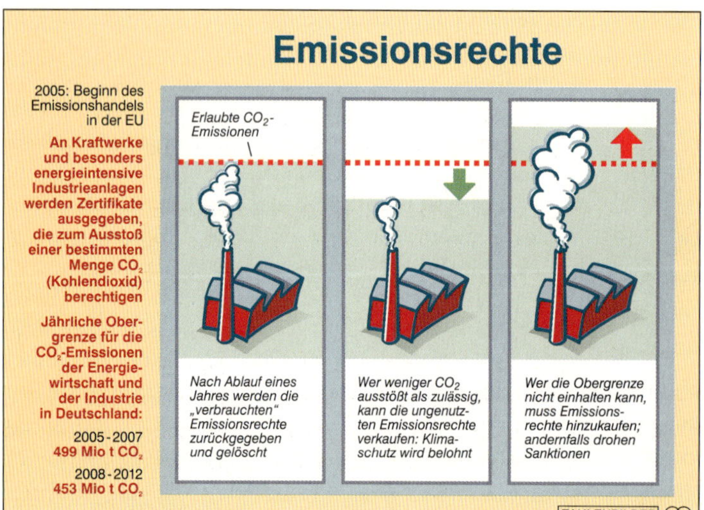

 126 306

- Eine aktuelle Methode der „Internalisierung externer Effekte“ stellt der **Klimaschutz durch „Emissionshandel*“** dar. Dabei geht es ausschließlich um Kohlendioxyd, dessen Ausstoß in die Atmosphäre gesenkt werden soll. Die Regierungen legen in einer normativen, also wertenden Entscheidung, die verhandelt wird, fest, wie hoch in einem bestimmten Zeitraum der Kohlendioxydausstoß auf ihrem Territorium sein darf. Die Unternehmen erhalten dann Zertifikate [Scheine, Urkunden], die sie berechtigen, im Rahmen der Regierungsvorgaben Kohlendioxyd in die Atmosphäre abzugeben (s. Grafik). Die Marktkoordination erfolgt

dadurch, dass diese Zertifikate gehandelt werden können. Wenn also eine Firma ihren Kohlendioxydausstoß erhöhen will, muss sie zusätzliche Zertifikate von anderen Betrieben kaufen. Das führt bei der ersten Firma zu einer Internalisierung der externen Kosten. Andererseits haben Unternehmen große Anreize, ihre Kohlendioxydabgaben zu mindern, weil dann Zertifikate „frei“ werden, die sie verkaufen können.
In der Theorie stellt dieses Konzept eine elegante wirtschaftspolitische Lösung dar. Zum einen ist gesichert, dass der Kohlendioxydausstoß das einmal vorgegebene Niveau, das zudem in der Zukunft gesenkt werden kann, nicht überschreitet. Zum anderen braucht die staatliche Wirtschaftspolitik nicht mehr einzugreifen, sobald das System einmal angelaufen ist. Allerdings lässt sich eine solche Lösung nur bei wenigen Schadstoffen verwirklichen, und es bleibt abzuwarten, wie hoch der bürokratische Aufwand wird.

(Informationen zur politischen Bildung Nr. 294, Bundeszentrale für politische Bildung, Bonn 2007, S. 15 55.; Verf.: Hans Jürgen Schlösser)

1 Erläutern Sie mit eigenen Worten, was der Begriff „Marktversagen“ bezeichnet (M 4, Einleitungstext S. 8).

2 Inwiefern entstehen z. B. durch den Autoverkehr und den Flugverkehr „negative externe Effekte“ („externe Kosten“)? Welche Auswirkungen auf die Preise würden sich ergeben, wenn diese Kosten „internalisiert“ würden? (M 4 a)

3 Inwiefern stellen „positive externe Effekte“ kein wirtschaftspolitisches Problem dar? Können Sie weitere Beispiele für positive externe Effekte nennen?

4 Mit welchen Problemen sind staatliche Eingriffe in Form von Verboten oder von Besteuerung der Kosten verbunden? (M 4 a, Z. 57 ff.)

5 Beschreiben Sie das unter dem Stichwort „Emissionshandel“ seit einigen Jahren praktizierte Verfahren des Klimaschutzes (Z. 75 ff.).
Inwiefern stellt es eine Methode der „Internalisierung negativer externer Effekte“ dar?
- Worin besteht hier der Eingriff des Staates?
- Inwiefern handelt es sich trotzdem um eine „marktwirtschaftliche“ Lösung?
- Erkundigen Sie sich nach dem aktuellen Stand der Entwicklung dieses Verfahrens (http://de.wikipedia.org/wiki/Emissionshandel).

M 4 b Marktversagen: öffentliche Güter

Ein *weiterer Fall* für ein Marktversagen liegt dann vor, wenn es *Güter* gibt, *die von privater Seite nicht angeboten werden*. Gibt es also Güter, die ohne den Staat gar nicht produziert würden?
Üblicherweise kommen nur diejenigen Nachfrager zum Zug, deren Zahlungsbereitschaft den Preisvorstellungen des Anbieters entspricht. Für den Anreiz, ein Gut privat zu produzieren und zu verkaufen, muss es daher möglich sein, das Recht auf den Konsum dieses Gutes auf bestimmte, zahlungsbereite Personen zu beschränken. Nur derjenige, der bereit ist, den geforderten Kaufpreis eines Gutes zu bezahlen, darf auch in dessen Genuss kommen; alle anderen müssen ausgeschlossen werden können. Funktioniert dieses *Ausschlussprinzip* nicht – wie etwa bei Luftreinhaltungsmaßnahmen –, sind die einzelnen Nachfrager nicht bereit, ihre wahre Zahlungsbereitschaft zu offenbaren und entsprechend zu handeln. Warum auch?
Deshalb finden sich für solche Güter auch keine Anbieter. Wenn das Ausschlussprinzip nicht funktioniert oder extrem aufwendig wäre, kommt der Nutzen solcher Güter, sind sie einmal verfügbar gemacht, allen zugute. Diese Güter werden *öffentliche* oder *Kollektivgüter* genannt. Das Ausschlussprinzip ist allerdings auch bei manchen privaten Gütern eingeschränkt: So können Bücher, Kassetten und CDs kopiert werden. Durch Raubkopien von Computerprogrammen entgehen den Produzenten Millionen von Euro.

(Bernd Nolte, Volkswirtschaft konkret, Wiley VCH Verlag, Weinheim 2003, S. 71 f.)

Abb. 1

(Bernd O. Weitz [Hrsg.], Betrifft Volkswirtschaft, Bildungsverlag EINS, Troisdorf 2006, S. 33)

Abb. 2: Deichbau

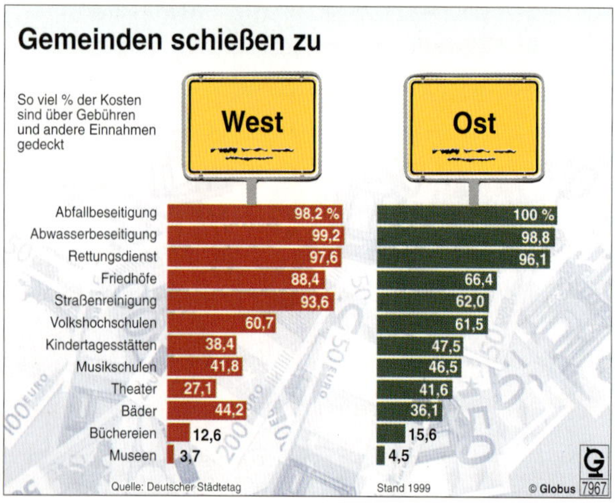

Abb. 3: Öffentliche Güter, für die der Staat die Nutzer durch die Zahlung von „Gebühren" zur Mitfinanzierung heranzieht (hier gilt also das „Ausschlussprinzip") wie z. B. Kindergärten, Museen, Bibliotheken, öffentliche Verkehrsmittel, Schwimmbäder, werden auch als meritorische („verdienstliche") Güter bezeichnet, weil der Staat sich hier ein Verdienst (engl. merit) erwirbt: Er bietet solche Güter i. d. R. „unter Preis" (zu nicht kostendeckenden Preisen) an.

Ein Beispiel ist ein Deich, der Siedlungen vor Überschwemmungen schützen soll (s. Abb. 2). Hochwasserschutz ist ein öffentliches Gut, denn niemand, der hinter dem Deich lebt, kann davon ausgeschlossen werden. Der Deich schützt jeden, gleichgültig, ob er sich an den Kosten seines Baus beteiligt hat oder nicht.

Positive externe Effekte bedürfen in manchen Fällen also ebenfalls einer wirtschaftspolitischen Korrektur. Das öffentliche Gut ist dadurch charakterisiert, dass es jedem Individuum in der gleichen Menge zur Verfügung steht, aber niemand zur Bezahlung seines Beitrages bzw. zur Erstellung gezwungen werden kann. In einem solchen Fall kommt es aufgrund des positiven externen Effekts zu einer kollektiven Schädigung, wenn alle Individuen eigennützig handeln. Der Grund hierfür ist das sogenannte **Trittbrettfahrer-Problem** (*Freerider-Problem*).

Es ist bei großen Gruppen gravierender als bei kleinen, da in großen Gruppen jedes Individuum das Verhalten der anderen als gegeben annehmen kann. Es ist in einer solchen Situation individuell-rational, keinen Beitrag zu leisten. Daraus erwächst sogar ein doppelter Vorteil für den Trittbrettfahrer: Er trägt keine Kosten, und er konsumiert das öffentliche Gut im vollen Umfang. Im Beispiel des Deichbaus kann der Trittbrettfahrer den Deich nutzen, auch wenn er sich nicht an seinem Bau beteiligt hat, denn im Fall einer Flut werden alle Anwesen durch den Damm geschützt, auch diejenigen der Trittbrettfahrer. Denken die anderen Individuen auch so und leisten ebenfalls keinen Beitrag zur Finanzierung des öffentlichen Gutes, so kann dieses nicht bereitgestellt werden. Umso ungünstiger wäre es in dieser Situation, selbst etwas zu zahlen. Trittbrettfahren ist für jedes Individuum die geschickteste Verhaltensweise, gleichgültig, ob die anderen einen Beitrag zur Bereitstellung des öffentlichen Gutes leisten oder nicht.

(Informationen zur politischen Bildung [= M 4 a], S. 17 f.)

1 Für das Verständnis des Begriffs „öffentliche Güter" (im Gegensatz zu „privaten" Gütern) ist das fehlende „Ausschlussprinzip" entscheidend. Machen Sie – auch am Beispiel des Deichbaus – deutlich, was damit gemeint ist und inwiefern die Nutzung solcher Güter „Trittbrettfahrverhalten" ermöglicht (M 4 b). Warum bietet der Markt solche Güter nicht an?

2 „Öffentliche Güter" im strengen Sinne gibt es neben den im Text genannten nur wenige. Eine größere Bedeutung haben Güter, bei denen das Ausschlussprinzip angewendet werden kann, deren Nutzung aber durch staatliche Hilfen (Subventionen*) allen ermöglicht und erleichtert wird. Warum werden solche Güter „meritorische" genannt (s. Text zu Abb. 3)? Erkundigen Sie sich bei Ihrer Gemeindeverwaltung danach, wie hoch die Benutzungsgebühren z. B. für die Stadtbibliothek oder das Schwimmbad wären, wenn die Stadt diese Einrichtungen nicht subventionierte.

3 Ob der Staat öffentliche Güter (s. Abb. 1) ganz „kostenlos" oder gegen bestimmte „Gebühren" anbietet, hängt auch von der Art der einzelnen Güter ab. Warum ist die Inanspruchnahme der Polizei bei einem Verkehrsunfall kostenlos? Warum muss man öffentlichen Schulen kein Schulgeld bezahlen? Wodurch lässt sich erklären, dass eine Gemeinde die Kosten für die Müllabfuhr fast vollständig durch Gebühren der Haushalte ausgleicht, die Kosten z. B. für das Stadttheater aber etwa zu zwei Dritteln aus Steuermitteln finanziert (vgl. Abb. 3)?

M5 Auch der Staat kann versagen

Der Lehre vom Marktversagen wird manchmal eine Lehre vom Staatsversagen gegenübergestellt. Darin kommt ein der Marktwirtschaft eigentümliches Dilemma zum Ausdruck: Einerseits lässt das Marktversagen den Ruf nach „mehr Staat" laut werden. [...] Andererseits ist das Tätigwerden des Staates oft nicht geeignet, das jeweilige Problem zu lösen, oder verursacht selbst wieder neue Probleme. Dieses Staatsversagen hat dann wiederum die Forderung nach „mehr Markt" zur Folge.
Was alles als Staatsversagen bezeichnet wird, hängt – genau wie beim Begriff des Marktversagens – davon ab, welche Leistungen man von der Politik erwartet. Wir beschränken uns hier darauf, einige Probleme aufzuzählen, die durch Staatstätigkeit entstehen und zu einer Verschlechterung der Funktionsfähigkeit der Wirtschaft führen können:

- **Verwaltungskosten:** Die Durchführung von Wirtschaftspolitik erfordert einen gewissen Verwaltungsapparat und verursacht damit auf jeden Fall Kosten. Darüber hinaus hat die Bürokratie eine gewisse Tendenz zu wachsen, auch ohne dass ihr mehr Aufgaben zugeordnet werden. Die Kosten der Verwaltung* müssen an anderer Stelle in Form von Steuern oder Krediten dem Wirtschaftskreislauf wieder entzogen werden.
- **Politisch motivierte Entscheidungen:** Die wirtschaftspolitischen Instanzen sind oft nicht der ehrenwerte Anwalt der Konsumenteninteressen, sondern verfolgen eigene Ziele:

– In Wahldemokratien werden wirtschaftspolitische Entscheidungen oft mit Rücksicht auf einen Wahltermin oder auf eine ganz bestimmte, für die jeweiligen Regierungsparteien entscheidende Wählerschicht gefällt.
– Typisch für die Wirtschaftspolitik in Wahldemokratien ist eine gewisse Kurzsichtigkeit, die mit den Wahlperioden der verantwortlichen Politiker zusammenhängt.
– Nicht alle Bevölkerungsgruppen haben dieselben Chancen, dass ihre Interessen bei der Wirtschaftspolitik berücksichtigt werden. Einflussreiche und gut organisierte Interessengruppen können manchmal bei Subventionen*, Steuern oder anderen wirtschaftspolitischen Maßnahmen Vorteile für sich durchsetzen oder Nachteile von sich abwenden zulasten anderer Bevölkerungsgruppen.

(Uta Gruber/Michaela Kleber, Grundlagen der Volkswirtschaftslehre, Verlag Franz Vahlen, München, 4. Aufl. 2000, S. 48 f.)

1 Erklären Sie, wie das Problem des „Staatsversagens" mit dem des „Marktversagens" zusammenhängt (M5), und bedenken Sie dabei: „Der Staat" – als Entscheidungsträger für wirtschaftspolitische Entscheidungen –, das ist kein abstraktes Gebilde oder eine „höhere Macht", das sind im Wesentlichen die (demokratisch gewählten) „Politiker" in Parlamenten und Regierungen (sowie die Beamten in den staatlichen Verwaltungsbehörden), die auch von bestimmten persönlichen Interessen geleitet sein können.

2 Erläutern Sie mit eigenen Worten die aufgeführten Formen des Staatsversagens. Welche Rolle spielen dabei zum einen die Interessengebundenheit der Parteien und Politiker selbst sowie der Druck einflussreicher Gruppen, dem sie sich ausgesetzt sehen, zum anderen der Charakter staatlicher Verwaltung* (Stichwort „Bürokratie")? Nennen Sie ggf. konkrete Beispiele dazu.

Hinweise zu M6 und M7 (S. 14):

1 Die Darstellung der Formen des „Marktversagens" in M3 und M4 enthielt zahlreiche Aussagen über das wirtschaftliche Verhalten der Menschen im Hinblick auf die Umweltproblematik (z. B. das „Trittbettfahrer-Verhalten") und über die Annahmen und Erwartungen, von denen die staatliche Umweltpolitik (z. B. mit dem Instrument des „Emissionshandels") im Hinblick auf dieses Verhalten ausgeht. Analysieren Sie dazu, wie die „Ökonomische Handlungstheorie" das wirtschaftliche Handeln der Menschen erklärt, von welchen Annahmen sie dabei ausgeht und welche Rolle insbesondere die „Anreize" dabei spielen (M6).

2 Was hat es mit dem der ökonomischen Handlungstheorie zugrunde liegenden Modell des „homo oeconomicus" auf sich? Wozu soll es dienen? Inwiefern will es nicht das „Wesen des Menschen" beschreiben? (M7)

3 Nähere Informationen zur Bedeutung des „homo oeconomicus"-Modells für wirtschaftliches Handeln finden Sie unter der Internetadresse http://de.wikipedia.org/wiki/Homo_oeconomicus. Nehmen Sie aus Ihrer Sicht Stellung zu den Annahmen der ökonomischen Handlungstheorie.

VERTIEFUNG **M 6**

Wodurch wird ökonomisches Handeln bestimmt? Die ökonomische Handlungstheorie

Viele Ökonomen betrachten die Ökonomische Handlungstheorie (ÖHT) als das zentrale ökonomische Denk- und Analyseschema (manche nennen sie auch Ökonomische Verhaltenstheorie). Die ÖHT wendet zum einen das Modell des *homo oeconomicus** an. Erklären will sie aber in der Regel nicht das *individuelle* Handeln einer bestimmten, real existierenden Person, sondern das **durchschnittliche Handeln** typischer Akteure. So nimmt sie an, dass große Gruppen von Akteuren im Durchschnitt so handeln, als ob sie Akteure vom Typ des homo oeconomicus seien. Zum anderen trennt sie grundsätzlich *Handlungen* einzelner Akteure, über die diese selbst entscheiden können, von *Handlungsbedingungen* in der Umwelt, die die Akteure selbst derzeit nicht beeinflussen können (Restriktionen). Zu den Restriktionen gehören z. B. kulturelle Normen, Gesetze, Wirtschaftssystem oder Marktbedingungen. Die ÖHT erklärt das Handeln und seine Ergebnisse ausschließlich durch die **Handlungsbedingungen**, nicht durch die Motive, Ziele oder Eigenschaften der Akteure. [...] Sie nimmt für alle Akteure dieselben, unveränderlichen Eigenschaften des *homo oeconomicus* an. Deshalb typisiert sie das Handeln der Akteure, indem sie unterstellt, dass jede ihren *Nutzen* unter den jeweils gegebenen Handlungsbedingungen maximiert oder zumindest dafür sorgt, dass sie sich nicht verschlechtert. Sie konzentriert sich also auf die *Kosten von Handlungsalternativen*, zwischen denen Akteure wählen können. [...] Wenn man empirisch* z. B. feststellt, dass Männer mehr Zeit für die Erwerbsarbeit verwenden als Frauen, erklärt die ÖHT das z. B. mit den höheren Löhnen für Männerarbeit, nicht aber mit unterschiedlichen Wertvorstellungen oder Lebensentwürfen von Männern und Frauen oder gesellschaftlich normierten geschlechtsspezifischen Rollenbildern. Die ÖHT arbeitet mit einem offenen Nutzenbegriff, nach dem nur die einzelnen Akteure subjektiv entscheiden, was ihnen Nutzen bringt, Geld, Güter, Ansehen, Macht oder sogar ganz selbstlos der Nutzen Dritter (Altruismus). [...] Wenn etwa mehr Menschen Bahn fahren als bisher, dann fragt man danach, ob Bahnfahren relativ zu Autofahren „billiger" geworden ist (z. B. bei Fahrkosten, Fahrzeit oder Bequemlichkeit; Änderung der *relativen Preise*), und nicht, ob die Menschen jetzt umweltbewusster denken. [...]

Der ÖHT geht es grundsätzlich darum, kollektive Phänomene so zu erklären, dass man vorhersagen kann, wie sie sich zukünftig entwickeln (Prognoseziel). Kollektive Phänomene und Probleme, für die sich dieser Ansatz interessiert, sind beispielsweise Veränderungen bei Güterangebot, Investitionen, Konsumausgaben, Sparverhalten, Wachstum, Arbeitslosigkeit, Umweltverschmutzung, Überfischung der Weltmeere usw. Kollektive Phänomene erklärt man hier nach dem Prinzip, dass man sie auf typisierte individuelle Handlungen zurückführt, von denen man annimmt, dass sie im Wesentlichen von **Anreizen** gesteuert werden. Mit Anreiz meint man den individuellen Vorteil, den Akteure von ihren Handlungen in einer bestimmten Situation erwarten, also z. B. ganz schlicht, dass man Pfand zurückerhält, wenn man eine Flasche zurückbringt und nicht wegwirft. Anreize wirken – je nach der Situation, in der sie eingesetzt werden, – unterschiedlich und unterschiedlich stark; das illustrieren z. B. Untersuchungen zur Frage, wodurch sich Arbeitnehmer zu mehr Leistung motivieren lassen.

(Reinhold Hedtke, Ökonomische Denkweisen, Wochenschau Verlag, Schwalbach/Ts. 2008, S. 64–66)

METHODE **M 7**

Der „homo oeconomicus" ist ein „Idealtyp"

Der Darstellung des ökonomischen Prinzips (M 6) liegt das Modell eines ausschließlich „wirtschaftlich" denkenden Menschen, eines „homo oeconomicus" zugrunde, dessen Hauptmerkmale seine Fähigkeit zu uneingeschränktem *rationalen Verhalten* und sein Bestreben sind, den eigenen *Nutzen zu maximieren*. Dieses Modell liegt weitgehend den Analysen der klassischen* Wirtschaftstheorie zugrunde, wird aber in jüngerer Zeit kritisiert, weil es das wirtschaftliche Verhalten (z. B. das Verhalten von Konsumenten) nicht realistisch genug beschreibe und andere (als rationale) Handlungsmotive zu wenig berücksichtige.

Dabei muss allerdings bedacht werden, dass der „homo oeconomicus" wohl weder als feststehendes Menschenbild noch etwa als Ideal zu verstehen ist, sondern als ein *gedanklich konstruiertes Modell* (kein „Realtyp"), das dazu dienen soll, bestimmte wirtschaftliche Verhaltensweisen und insbesondere Entscheidungssituationen (Kauf, Verkauf, Produktion, Konsum) zu erklären. Die beiden „Modelleigenschaften" – Rationalität und Eigeninteresse – sind also nicht unabhängig von den jeweiligen Situationen zu verstehen; sie wollen das Wesen des Menschen nicht vollständig und nicht für immer beschreiben. Der große deutsche Soziologe Max Weber (1864–1920) hat für solche *gedanklichen Konstrukte als Instrumente zur Analyse der Realität* den Begriff „Idealtypus" geprägt. Mit **Idealtypus** ist keineswegs ein Ideal (im wertenden Sinne des Vorbildhaften, Wünschenswerten) gemeint; der Begriff ist vom griechischen Wort idea (= Form, Gestalt, Vorstellung) abgeleitet und weist darauf hin, dass es sich hier nicht um einen real existierenden Gegenstand handelt, sondern um eine gedankliche Konstruktion, um eine typische „Gestalt, in der wesentliche Züge realer Einzelgegenstände hervorgehoben, unwesentliche vernachlässigt werden. Durch die Ermittlung des Maßes der Annäherung eines konkreten Falles an den Idealtyp können die mannigfaltigen Phänomene geordnet und verstanden werden" (Max Weber).

(Autorentext)

II Soziale Marktwirtschaft als ordnungspolitisches Leitbild

Nachdem wir uns im vorangehenden Kapitel mit Merkmalen und Problemen der Wirtschaftslenkung befasst haben, wollen wir uns jetzt der konkreten Wirtschaftsordnung zuwenden, für die sich die Bundesrepublik Deutschland in den Jahren nach dem 2. Weltkrieg entschieden hat: der „sozialen Marktwirtschaft", die als Leitbild die Ausgestaltung der wirtschaftlichen Beziehungen in Deutschland bestimmt. Befragungsergebnisse wie das in der Grafik lassen eine gründliche Information über die wesentlichen Merkmale dieses Leitbildes besonders dringlich erscheinen.

*Entscheidungen für eine bestimmte Wirtschaftsordnung werden immer in Orientierung an bestimmten politischen Vorstellungen und wirtschaftstheoretischen Ideen sowie besonders aufgrund vorliegender historischer Erfahrungen getroffen. Wir wollen daher – in knapper Darstellung – zunächst aufzeigen, aus welcher historischen Situation und aus welchem Denken heraus die Idee der Marktwirtschaft entwickelt wurde. Das geschieht nicht aus bloßem historischen Interesse, sondern erscheint notwendig, weil bis heute – und gerade heute – die oft leidenschaftlich geführte Diskussion über das Verhältnis von Wirtschaft und Staat, von ökonomischer Freiheit und staatlichem (politischem) Eingreifen in den Wirtschaftsprozess, sich maßgeblich an den Prinzipien und Vorstellungen des „Klassischen Liberalismus" (Ende des 18., Anfang des 19. Jahrhunderts) orientiert. Es soll gezeigt werden (**II 1.**), wie diese Ideen im 20. Jahrhundert durch eine Neubestimmung der Rolle des Staates erneuert bzw. verändert wurden („Neoliberalismus") und wie – auf diesem Hintergrund, aber mit neuer Akzentsetzung – nach dem 2. Weltkrieg in Deutschland das Konzept der „sozialen Marktwirtschaft" entwickelt und ausgestaltet wurde (**II 2.**).*

Von den beiden Hauptprinzipien der sozialen Marktwirtschaft werden zunächst das Wettbewerbsprinzip aufgegriffen sowie die Ziele und Instrumente der Wettbewerbspolitik etwas näher dargestellt (S. 23f.).

Zum Sozialprinzip erfolgt eine kompakte Darstellung des Systems der sozialen Sicherung und wichtiger Aspekte der Sozialpolitik (S. 25–29).

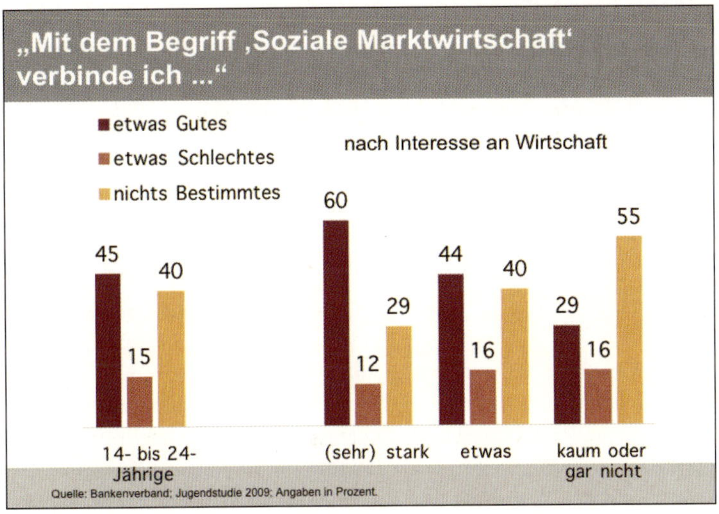

(Aus: Bundesverband deutscher Banken: Jugendstudie 2009, S. 11)

1. Vom klassischen Liberalismus zum Neoliberalismus

M 8 Die Wirtschaftsordnung des klassischen Liberalismus

Als „Klassiker*" der Volkswirtschaftslehre bezeichnet man eine Reihe von Ökonomen, die die Wirtschaftswissenschaft zum Range einer selbstständigen Disziplin mit eigenem Erkenntnisobjekt und eigener Methodik entwickelt haben. Nach überwiegender Anschauung sind dies insbesondere *Adam Smith* (1723–1790), *Jean Baptiste Say* (1767–1832), *David Ricardo* (1772–1823) und *John Stuart Mill* (1806–1873).

Adam Smith (1723–1790), schottischer Philosoph und Wirtschaftswissenschaftler; Hauptwerk: „Der Wohlstand der Nationen"

Die klassische Theorie entwickelte sich als Reaktion auf die uneingeschränkte Herrschaft der Fürsten (Absolutismus*) und den Merkantilismus als vorherrschender Wirtschaftsform im 17. Jahrhundert. Der **Merkantilismus*** hatte zum Ziel, die Finanzkraft des Staates, d.h. der absolutistisch regierenden Herrscher zu mehren, indem die Ausfuhr von Waren unterstützt und die Einfuhr weitgehend unterbunden wurde. Die Annahme war, dass durch den Export von Waren Geld in Form von Gold und Silber ins Land zurückströmt.

Im Merkantilsystem, das in Frankreich bis zur Revolution von 1789 galt, war nach J. St. Mill jegliche gewerbliche Tätigkeit „der sich überall einmischende(n) und alles von sich aus regulierende(n) Gesetzgebung unterworfen". Das klassische Denken war ein Protest gegen diese staatlichen Reglementierungen. Daher stammt die spätere Bezeichnung der klassischen Lehre als wirtschaftlicher **Liberalismus***. Der Liberalismus betont die Eigengesetzlichkeit des Verhaltens von Gruppen und Individuen und versucht sie gegen Herrschaftsansprüche von (staatlichen) Institutionen zu schützen.

(Günter Poser, Wirtschaftspolitik, Stuttgart, 5. Aufl. 1994, S. 24)

„Nicht von dem Wohlwollen des Fleischers, Brauers oder Bäckers erwarten wir das, was wir zum Essen brauchen, sondern von der Rücksichtnahme auf ihr eigenes Interesse. Wir wenden uns nicht an ihre Menschenliebe, sondern an ihr Selbstinteresse und sprechen zu ihnen nie von unserem Bedarf, sondern von ihren Vorteilen. [...] Der Einzelne ist stets darauf bedacht herauszufinden, wo er sein Kapital, über das er verfügen kann, so vorteilhaft wie nur irgend möglich einsetzen kann. Und tatsächlich hat er dabei den eigenen Vorteil im Auge und nicht etwa den der Volkswirtschaft. Aber gerade das Streben nach seinem eigenen Vorteil ist es, das ihn ganz von selbst oder vielmehr notwendigerweise dazu führt, sein Kapital dort einzusetzen, wo es auch dem ganzen Land den größten Nutzen bringt. Verfolgt er nämlich sein eigenes Interesse, so fördert er damit indirekt das Gesamtwohl viel nachhaltiger, als wenn die Verfolgung des Gesamtinteresses unmittelbar sein Ziel gewesen wäre. [...] Und er wird in diesem wie auch in vielen anderen Fällen von einer unsichtbaren Hand geleitet, um einen Zweck zu fördern, den zu erfüllen er in keiner Weise beabsichtigt hat.

(Adam Smith, Der Wohlstand der Nationen. Eine Untersuchung seiner Natur und seiner Ursachen, aus dem Englischen übertragen von H.C. Recktenwald, München 1978, S. 369)

Die *Wirtschaftsordnung des klassischen Wirtschaftsliberalismus** entsprach in ihren Anfängen noch am ehesten dem reinen marktwirtschaftlichen Modell (s. M 1). Sie entwickelte sich Ende des achtzehnten Jahrhunderts zur Zeit der industriellen Revolution in England. Damals wurde mit bahnbrechenden Erfindungen (Dampfmaschine, mechanischer Webstuhl) der Grundstein für die Industrialisierung der Produktion gelegt. Geistesgeschichtlich war diese Epoche vom Naturrechtsdenken der Aufklärung* geprägt, wonach jeder Mensch von Natur aus mit Vernunft ausgestattet ist und rational zu handeln vermag. Daraus wurde ein natürliches Recht auf individuelle Freiheit und Selbstständigkeit in allen Bereichen – also auch in der Wirtschaft – abgeleitet. Staatliche und private Sphäre waren strikt voneinander getrennt. Mit seinem 1776 erschienenen Buch „An Inquiry into the Nature and Causes of the Wealth of Nations" wurde **Adam Smith** zum Begründer der klassischen Nationalökonomie. Smith behauptet, dass das freie Spiel der Marktkräfte eine harmonische Ordnung ergebe. Gerade eigennütziges Verhalten aller Wirtschaftssubjekte führe unter wettbewerblichen Rahmenbedingungen zu einer bestmöglichen Güterversorgung und zur Vermehrung von Reichtum und Wohlstand sowohl für den Einzelnen als auch für die Gesellschaft insgesamt. Quasi als *„unsichtbare Hand"* lenke der Wettbewerb eigennütziges Verhalten in eine auch gesellschaftlich vorteilhafte Richtung (s. Kasten oben).

Der Staat hatte im Modell des klassischen Wirtschaftsliberalismus lediglich Ordnungsfunktionen zu erfüllen („Nachtwächterstaat"; s. Kasten unten). Seine Aufgaben beschränkten sich auf die Schaffung und Überwachung einer Rechtsordnung, die insbesondere die Vertragsfreiheit schützen sollte, auf die nationale Verteidigung und auf die Bereitstellung bestimmter öffentlicher Einrichtungen, z. B. Verkehrswege. Für alle Marktteilnehmer mussten die wirtschaftlichen Grundfreiheiten *Vertrags-* und *Gewerbefreiheit, freier Wettbewerb* und *Freihandel nach außen* gewährleistet sein.

(Gerd Jan Krol/Alfons Schmid, Volkswirtschaftslehre, Mohr Siebeck Verlag, Tübingen, 21. Aufl. 2002, S. 24f.)

Nachtwächterstaat: Bezeichnung für einen Staat, der sich am Prinzip des Laissez-faire (siehe M 9) orientiert und nicht in den Wirtschaftsprozess eingreift, also keine aktive Wirtschaftspolitik betreibt, sondern lediglich Rahmenbedingungen für die Wirtschaft setzt und z.B. Privateigentum gewährleistet oder für Sicherheit sorgt. Der Begriff wurde vom Gründer des Allgemeinen Deutschen Arbeitervereins Ferdinand Lassalle (* 1825, † 1864) geprägt.

(Das Lexikon der Wirtschaft, Bibliographisches Institut Mannheim 2004, S. 146)

1 Vielleicht sind Ihnen aus dem Geschichtsunterricht der Mittelstufe einige Merkmale des in Europa verbreiteten Systems des Absolutismus* vertraut. Nennen Sie wesentliche Merkmale des Merkantilismus* (als des absolutistischen Wirtschaftssystems) und erläutern Sie, inwiefern der Liberalismus sich als Reaktion auf dieses Wirtschaftssystem verstehen lässt. Von welchem Grundgedanken ist die Theorie von Adam Smith getragen? Welche Rolle soll der Staat (nicht) spielen? (M 8)

2 Stellen Sie heraus, welches Verhältnis zwischen dem Eigeninteresse des Einzelnen und dem Gemeinwohl in der Sicht von Adam Smith besteht (Kasten S. 16 oben).

3 Erläutern Sie in diesem Zusammenhang die beiden zu Schlagworten gewordenen Begriffe: Was meint Smith mit der „unsichtbaren Hand"? Was soll der später geprägte Begriff vom „Nachtwächterstaat" zum Ausdruck bringen?

Weitere Informationen zur Person von Adam Smith und der Bedeutung seines Werkes finden Sie unter der Internetadresse http://de.wikipedia.org/wiki/Adam_Smith. Zu seiner viel zitierten Äußerung zur „unsichtbaren Hand" steht im Internet eine ausführliche und gut lesbare Seminararbeit von Victoria Krummel zur Verfügung: www.wiwi.uni-muenster.de/09/ecochron/personen/pp_smith1.htm (Abschnitt II.).

M 9 Wirtschaftlicher Aufschwung, soziale Missstände, Wirtschaftskrisen – Erfahrungen mit dem „Laissez-faire-Kapitalismus"

Laissez-faire [„Lasst nur machen!"]: Bezeichnung des wirtschaftlichen Liberalismus für eine extreme Ansicht, der zufolge der Staat nicht in das wirtschaftliche Geschehen eingreifen sollte, um so die ökonomische Entwicklung und den Wohlstand der Bevölkerung am besten zu fördern. Eine am Prinzip des „Laissez-faire" orientierte Wirtschaftspolitik wurde insbesondere im 19. Jahrhundert in Westeuropa betrieben. Diese extreme Form des Liberalismus (auch Manchesterliberalismus genannt), bei der der Staat nicht in die Wirtschaft eingreift, sondern lediglich die Rolle eines Beobachters einnimmt (Nachtwächter-Staat) und alles dem freien Spiel der wirtschaftlichen Kräfte überlässt, bewirkte zwar einerseits eine schnelle wirtschaftliche Aufwärtsentwicklung, führte aber andererseits auch zu Wirtschaftskrisen und zur Ausbeutung und Verelendung der Arbeiter.

(Bundeszentrale für politische Bildung, Das Lexikon der Wirtschaft, Bonn 2004, S. 258)

Im 19. Jahrhundert wurden zahlreiche europäische Volkswirtschaften nach den Ideen des Liberalismus* und dem Modell der *freien Marktwirtschaft* ausgestaltet. Aufgrund der Zurückhaltung des Staates, der keine aktive Wirtschaftspolitik betrieb, bezeichnet man die Wirtschaftsordnung dieser Zeit auch als „*Laissez-faire*-Kapitalismus" (s. Kasten). Die freiheitliche Wirtschaftsordnung förderte die Einführung neuer Technologien (z. B. Dampfmaschine) und vereinfachte den internationalen Handel, wodurch es zu einem enormen wirtschaftlichen Aufschwung kam.

Zugleich traten jedoch erhebliche **soziale Missstände** zutage, die schließlich zu einer Auflösung der rein marktwirtschaftlichen Ordnung des Wirtschaftsgeschehens führten:

– Der freie Wettbewerb wurde zunehmend durch **Kartelle** (Absprachen zwischen Unternehmen) und Unternehmenszusammenschlüsse ausgehöhlt; z. B. wurden der Bergbau

Abb. 1: Blick in eine Arbeiterwohnung in Berlin-Weißensee, 1907. Hier wohnte in zwei Zimmern ein Arbeiter mit seiner Frau und zehn Kindern. Auf dem Bild ist auch deren Großmutter zu sehen.

Abb. 2: Schlange vor dem Arbeitsamt Hannover (Foto von 1930). Die Wahlparole an der Wand der Lagerhalle („Wählt Hitler") zeigt, dass sich die Nationalsozialisten* als Retter aus der Krise anboten.

Weltwirtschaftskrise: allgemein eine Wirtschaftskrise, die weltweit die wichtigsten Wirtschaftsmächte erfasst; im engeren Sinn die Wirtschaftskrise, die sich nach dem New Yorker Börsenkrach am 25.10.1929 (Schwarzer Freitag) global ausweitete und in Europa überwiegend erst in der zweiten Hälfte der 1930er-Jahre, in den USA während des Zweiten Weltkriegs* überwunden wurde. Die Krise war gekennzeichnet durch Unternehmenszusammenbrüche, fallende Löhne sowie Massenarbeitslosigkeit bisher ungekannten Ausmaßes in den wichtigsten Industrieländern.

(Schülerduden Wirtschaft, Dudenverlag Mannheim 2002, S. 436)

und die Eisenindustrie im 19. Jahrhundert von wenigen Unternehmen beherrscht. Die Folgen waren eine *Konzentration des Kapitals* und wirtschaftlicher Macht* in wenigen Händen und eine *sehr ungleiche Einkommens- und Vermögensverteilung.*

– Die **sozialen Probleme** vor allem der Arbeiter und ihrer Familien wurden immer größer. Ihre Arbeitssituation war gekennzeichnet durch so geringe Löhne, dass oftmals die Familien kaum ausreichend ernährt werden konnten. Die Sicherheitsvorkehrungen am Arbeitsplatz waren oft mangelhaft, 12–14 Stunden Arbeit pro Tag, Sonn- und Feiertagsarbeit sowie Kinderarbeit waren der Regelfall. In den Städten wohnten oftmals große Familien in einem Raum (s. Abb. 1).

– Ohne regulierende Eingriffe des Staates kam es immer wieder zu schweren **Wirtschaftskrisen.** Insbesondere die Weltwirtschaftskrise (s. Kasten) in den 30er-Jahren des 20. Jahrhunderts zeigte, dass ein Markt, der sich selbst überlassen bleibt, nicht unbedingt zum Gleichgewicht findet, sodass sich beispielsweise eine *hohe Massenarbeitslosigkeit* (s. Abb. 2) wieder vermindert.

(Franz Josef Kaiser/Volker Brettschneider, Volkswirtschaftslehre, Cornelsen Verlag, Berlin 2002, S. 139 f.)

M 10 „Neoliberalismus“ als Reaktion auf die „Laissez-faire“-Wirtschaft

Walter Eucken (1891–1950)

Die Forderungen des klassischen Liberalismus als Ordnungsprinzip für die Wirtschaft wurden durch den **Neoliberalismus** wieder aufgegriffen. Die Fehlentwicklungen des Laissez-faire-Liberalismus sollten dabei u. a. dadurch korrigiert und verhindert werden, dass dem Staat die Aufgabe zugeschrieben wurde, den freien Wettbewerb aktiv zu sichern und damit Marktmacht einzelner Marktteilnehmer zu verhindern. Die in Deutschland vertretene Ausgestaltung der neoliberalen Konzeption wird als **Ordoliberalismus*** bezeichnet. Seine geistigen Wurzeln gehen auf die in den 1930er-Jahren an der Universität Freiburg u. a. von **Walter Eucken** begründete „Freiburger Schule“ zurück.

(Viktor Lüpertz, Problemorientierte Einführung in die Volkswirtschaftslehre, Winklers Verlag, Darmstadt 2005, S. 175)

Während der Marxismus* marktwirtschaftliche Systeme als ungeeignet ablehnte, versuchte der Neoliberalismus, die Marktwirtschaft konzeptionell weiterzuentwickeln. Seine Vertreter ergänzten das Spektrum der Staatsaufgaben um:

- die Wettbewerbssicherung,
- die soziale Grundabsicherung des Einzelnen und
- die Vermeidung von geld- und währungspolitischen Störungen.

In Deutschland wurden ähnliche Ansätze von Vertretern der sogenannten ordoliberalen* Freiburger Schule formuliert. Wirtschaftswissenschaftler wie Walter Eucken [...] gingen in ihren Vorstellungen aus von einer staatlich geschützten marktwirtschaftlichen Ordnung.

„Der Wirtschaftspolitik des *Laissez-faire* lag ein großer Gedanke zugrunde. Freiheit soll gegeben werden, damit sich die natürliche, gottgewollte Ordnung entwickelt. [...] Aber die faktische Entwicklung zeigte, dass [...] diese Wirtschaftspolitik nicht das erreichte, was sie wollte. Es erwies sich, dass die Gewährung von Freiheit eine Gefahr für die Freiheit werden kann, wenn sie die Bildung privater Macht ermöglicht, dass zwar außerordentliche Ener-

Neoliberal nannten sich schon vor dem Zweiten Weltkrieg* diejenigen, die mit dem staatsfeindlichen Altliberalismus so wenig anfangen konnten wie mit dem Sozialismus*. Ohne Markt gehe die Gesellschaft kaputt, hieß die Einsicht der Neoliberalen – aber ohne Ordnung auch. Sie hatten in den 1920er- und 1930er-Jahren gelernt, wie unkontrollierte Monopole den Wettbewerb zerstörten und wie Gesellschaften ohne soziale Sicherheit am Abgrund manövrierten. Folglich suchten sie eine menschenwürdige Wirtschaftsordnung.

Zwischenzeitlich geriet der Begriff neoliberal in der öffentlichen Diskussion nahezu in Vergessenheit oder wurde jedenfalls nicht mehr gebraucht. Erst in den 1980er-Jahren tauchte er in der wirtschaftspolitischen Diskussion wieder auf, wobei die Vorsilbe neo (griech.: neu) nun so (miss)verstanden wurde, als bezeichne der Begriff eine Neuauflage des klassischen („altliberalen“, „marktradikalen“) Liberalismus, den man wegen seines Verzichts auf staatliche Sozialpolitik kritisieren wollte. Seit den 1990er-Jahren wird der Begriff immer mehr (und eigentlich missbräuchlich) als Schlagwort gegen ein wirtschaftliches Denken und eine Wirtschaftspolitik verwendet, die – so der Vorwurf – soziale Gesichtspunkte zugunsten der Kapitalinteressen vernachlässige.

(Thomas Fischermann, Missbrauch eines Etiketts, in: DIE ZEIT v. 3.12.1998, S. 24; letzter Teil zusammengefasst) gien durch sie geweckt werden, aber dass diese Energien auch freiheitszerstörend wirken können." (Walter Eucken, 1955)

(Heinz Dieter Hardes/Gerd Jan Krol/Fritz Rahmeyer/Alfons Schmid, Volkswirtschaftslehre problemorientiert, Mohr/Siebeck, Tübingen 1999, S. 22)

Der Ordoliberalismus fußte auch auf den praktischen Erfahrungen mit dem Staatsinterventionismus* in der ersten Hälfte des 20. Jahrhunderts, die Eucken und seine Mitstreiter ja persönlich miterlebt hatten. Schon in der Weimarer Republik* und erst recht zur Zeit des Nationalsozialismus* war es in Deutschland zu einer zunächst immer stärkeren Vermischung, später dann sogar zur Gleichschaltung von Staat und Wirtschaft gekommen. Sowohl politisch als auch ökonomisch hatte dies schlimme Folgen. Für die Ordoliberalen war darum eine freiheitliche Staatsverfassung untrennbar mit einer freiheitlichen Wirtschaftsordnung verbunden.
Im Gegensatz zu den Klassikern* sahen die Ordoliberalen aber die Notwendigkeit, dem privatwirtschaftlichen Wettbewerb einen *staatlichen Rahmen* vorzugeben, innerhalb dessen Grenzen er sich abzuspielen hatte. Ordo heißt so viel wie Ordnung, und genau darum ging es. Der Staat sollte zwar nicht direkt in das Wirtschaftsgeschehen eingreifen, wohl aber einen gesetzlichen „Datenkranz" vorgeben, an den sich alle Unternehmen und Haushalte zu halten haben. Auf diese Weise sollten die Vorteile des freien Wirtschaftens mit der Notwendigkeit einer gewissen staatlichen Aufsicht verbunden werden.

(Ulrich van Suntum, Die unsichtbare Hand – Ökonomisches Denken gestern und heute, Springer-Verlag, Berlin/Heidelberg, 2. Aufl. 2001, S. 239 f.)

1. Erläutern Sie das Schlagwort vom „Laissez-faire-Kapitalismus" und ergänzen Sie ggf. die Hinweise auf den „wirtschaftlichen Aufschwung" in der Zeit der Industrialisierung aufgrund Ihrer Kenntnisse aus dem Geschichtsunterricht (M 9, Z. 1–10).

2. Erläutern Sie, zu welchen wirtschaftlichen und sozialen Folgen die von Eingriffen des Staates völlig freie, am klassischen Liberalismus orientierte Marktwirtschaft in der Zeit der Industrialisierung (z. B. in England und Deutschland) führte (M 9, Z. 11 ff.). Vielleicht können Sie aufgrund Ihrer Kenntnisse aus dem Geschichtsunterricht die Darstellung ergänzen und konkretisieren. Was ist mit dem Begriff „Soziale Frage*" gemeint?

3. Stellen Sie heraus, welche historischen Erfahrungen für die Entwicklung der Ideen von Walter Eucken eine wichtige Rolle spielten und durch welche Grundgedanken und Forderungen sich das neoliberale Denken von dem des klassischen Liberalismus unterscheidet (M 10). Welche zentrale Annahme des klassischen Liberalismus sah Eucken als grundlegenden Irrtum an (Z. 23 ff.)? Was sollte der Begriff „Ordoliberalismus" zum Ausdruck bringen (Z. 42 ff.)?

4. Vergleichen Sie die neoliberale mit der Theorie des klassischen Liberalismus im Hinblick auf die Rolle des Staates. Welche Probleme, die sich aus der „wirtschaftspolitischen Abstinenz" entwickelt hatten, sollte der Staat durch aktive Politik (Gewährleistung von Sicherungen) lösen?

5. Aufgrund welcher Erfahrungen wandte sich Eucken andererseits nachdrücklich gegen eine zu starke Einmischung des Staates in die Wirtschaft („Staatsinterventionismus") und erst recht gegen eine staatliche Planwirtschaft (Z. 35 ff.)?

6. Der Begriff Neoliberalismus wird in der gegenwärtigen wirtschaftspolitischen Diskussion häufig schlagwortartig und polemisch verwendet, um bestimmte wirtschaftspolitische Positionen als „marktzentriert" und „sozial ungerecht" zu brandmarken und sie auf diese (als unsozial eingeschätzte) Wirtschaftstheorie zurückzuführen (s. Kasten S. 18 unten). Nehmen Sie dazu Stellung, ob/inwieweit diese Darstellung den Vorstellungen des Neoliberalismus/Ordoliberalismus entspricht. Vergleichen Sie dazu ggf. die Darstellung unter http://www.insm.de/insm/Wissen/Lexikon/n/Neoliberalismus.html

2. Das Konzept der „sozialen Marktwirtschaft“ – die Rolle des Staates

M 11 Soziale Marktwirtschaft als ordnungspolitisches Leitbild

Abb. 1: Alfred Müller-Armack (1901–1978), Prof. für Volkswirtschaftslehre in Münster und Köln bis 1952, Vertreter der ordoliberalen* „Freiburger Schule“; von 1952 bis 1963 im Wirtschaftsministerium von Ludwig Erhard (seit 1958 als Staatssekretär)

Abb. 2: Ludwig Erhard (1897–1977), Bundeswirtschaftsminister 1949–1963, „Vater des Wirtschaftswunders“, Bundeskanzler 1963–1966

Die ordoliberalen Gedanken (s. M 10) hatten zwar prägenden Einfluss auf die Ausgestaltung der *sozialen Marktwirtschaft*, doch sowohl der Begriff als auch die systematische Entwicklung gehen auf *Alfred Müller-Armack* zurück.
Den Begriff „soziale Marktwirtschaft“ benutzte der Universitätsprofessor und spätere Staatssekretär des Bundeswirtschaftsministers Ludwig Erhard (s. Abb. 2), Alfred Müller-Armack (s. Abb. 1), erstmals in seinem 1947 erschienenen Buch „Wirtschaftslenkung und Marktwirtschaft“. Dort hieß es (S. 88): *„Es wäre ein aussichtsloses Unterfangen, wollte man in einer Zeit stärkster sozialer und gewandelter kultureller Überzeugungen die ökonomische Weltanschauung des Liberalismus* erneut empfehlen. Wir haben heute zu konstatieren: Die beiden Alternativen, zwischen denen die Wirtschaftspolitik sich bisher bewegte, die rein liberale Marktwirtschaft und die Wirtschaftslenkung, sind innerlich verbraucht, und es kann sich für uns nur darum handeln, eine neue dritte Form zu entwickeln, die sich nicht als eine vage Mischung, als ein Parteikompromiss, sondern als eine aus den vollen Einsichtsmöglichkeiten unserer Gegenwart gewonnene Synthese darstellt. Wir sprechen von „sozialer Marktwirtschaft“, um diese dritte wirtschaftspolitische Form zu kennzeichnen. Es bedeutet dies, dass uns die Marktwirtschaft notwendig als das tragende Gerüst der künftigen Wirtschaftsordnung erscheint, nur dass dies eben keine sich selbst überlassene liberale Marktwirtschaft, sondern eine bewusst gesteuerte, und zwar sozial gesteuerte Marktwirtschaft sein soll.“*
Müller-Armack, der nach dem 2. Weltkrieg* den Begriff soziale Marktwirtschaft prägte und durchsetzte, fand in Ludwig Erhard den Wissenschaftler und Praktiker, der das Konzept in die Wirklichkeit umsetzte. „Wohlstand für alle“ hieß die lockende und einprägsame Formel, mit der er für seine Form von sozialer Marktwirtschaft warb (s. Abb. 2). (Autorentext)

Die soziale Marktwirtschaft zielt als eine wirtschaftspolitische Konzeption auf eine Synthese zwischen rechtsstaatlich gesicherter Freiheit, wirtschaftlicher Freiheit – die als notwendiger Bestandteil einer freiheitlichen Ordnung überhaupt angesehen wird – und den sozialstaatlichen Idealen der sozialen Sicherheit und der sozialen Gerechtigkeit. Diese **Zielkombination von Freiheit und Gerechtigkeit** gibt der Begriff soziale Marktwirtschaft wieder: Marktwirtschaft steht für wirtschaftliche Freiheit. Sie besteht in der Freiheit der Verbraucher, Güter nach beliebiger Wahl aus dem Sozialprodukt zu kaufen (*Konsumfreiheit*), in der Freiheit der Produktionsmitteleigentümer, ihre Arbeitskraft, ihr Geld, ihre Sachgüter und unternehmerischen Fähigkeiten nach eigener Wahl einzusetzen (*Gewerbefreiheit*: Freiheit der Berufs- und Arbeitsplatzwahl, Freiheit der Eigentumsnutzung), in der Freiheit der Unternehmer, Güter eigener Wahl zu produzieren und abzusetzen (*Produktions- und Handelsfreiheit*) und in der Freiheit jedes Käufers und Verkäufers von Gütern oder Leistungen, sich neben anderen um das gleiche Ziel zu bemühen (*Wettbewerbsfreiheit*). Ihre Grenzen finden diese Freiheitsrechte da, wo die Rechte Dritter, die verfassungsmäßige Ordnung oder das Sittengesetz verletzt werden (Art. 2, Abs. 1 GG).

Das Attribut „sozial“ soll zum Ausdruck bringen:

1. dass die Marktwirtschaft allein wegen ihrer wirtschaftlichen Leistungsfähigkeit, wegen der Schaffung der wirtschaftlichen Voraussetzungen eines „Wohlstands für alle“ und wegen der Gewährung wirtschaftlicher Freiheitsrechte, die an den Rechten Dritter ihre Schranken finden, einen sozialen Charakter trägt;
2. dass die Marktfreiheit aus sozialen Gründen dort beschränkt werden soll, wo sie sozial unerwünschte Ergebnisse zeitigen würde, bzw. dass die Ergebnisse eines freien Wirtschaftsprozesses korrigiert werden sollen, wenn sie nach den Wertvorstellungen der Gesellschaft nicht sozial genug erscheinen.

Daher kann nach *Müller-Armack* der Begriff der sozialen Marktwirtschaft *„als eine ordnungspolitische Idee definiert werden, deren Ziel es ist, auf der Basis der Wettbewerbswirtschaft die freie Initiative mit einem gerade durch die marktwirtschaftliche Leistung gesicherten sozialen Fortschritt zu verbinden.*

Auf der Grundlage einer marktwirtschaftlichen Ordnung kann ein vielgestaltiges und vollständiges System sozialen Schutzes errichtet werden."

(Heinz Lampert/Albrecht Bossert, Die Wirtschafts- und Sozialordnung der Bundesrepublik Deutschland, Olzog Verlag, München, 15. Aufl. 2004, S. 92 ff.)

1. Stellen Sie anhand entsprechender Textstellen heraus, inwiefern die soziale Marktwirtschaft als eine neue Verbindung zweier unterschiedlicher Prinzipien, als ein „dritter Weg" verstanden wurde. Welche Rolle kommt – im Unterschied zur „freien" Marktwirtschaft – dem Staat zu (M 11, Z. 4 ff.)?
2. Erläutern Sie das Konzept als eine „Zielkombination von Freiheit und Gerechtigkeit" (Z. 25 ff.). Inwiefern wurde schon in der Effektivität der Marktwirtschaft ein sozialer Fortschritt gesehen, zugleich aber dieser Aspekt für nicht ausreichend gehalten, um dem Prinzip der sozialen Gerechtigkeit zu entsprechen?
3. Zeigen Sie auf, inwiefern das Konzept der sozialen Marktwirtschaft unmittelbar an die Vorstellungen des Neoliberalismus, insbesondere des Ordoliberalismus anschließt, in wichtigen Punkten aber, insbesondere im Hinblick auf das Sozialprinzip (die sozialpolitische Rolle des Staates), über den Neoliberalismus hinausgeht (Z. 36 ff.).

Über die Personen Alfred Müller-Armack und Ludwig Erhard, der als Wirtschaftsminister 14 Jahre lang für die Umsetzung und Ausgestaltung der sozialen Marktwirtschaft verantwortlich war, können Sie sich ggf. über die Internetseite http://de.wikipedia.org/wiki näher informieren (Stichworte: Ludwig Erhard, Alfred Müller-Armack).

VERTIEFUNG **M 12**

„Der Staat setzt den Rahmen" – Sicherung und Einschränkung wirtschaftlicher Rechte

„Jede Wirtschaftsordnung baut auf einem ***Rechtssystem*** *auf. Ohne ein rechtliches Gerüst kann eine Wirtschaft kaum funktionieren. Wesentliche rechtliche Grundlagen, die geschaffen werden müssen, sind die* ***Freiheitsrechte*** *und die* ***Eigentumsrechte****. Die Freiheitsrechte ermöglichen jedem Individuum in einer Gesellschaft, sich frei zu bewegen und einer Tätigkeit nach freien Wünschen nachzugehen. Damit kann ein Einkommen überhaupt erst erworben werden. Die Eigentumsrechte billigen schließlich jedem Individuum zu, Erworbenes zu behalten und in der Zukunft nutzen zu können." (Dennis Paschke, Mikroökonomie anschaulich dargestellt, PD-Verlag, Heidenau, 2. Aufl. 2005, S. 377) Je nachdem, wie diese Rechte und Freiheiten im Einzelnen konkret ausgestaltet werden, ergeben sich unterschiedliche Wirtschaftsordnungen. Der folgende Text will vor allem zeigen, in welcher Weise sich die* ***Ausgestaltung der Rechte und Freiheiten in der sozialen Marktwirtschaft*** *von der in einer „reinen" Marktwirtschaft unterscheidet.*

- **Privateigentum** an den Produktionsmitteln ist typisch für marktwirtschaftliche Wirtschaftssysteme und die Grundlage dafür, dass der Unternehmer den Einsatz und die Verwendung der betrieblichen Produktionsfaktoren nach wirtschaftlichen Gesichtspunkten individuell und selbstständig planen kann.
In der *sozialen Marktwirtschaft* in Deutschland wird das nach Art. 14 GG (s. Kasten) gewährleistet und grundsätzlich geschützt. Das Grundgesetz betont jedoch ausdrücklich in Art. 14 Abs. 2 die Sozialbindung des Eigentums und dass die Zurückstellung von Einzelinteressen gegenüber Gemeininteressen verlangt werden kann (s. Kasten). Die **„Sozialbindung" des Eigentums** zeigt sich z. B. in der Mitbestimmung der Arbeitnehmer in Betrieben oder von Arbeitnehmervertretern in Aufsichtsräten von Kapitalgesellschaften*. Auch die Möglichkeit des Staates, z. B. Grundstücke gegen Entschädigung zu enteignen, sofern dies im öffentlichen Interesse ist, verdeutlicht die Sozialbindung.
- Der Staat muss die **Vertragsfreiheit** garantieren. Märkte funktionieren nur dann, wenn die Handlungsfreiheit des Einzelnen nicht zu stark beschnitten ist. Verträge haben in der Wirtschaft eine große Bedeutung. Ob beim Abschluss eines Ausbildungsvertrags, beim Autokauf oder beim Einkauf von Rohstoffen: Der geschlossene Vertrag stellt sicher, dass sich alle Parteien auf Einhaltung der Vereinbarungen verlassen können. Wird ein Partner vertragsbrüchig, kann er vor Gericht verklagt werden.
- **Gewerbefreiheit** bedeutet, dass Unternehmer grundsätzlich darüber

Grundgesetz Art. 14
(1) Das Eigentum und das Erbrecht werden gewährleistet. Inhalt und Schranken werden durch die Gesetze bestimmt.
(2) Eigentum verpflichtet. Sein Gebrauch soll zugleich dem Wohle der Allgemeinheit dienen.
(3) Eine Enteignung ist nur zum Wohle der Allgemeinheit zulässig. Sie darf nur durch Gesetz oder aufgrund eines Gesetzes erfolgen, das Art und Ausmaß der Entschädigung regelt. Die Entschädigung ist unter gerechter Abwägung der Interessen der Allgemeinheit und der Beteiligten zu bestimmen.

entscheiden können, welche Unternehmen sie gründen, wo sie sich ansiedeln (Niederlassungsfreiheit) und welche wirtschaftlichen Tätigkeiten sie ausüben wollen. Aber auch hier gibt es eine *Reihe gesetzlicher Einschränkungen* (Auflagen), die z. B. festlegen, dass Umweltbelastungen (Lärm, Luftverschmutzung) vermieden werden und die Sicherheit der Bevölkerung gewährleistet ist (Sicherheitsauflagen für die Produktion).

- Grundsätzlich dürfen die Unternehmen auch selbstständig entscheiden, welche Güter sie herstellen (**Produktionsfreiheit**), und den Verbrauchern (Konsumenten) steht es frei, welche Produkte sie kaufen wollen (**Konsumfreiheit**). Der Staat sorgt jedoch z. B. durch *Verbraucherschutzrichtlinien* dafür, dass keine Produkte auf den Markt gebracht werden, welche z. B. die Gesundheit gefährden (z. B. Drogen, vergammeltes Fleisch). Betriebe, von denen eine Gefährdung der Gesundheit oder der Sicherheit ausgehen kann, sind genehmigungspflichtig und unterliegen der staatlichen Kontrolle (z. B. Gaststätten, Apotheken, Atomkraftwerke). Bestimmte Produkte sind nicht frei verkäuflich (z. B. Medikamente, Waffen).

(Autorentext)

1. Machen Sie sich klar, warum das Rechtssystem mit seiner Ausgestaltung wirtschaftlicher Rechte und Freiheiten von zentraler Bedeutung für eine Wirtschaftsordnung ist, und orientieren Sie sich bei der Erarbeitung von M 12 an folgenden Fragen:
   - Welche Bedeutung hat das Privateigentum an Produktionsmitteln für die Marktwirtschaft (vgl. M 1)? Was versteht man unter der „Sozialbindung" des Eigentums in der sozialen Marktwirtschaft?
   - Dass die „Vertragsfreiheit" für das Funktionieren des Marktprozesses von entscheidender Bedeutung ist, können Sie sicher auch am Beispiel eines Kaufvertrags erläutern, den Sie selbst abgeschlossen haben. Auf die Einschränkung der Vertragsfreiheit durch die staatliche Wettbewerbspolitik gehen wir in M 14 ff. gesondert ein.
   - Für die Einschränkungen der Gewerbe-, der Produktions- und der Konsumfreiheit werden Sie leicht weitere Beispiele finden können.

2. Machen Sie abschließend zu M 12 noch einmal deutlich, wozu die genannten Einschränkungen der Rechte und Freiheiten insgesamt dienen sollen. Was ist daran „sozial"?

M 13 Übersicht: Die Rolle des Staates in der sozialen Marktwirtschaft

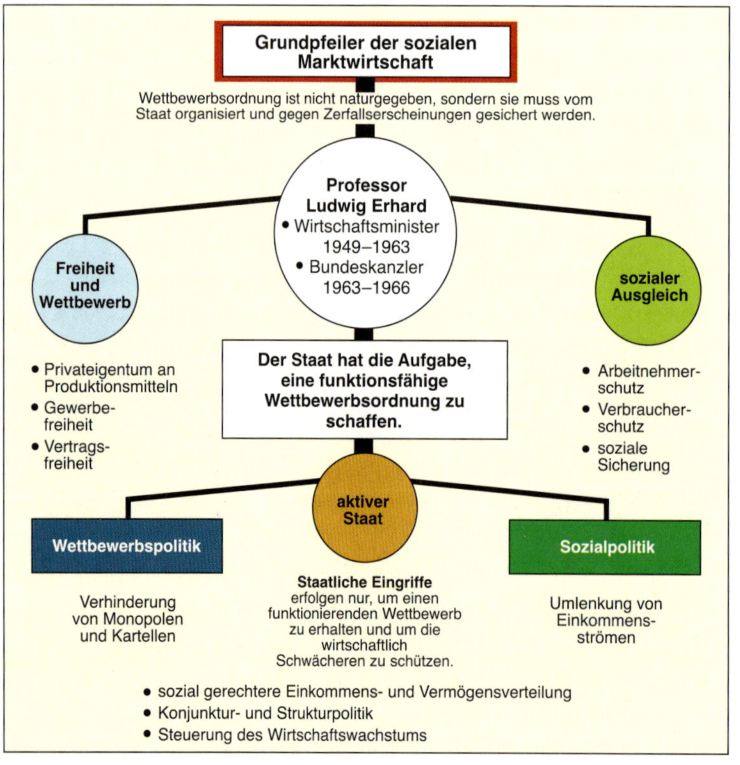

Neben den beiden in der Grafik dargestellten Prinzipien stehen bei Müller-Armack das *„konjunkturpolitische Prinzip"* (der Staat soll durch entsprechende Maßnahmen zu große Schwankungen der Wirtschaftsentwicklung vermeiden helfen) und das *„Marktkonformitätsprinzip"*, das Müller-Armack so beschreibt: „[Die Wirtschaftspolitik in der sozialen Marktwirtschaft] erstrebt sozialen Fortschritt über marktkonforme Maßnahmen. Sie versteht darunter Maßnahmen, die den sozialen Zweck sichern, ohne störend in die Marktapparatur einzugreifen. [...] Marktinkonform ist ein Mietstopp, der den Gesamtwohnungsmarkt ohne Rücksicht auf die Leistungsfähigkeit der Mieter erfasst, marktkonform ist ein System von Mietbeihilfen für bedürftige Schichten. [...] Die Forderung nach Marktkonformität der Maßnahmen bietet der Wirtschaftspolitik erhebliche Bewegungsmöglichkeiten, ohne sie mit den Marktkräften in Konflikt zu bringen."

(Autorentext; Zitat aus: Alfred Müller-Armack, Soziale Marktwirtschaft [1956], in: Handwörterbuch der Sozialwissenschaften, Stuttgart, S. 390)

1 Anhand von M 13 können Sie sich einen Überblick über wichtige, in den vorangehenden Materialien angesprochene Prinzipien und Strukturelemente der sozialen Marktwirtschaft, insbesondere über die Rolle des Staates in dieser Wirtschaftsordnung, verschaffen.
Im Folgenden werden wir auf die beiden zentralen Bereiche der Rolle des Staates – Sicherung des Wettbewerbs und Sozialpolitik – näher eingehen. Andere Bereiche staatlicher Wirtschaftspolitik, wie die Strukturpolitik und insbesondere die Arbeitsmarkt- und Beschäftigungspolitik, werden in Kap. V, Abschnitt 5. behandelt.

2 Vielleicht können Sie an dieser Stelle zusammenfassend (mit jeweils wenigen Sätzen) formulieren und in einer kurzen Übersicht festhalten, wie sich die ***Rolle des Staates*** in den Ordnungskonzepten darstellt, die Sie in diesem Teil unseres Arbeitsbuches kennengelernt haben: den Konzepten
- der freien Marktwirtschaft (M 1) bzw. des „klassischen Liberalismus" (M 8),
- des „Neoliberalismus" (M 10),
- der sozialen Marktwirtschaft (M 11 – M 12) und
- der Planwirtschaft*/Zentralverwaltungswirtschaft (vgl. M 1, M 3).

Wettbewerb und Wettbewerbspolitik

M 14 Funktionen des Wettbewerbs und Tendenzen zur Wettbewerbsbeschränkung

Wettbewerb ermöglicht, dass sich durch das Wechselspiel zwischen Anbietern und Nachfragern Preise bilden, die den Austausch von Waren und Dienstleistungen steuern. Die Preise zeigen den Anbietern, wo sie ihre Produktionsfaktoren* am effizientesten einsetzen können („*Allokation**"), den Nachfragern, wo sie ihren Bedarf am günstigsten decken können. Die Konkurrenz um die Gunst der Nachfrager schafft darüber hinaus *Anreize, die Preise zu senken* bzw. die *Qualität des Angebots zu verbessern*. Aufgrund der Konkurrenz unter den Anbietern haben die Verbraucher die *Wahl zwischen verschiedenen Angeboten*.
Der Wettbewerb hat auch eine *Steuerungsfunktion*: Er soll sicherstellen, dass die Unternehmen ein Angebot bereitstellen, das den Wünschen der Verbraucher entspricht. Die Unternehmen werden dazu angehalten, Produktionsverfahren anzuwenden, durch welche die Produktionsfaktoren bestmöglich ausgenutzt werden. Aufgrund des Wettbewerbs mit anderen Unternehmen sind sie daran interessiert, technische Fortschritte zu nutzen, neue, kostengünstigere Produktionsverfahren zu entwickeln und neue, verbesserte Produkte anzubieten; hier spricht man von der Wettbewerbsfunktion der *Innovation**.

(Autorentext nach: Bundeszentrale für politische Bildung [Hrsg.], Wirtschaft heute, Bonn 2006, S. 98)

Wettbewerb ist das Grundelement jeder Marktwirtschaft. Ohne Wettbewerb kann der Preis seine für die Steuerung und Koordination des Wirtschaftsprozesses unerlässlichen Funktionen nicht erfüllen. Die geschichtlichen Erfahrungen zeigen aber, dass in einer Marktwirtschaft **Tendenzen zur Einschränkung des Wettbewerbs** und damit zur Selbstauflösung dieser Wirtschaftsordnung bestehen, wenn der Wettbewerb nicht durch staatliche Maßnahmen gesichert wird. Unternehmen haben nämlich das Bestreben, sich den Zwängen und Kontrollen des Wettbewerbs zu entziehen (s. Karikatur) und sich vor Konkurrenten zu schützen, indem sie z. B.
- untereinander wettbewerbsbeschränkende Vereinbarungen treffen (*Kartelle;* s. M 15, Z. 20 ff.),
- ihre Marktmacht durch Unternehmenszusammenschlüsse erhöhen (*Fusionen**, *Konzerne**),
- ihre Marktmacht dazu benutzen, andere Wettbewerber vom Markt auszuschließen (*Missbrauch marktbeherrschender Stellung*).

Unbegrenzte Vertragsfreiheit und weitgehender Verzicht auf Staatseingriffe sind Ursache für eine zunehmende Ausschaltung des Wettbewerbs.

(Viktor Lüpertz, Problemorientierte Einführung in die Volkswirtschaftslehre, Winklers Verlag, 4. Aufl. Darmstadt 2005, S. 185 f.)

Prinzipientreue

M 15 Institutionen und Instrumente der Wettbewerbssicherung

Marktmacht: Sie liegt vor, wenn Anbieter oder Nachfrager auf einem Markt eine beherrschende oder überragende Stellung einnehmen. Wenn nur eine kleine Anzahl von Unternehmen auf einem Markt eine beherrschende Stellung einnimmt, kann es leicht zur Ausnutzung der Marktmacht z. B. durch überhöhte Preise, Ausbeutung von Lieferanten oder Abnehmern, Behinderung anderer Unternehmen durch Belieferungsstopp oder Herabsetzung der Wettbewerber kommen. Eine Situation, in der einzelne oder wenige Anbieter oder Nachfrager über so viel Macht auf einem Markt verfügen, dass sie diese für ihre einseitigen wirtschaftlichen Interessen missbrauchen können, erfordert daher ein Eingreifen des Staats mit Maßnahmen der Wettbewerbspolitik.

(Schülerduden Wirtschaft, Dudenverlag, Mannheim, 3. Aufl. 2002, S. 276)

Bundeskartellamt in Bonn

- Die schwersten Gefährdungen des Wettbewerbs gehen von der Unternehmenskonzentration und von Marktabsprachen aus. Daher müssen **Unternehmenszusammenschlüsse** ab einer gewissen Größenordnung dem **Kartellamt** bzw. (bei grenzüberschreitenden Vorgängen) der **Europäischen Kommission*** angezeigt werden und können von diesen Wettbewerbsbehörden untersagt werden, wenn das neue Unternehmen **Marktmacht** (s. Kasten) gewinnt und keinem wesentlichen Wettbewerb mehr ausgesetzt ist. Dies ist die vorbeugende („präventive“) **Fusionskontrolle**. Verfügen Unternehmen bereits über Marktmacht, ohne mit anderen zu fusionieren, so wird ihr Verhalten im Rahmen der **Missbrauchsaufsicht** über marktbeherrschende Unternehmen vom Kartellamt kontrolliert. Wenn solche Unternehmen ihre Marktmacht missbrauchen, zum Beispiel, indem sie überhöhte Preise durchsetzen oder Konkurrenten beim Wettbewerb behindern, wird ihr Verhalten vom Kartellamt sanktioniert [bestraft]. Sie können mit hohen **Geldbußen** belegt werden, und im Fall der Unternehmensfusion steht der Kartellbehörde neben dem **Verbot der Fusion** auch das Instrument zur Verfügung, eine Fusion nur unter *Auflagen* zu erlauben. Dazu kann beispielsweise gehören, dass die beteiligten Unternehmen vor der Fusion Unternehmensteile am Markt veräußern müssen.
- **Kartelle** [Vereinbarungen, Absprachen] sind verboten, wenn sie Preise absprechen oder Absprachen über die Aufteilung von Marktanteilen durchführen. Werden die Kartelle entdeckt und die beteiligten Unternehmen rechtskräftig verurteilt, werden sie in den Ländern der *Europäischen Union* mit **Geldbußen** belegt, die höher sein sollen als der zusätzliche Gewinn, den die Unternehmen aus der Kartellbildung erzielt haben. In anderen Staaten drohen dem Management auch Haftstrafen. Kartelle, die Vorteile für die Verbraucher versprechen, wie Forschungs- und Entwicklungskartelle – zum Beispiel zur gemeinsamen Motorenentwicklung in der Automobilindustrie –, können wiederum genehmigt werden. Auch diese Kartelle können aber den Wettbewerb gefährden, insbesondere dann, wenn sie sich am Ende als Vorstufe für Preis- oder Mengenkartelle erweisen.

(Informationen zur politischen Bildung Nr. 294, 1. Quartal 2007: Staat und Wirtschaft, Bundeszentrale für politische Bildung, Bonn 2007, S. 42; Verf.: Hans Jürgen Schlösser)

1. In M 14 (Z. 1–17) werden verschiedene Funktionen des Wettbewerbs angesprochen (s. die kursiv gesetzten Begriffe), die insgesamt zeigen, dass Wettbewerb als ein unverzichtbares Element einer funktionierenden Marktwirtschaft angesehen wird. Erläutern Sie sie etwas näher mit eigenen Worten und möglichst an konkreten Beispielen und gehen Sie dabei vor allem auf die Preisbildung, die Wahlfreiheit der Verbraucher, die Steuerungs- und die Innovationsfunktion ein.
2. Warum neigen Unternehmen im Allgemeinen dazu, sich dem Wettbewerbsdruck zu entziehen (M 15, Z. 18 ff. und Karikatur)?
3. Für das Verständnis der in M 16 dargestellten staatlichen Politik zur Sicherung des Wettbewerbs ist es notwendig, sich ein Bild von den drei wichtigsten Formen zu machen, in denen Unternehmen den Wettbewerb zu umgehen oder einzuschränken versuchen: Kartelle, Konzernbildung*, Fusion* (M 14). Benutzen Sie dazu ggf. auch das Lexikonangebot: http://www.bpb.de/wissen/H75VXG,0,0,Begriffe_nachschlagen.html
4. Für die Eingriffsmöglichkeiten des Bundeskartellamts zur Sicherung des Wettbewerbs spielen die Begriffe der „Marktmacht“ und der „marktbeherrschenden Stellung“ eine zentrale Rolle. Erläutern Sie mit eigenen Worten, was zum einen mit der „Fusionskontrolle“, zum anderen mit der „Missbrauchsaufsicht“ gemeint ist (M 15, Z. 1–14).
5. Stellen Sie die wichtigsten Maßnahmen („Instrumente“) heraus, die das Kartellgesetz zur Verhinderung bzw. zur „Sanktionierung“ (Bestrafung) von Konzentrationsbildungen vorsieht (M 15, Z. 17 ff.).

Sozialpolitik in der sozialen Marktwirtschaft

M 16 a „Sozialstaatsprinzip" und Sozialpolitik

Nach Artikel 20 Absatz 1 des Grundgesetzes ist die Bundesrepublik Deutschland ein „demokratischer und sozialer Bundesstaat". Das „Sozialstaatsprinzip" ist also in Deutschland ein Verfassungsauftrag. Dieses ist jedoch sehr allgemein gehalten und legt noch nicht näher fest, was unter „sozial" eigentlich zu verstehen ist. Im wörtlichen Sinn bedeutet der Begriff nicht mehr als „gesellschaftlich" oder „bezogen auf die Gemeinschaft". Er kann daher auch nicht mit dem Begriff „sozialistisch"* gleichgesetzt werden, der ausdrücklich auf eine Vergemeinschaftung von Privateigentum abzielt. In der Staatsrechtslehre wurde das Sozialstaatsprinzip aus der historischen Entwicklung des Sozialstaats in Deutschland jedoch so ausgelegt, dass man darin zumindest eine Verpflichtung auf zwei *grundlegende Ziele* zu erkennen glaubte: die **Schaffung sozialen Ausgleichs** (d. h. eine Verringerung der Unterschiede zwischen sozial starken und sozial schwachen Gruppen durch den Staat) sowie die **Gewährleistung von sozialer Sicherheit** (d. h. die staatliche Sicherung der Existenzgrundlagen seiner Bürger durch gesetzliche Versicherungen gegen die Risiken des Lebens, aber auch z. B. durch Maßnahmen im Bildungs- und Gesundheitswesen).

(Christine Krokauer: Soziale Ungleichheit – Grenzen der Gerechtigkeit im Sozialstaat. In: RAAbits Sozialkunde/Politik, Raabe Verlag Stuttgart. 27. EL November 1999. I/A 2, S. 27)

VERTIEFUNG M 16 b „Sozialpolitik macht die Marktwirtschaft zur sozialen Marktwirtschaft"

Die Marktwirtschaft ist nicht sozial. Was wie ein Angriff klingt, ist lediglich eine Beschreibung. Wäre die Marktwirtschaft aus sich heraus sozial, wäre der Begriff „soziale Marktwirtschaft" nicht sinnvoll, er wäre ein „weißer Schimmel". [...] Die Marktwirtschaft ist effektiv, aber sie ist nicht sozial. Sie führt zu einer optimalen Versorgung mit Gütern und Dienstleistungen, wenn diesen eine kaufkräftige Nachfrage gegenübersteht. Ein Bedürfnis, und sei es noch so dringend, dem keine Kaufkraft beigegeben ist, wird von der Marktwirtschaft ignoriert.

Die Marktwirtschaft ist die beste und leistungsfähigste Wirtschaftsordnung, die bislang entwickelt worden ist. Kein anderes Wirtschaftssystem setzt so viel Produktivität*, Innovation [Erneuerung] und Kreativität [schöpferische Kraft, Erfindungsreichtum] frei und sorgt für einen so sparsamen (wirtschaftlichen) Umgang mit den zur Verfügung stehenden Ressourcen*.

Aber auch die menschliche Arbeitskraft ist eine Ware, sie wird nach den Gesetzen der Marktwirtschaft gehandelt wie jede andere: Gibt es ein großes Angebot, stehen also viele Menschen dem Arbeitsmarkt zur Verfügung, sinkt der Preis, also der Lohn. Wird weniger Arbeitskraft benötigt, weil Maschinen billiger oder schneller sind, wird sie als Kostenfaktor reduziert.

Die Marktwirtschaft erzielt einen optimalen Umgang mit Sachgütern und Dienstleistungen, aber sie schafft allein noch keine sozial gerechte und lebenswerte Gesellschaft. Den Menschen, der im Mittelpunkt eines jeden Wirtschaftssystems stehen sollte, hat die Marktwirtschaft erst einmal nur als Konsumenten und Produktionsfaktor* im Blick. [...]

Die Marktwirtschaft bietet den Menschen viele Entfaltungschancen und ermöglicht eine gute materielle Versorgung der Gesellschaft. Aber sie organisiert sich brutal nach Angebot und Nachfrage und unterwirft alle Prozesse der Gewinnlogik. Man muss daher durch sozialpolitische Maßnahmen darauf achten, dass alle Gesellschaftsmitglieder von ihr profitieren, auch diejenigen, die nicht jung, hoch qualifiziert, mobil, grenzenlos leistungsbereit und -fähig ihr Leben ausschließlich der Mehrung von Wohlstand widmen wollen oder können. [...] Die Sozialpolitik ist ein wichtiger Teil der Wirtschaftspolitik, sie macht die Marktwirtschaft zur sozialen Marktwirtschaft.

(Eckard D. Stratenschulte, Wirtschaft in Deutschland, Bundeszentrale für politische Bildung, Bonn 2006, S. 190, 148)

1. Analysieren Sie, was nach allgemeiner Auffassung im Grundgesetz mit dem „sozialen Bundesstaat" gemeint ist (der Begriff „Sozialstaat" kommt im GG nicht vor). Welche beiden Zielbereiche lassen sich unterscheiden, die eine Politik im Auge haben muss, wenn sie das „Sozialstaatsprinzip" verwirklichen will? Worin liegt der Unterschied zwischen diesen beiden Bereichen? (M 16 a)

2. Zeigen Sie auf, inwiefern Marktwirtschaft nicht von sich aus „sozial" ist (M 16 b). Aus welchen Merkmalen ergibt sich die Notwendigkeit der Sozialpolitik? Vergleichen Sie dazu ggf. noch einmal den Einleitungstext zu M 4 (S. 8 u.) und M 11.

M 17 Das System der Sozialversicherung in Deutschland

Mehr als 60 % aller Sozialleistungen* werden in Deutschland über das System der Sozialversicherung* abgewickelt. [...] Die Bedeutung der Sozialversicherung wird aber vor allem durch den breiten Kreis der Versicherten unterstrichen:

- Nahezu 90 % der Bevölkerung gehören der Gesetzlichen *Krankenversicherung* und der Gesetzlichen *Pflegeversicherung* an.
- In der Gesetzlichen *Rentenversicherung* sind rund 80 % der Bevölkerung im Alter von 20 bis unter 65 Jahren versichert.
- Alle Arbeitnehmer sind in der Gesetzlichen *Unfallversicherung* versichert.
- In der *Arbeitslosenversicherung* ist der weit überwiegende Teil der Arbeitnehmer versichert. Wie die Auflistung zeigt, handelt es sich bei der Sozialversicherung um ein gegliedertes System mit mehreren Versicherungszweigen, die jeweils unterschiedliche Risiken und Tatbestände abdecken.

(Gerhard Bäcker/Gerhard Naegele/Reinhard Bispinck/Klaus Hofemann/Jennifer Neubauer, Sozialpolitik und soziale Lage in Deutschland, Bd. 1, VS Verlag für Sozialwissenschaften, Wiesbaden 2007, S. 291 f.)

Zweige der gesetzlichen Sozialversicherung im Überblick (2010)

	Rentenversicherung	**Krankenversicherung**	**Arbeitslosenversicherung**	**Gesetzliche Unfallversicherung**	**Pflegeversicherung**
Wer?	alle Angestellten und Arbeiter, Beitragsbemessungsgrenze[1]: 5 500 € (West), 4 650 € (Ost) monatliches Bruttoeinkommen	alle Angestellten und Arbeiter; Beitragsbemessungsgrenze[1]: 3 750 €; Versicherungspflichtgrenze[2]: 4 162,50 € monatliches Bruttoeinkommen	alle Angestellten und Arbeiter; Beitragsbemessungsgrenze[1]: 5 500 € (West), 4 650 € (Ost) monatliches Bruttoeinkommen	alle Arbeitnehmer	alle, die in einer gesetzlichen oder privaten Krankenkasse versichert sind, Beitragsbemessungsgrenze: 3 750 €
finanziert durch ...	Pflichtbeiträge: **19,9 %** des Bruttoeinkommens, je zur Hälfte vom Arbeitnehmer und Arbeitgeber zu tragen; Bundeszuschuss (2008): 56,4 Mrd. Euro	Pflichtbeiträge: **14,9 %** des Bruttoeinkommens, Arbeitgeberanteil: 7,0 %, Arbeitnehmeranteil: 7,9 %, Bundeszuschuss (2009): 3,9 Mrd. Euro	Pflichtbeiträge: **2,8 %** des Bruttoeinkommens, je zur Hälfte vom Arbeitnehmer und Arbeitgeber zu tragen; Bundeszuschuss (2010): 12,8 Mrd. Euro	Pflichtbeiträge: der Arbeitgeber, Höhe je nach Gefahrenklasse und Betriebsgröße	Pflichtbeiträge: in Höhe von **1,95 %** des Bruttoeinkommens, je zur Hälfte vom Arbeitnehmer und Arbeitgeber; + 0,22 % Zuschlag für Kinderlose
Leistungen	Renten bei Alter (60/63/65 Jahre), Invalidität und Tod des Versicherten (80 % Hinterbliebenenrente)	Behandlungskosten, Hilfsmittel, Krankengeld (70 % des Nettoeinkommens) bei Arbeitsunfähigkeit wegen Krankheit	Arbeitslosengeld*, dann bei Bedürftigkeit Arbeitslosengeld II*; Maßnahmen zur Arbeitsförderung	Behandlungskosten und Fördermaßnahmen; evtl. Rente bei Arbeitsunfällen und Berufskrankheiten	je nach Pflegestufe (I – III) 205 € bis 1432 € für häusliche oder stationäre Pflege

[1] jährlich neu festzulegende Höhe des Geldbetrags, bis zu der der Bruttoarbeitsverdienst beitragspflichtig ist, der darüber hinausgehende Verdienst wird nicht zur Beitragszahlung herangezogen.
[2] Höhe des Monatsverdienstes, bis zu dem man der Pflichtversicherung in einer gesetzlichen Krankenkasse unterliegt; bei höherem Verdienst kann man sich privat versichern lassen; von der Pflichtversicherung befreit sind auch Beamte.

Für Arbeitnehmer betragen 2010 die gesamten „Sozialabgaben" 20,225 % des Bruttolohns (9,95 % Rentenversicherung, 7,9 % Krankenversicherung, 1,4 % Arbeitslosenversicherung, 0,975 % Pflegeversicherung).

(Autorentext)

Eine grafische Übersicht über das System der Sozialversicherung mit kurzer Erläuterung finden Sie unter der Internetadresse http://www.bpb.de/popup/popup_druckversion.html?guid=WAOP2X&page=0.
Einen Gesamtüberblick über das Sozialleistungssystem (also auch über die in den folgenden Materialien [M 18 a/b] dargestellten Bereiche) bietet die Internetseite http://www.bmas.de/portal/10118/soziale_sicherung_im_ueberblick.html.
Eine ausführliche Darstellung zum Gesamtbereich des Sozialsystems enthält der „Sozialbericht 2009" (http://www.bmas.de/portal/33916/property=pdf/a101-09_sozialbericht_2009.pdf), u. a. auch mit zahlenmäßigen Übersichten die Entwicklung der Sozialleistungen („Sozialbudget") bis 2008 (S. 243 ff.).

M 18 Umfang und Entwicklung der Sozialleistungen in Deutschland

M 18 a Soziale Mindestsicherung

Abb. 1

© Bergmoser + Höller Verlag AG

SGB = Sozialgesetzbuch

Abb. 2

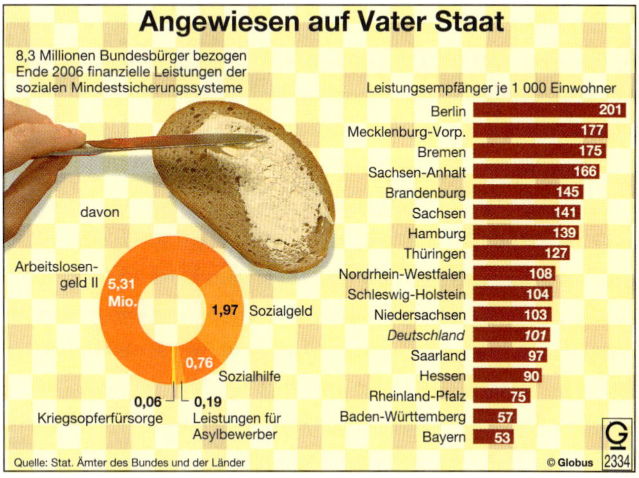

1. Informieren Sie sich anhand von M 18 a über die Bereiche/Institutionen des Sozialleistungssystems, die unter dem Begriff der „Grundsicherung" oder „Mindestsicherung" zusammengefasst werden (Abb. 1), und stellen Sie fest, wie viele Menschen in Deutschland davon betroffen sind (Abb. 2).

2. Welchen Anteil hat die „Grundsicherung für Arbeitsuchende" (Arbeitslosengeld II* und Sozialgeld*) am gesamten Aufwand der Mindestsicherung? Stellen Sie eine begründete Vermutung über die unterschiedliche Betroffenheit der einzelnen Bundesländer von Sozialleistungen der sozialen Grundsicherung an (Abb. 2). Auf Struktur und Probleme der „Grundsicherung für Arbeitsuchende" („Hartz IV") werden wir in M 61 näher eingehen.

M 18 b Das „Sozialbudget" und seine Entwicklung

Abb. 1

Abb. 2

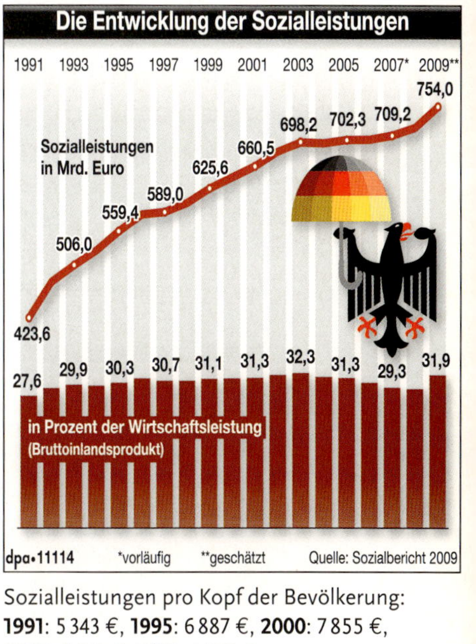

Sozialleistungen pro Kopf der Bevölkerung: **1991**: 5 343 €, **1995**: 6 887 €, **2000**: 7 855 €, **2005**: 8 436 €, **2009**: 9 195 €

1 Abb. 1 in M 18 b verschafft einen Gesamtüberblick über die meisten Bereiche und Systeme, die in Deutschland zum Gesamtkomplex der Sozialleistungen* („Sozialbudget") gezählt werden und die Sie hier nicht im Einzelnen zu analysieren brauchen (zur weiteren Information s. Hinweise S. 26 u.).
- Welchen finanziellen Anteil haben daran die Zweige der Sozialversicherung* (vgl. M 17)?
- Welche Bereiche beziehen sich auf die Förderung von Familien, Kindern und Jugendlichen?

2 Beschreiben Sie die Entwicklung der Sozialleistungen in absoluten Zahlen und pro Kopf der Bevölkerung seit 1991 (Abb. 2). Wie ist es zu erklären, dass ihr Anteil an der gesamten Wirtschaftsleistung (Bruttoinlandsprodukt*) seit 1993 nur relativ geringe Schwankungen aufweist, obwohl sie – in Euro gerechnet – in diesem Zeitraum um fast 50 % gestiegen sind?

M 19 Formale Prinzipien und Finanzierung des Sozialleistungssystems in Deutschland

VERTIEFUNG M 19 a Formale Prinzipien

Wichtig für das Verständnis der sozialstaatlichen Leistungen sind die **Prinzipien**, nach denen sie bereitgestellt werden.

- Nach dem **„Versicherungsprinzip"** hängt die Höhe der Leistungen in etwa von den eingezahlten Beiträgen ab (Prinzip der **Äquivalenz**, der Entsprechung von Leistung und Gegenleistung). Dieses Prinzip gilt grundsätzlich bei privaten Versicherungen. In der gesetzlichen Rentenversicherung ist der *Beitragssatz* zwar für alle Versicherten gleich (s. M 17). Wer aber z. B. in seinem Erwerbsleben ein relativ hohes Einkommen hatte und im Verhältnis dazu entsprechende Beiträge in die *Rentenversicherung* gezahlt hat, erhält eine entsprechend höhere Rente als ein Versicherter mit einem geringeren Einkommen und entsprechend geringeren Beiträgen. Auch ist die Versicherungsleistung abhängig von der *Dauer der Beitragszahlung*. Insofern gilt auch hier das Versicherungsprinzip.
- Anders verhält es sich bei Leistungen nach dem **„Solidarprinzip"**. Es bedeutet, dass in einer Gemeinschaft alle Mitglieder sich „solidarisch" verhalten, d. h. dass sie gegenseitig füreinander einstehen, die Stärkeren für die Schwächeren, die Beitragszahler für die Nicht-Beitragszahler usw. Nach diesem Prinzip werden z. B. die Leistungen aus der *Krankenversicherung* an Kranke aus den Beiträgen *aller* Versicherten gezahlt, also auch aus den Leistungen der „Gesünderen", die keine oder nur geringe Leistungen in Anspruch nehmen. Die Gemeinschaft der Krankenversicherten bildet also eine „Solidargemeinschaft", was auch darin zum Ausdruck kommt, dass alle Beitragszahler (auch Ledige und Kinderlose) für die Leistungen aufkommen, die von „mitversicherten" *Familienmitgliedern* (Kindern und nicht erwerbstätigen Ehepartnern) in Anspruch genommen werden. Auch in der *Pflegeversicherung* gilt das Solidarprinzip.
- Das **Versorgungsprinzip**, nach dem die Zahlungen nicht aus Beiträgen, sondern aus dem allgemeinen Steueraufkommen erfolgen, gilt in Deutschland für zwei Gruppen von Empfängern: zum einen für die Gruppe der Beamten* (Beamtenversorgung, Pensionen), zum anderen für Menschen, die unter den Folgen von Kriegsschäden, Gewalttaten und politischer Verfolgung zu leiden hatten („Kriegsopferversorgung").
- Daneben gibt es noch das **„Fürsorgeprinzip"**, nach dem der Staat aus seiner Verantwortung als Sozialstaat heraus (s. M 16 a) ohne Gegenleistung und in einer von ihm *festgelegten Höhe* Leistungen an Bedürftige und sozial Schwache erbringt (z. B. durch die Leistungen der sozialen Mindestsicherung; s. M 18 a).

(Autorentext)

M 19 b Finanzierung

- Für die Klärung der Frage, von wem letztlich die Sozialleistungen finanziert werden, ist zunächst Folgendes zu beachten (vgl. Abb. 1):

– Die Leistungen aus den verschiedenen Zweigen der Sozialversicherung* werden, wie wir gesehen haben (M 17), aus den *Beiträgen* der versicherten *Beschäftigten* und der *Unternehmer* (je zur Hälfte) aufgebracht. Aber: Der Staat zahlt dazu erhebliche *Zuschüsse* aus dem allgemeinen Steueraufkommen. So lag z. B. der Zuschuss zur Rentenversicherung 2008 bei rd. 56 Mrd. Euro (rd. 23 % der Rentenversicherungsleistungen).

– Die Leistungen für den „sozialen Ausgleich“ (z. B. Sozialhilfe*, Kindergeld, Wohngeld*, Arbeitslosengeld II/„Hartz IV*“) werden vollständig aus dem allgemeinen *Steueraufkommen* erbracht, werden also von der *Gemeinschaft aller Steuerzahler* getragen.

Abb. 1: Finanzierung der Sozialleistungen

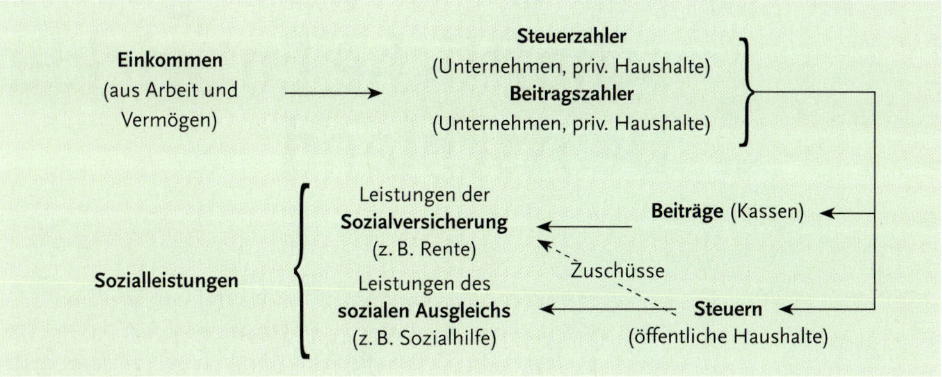

(Autorentext)

Abb. 2

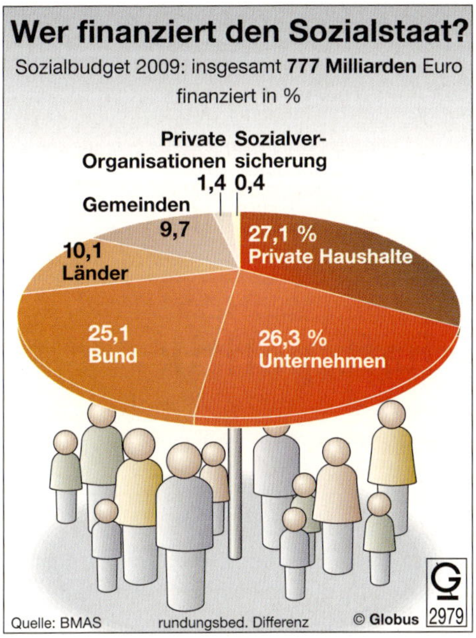

Abb. 2 zeigt, wie sich insgesamt der Finanzierungsanteil des Staates (Bund, Länder, Gemeinden) zu dem der privaten Haushalte (Arbeitnehmer) und der Unternehmen verhält.

„Die soziale Sicherheit in Deutschland kostete 2009 schätzungsweise 777 Milliarden Euro. Das geht aus dem „Sozialbudget“ hervor, das jetzt vom Bundesministerium für Arbeit und Soziales (BMAS) veröffentlicht wurde. In dieser riesigen Summe sind sämtliche Sozialleistungen enthalten, also beispielsweise Renten und Pensionen, Krankenversicherungsleistungen und Arbeitslosengeld, Jugend- und Sozialhilfe und vieles anderes mehr. Drei große Geldgeber sorgen dafür, dass das soziale Netz (s. M 18b) nicht zerreißt: der *Staat* (also Bund, Länder und Gemeinden), die *Unternehmen* und die *privaten Haushalte*. Bedenkt man allerdings, wie der Staat und die Unternehmen ihre Sozialanteile finanzieren (s. Abb. 1), so sind es letztlich die Bürger, die dafür aufkommen: Sie nämlich bezahlen mit Steuern und Abgaben das staatliche soziale Engagement; und als Verbraucher kaufen sie Waren und Dienstleistungen, in deren Preise die Unternehmen ihre Sozialkosten bereits einkalkuliert haben. Fazit: Allein die Steuerzahler und Konsumenten finanzieren den Sozialstaat.“

(Globus)

1 Erklären Sie die drei unterschiedlichen Prinzipien bei der Bereitstellung der Sozialleistungen (M 19 a) und sichern Sie Ihr Verständnis auch anhand der folgenden Beispiele. Geben Sie jeweils an, nach welchem Prinzip die jeweilige Leistung gezahlt wird.
- Ihr Vater ist pflichtversicherter Angestellter und wird nach seinem Ausscheiden aus dem Erwerbsleben „Rente“ beziehen.
- Familie Schneider erhält wegen ihres relativ niedrigen Einkommens Wohngeld*.
- Die 80-jährige Frau Müller muss die Hilfe einer Altenpflegerin in Anspruch nehmen und erhält dafür Leistungen aus der Pflegeversicherung.

2 Machen Sie sich anhand von M 19 b klar, wie die Finanzierung der gesamten Sozialleistungen („Sozialbudget“) „funktioniert“.
- Beschreiben Sie, wie die aus den Einkommen stammenden Beträge von den Wirtschaftssubjekten in ihren Rollen als Steuerzahler und Beitragszahler in die beiden Bereiche der gesamten Sozialleistungen gelenkt werden (Z. 1 – 10 und Abb. 1).
- Analysieren Sie die Darstellung in Abb. 2. Wie kommt der Text (Z. 14 ff.) zu dem Urteil, dass letztlich „alle Bürger den Sozialstaat finanzieren“?

III Die Ziele der Wirtschaftspolitik und die gesamtwirtschaftliche Entwicklung in Deutschland

Im vorangehenden Kapitel war bereits von Wettbewerbspolitik und Sozialpolitik die Rede. Wir hatten damit die Betrachtung grundlegender Fragen der Wirtschaft und der Wirtschaftsordnung verlassen und sind zu den Fragen der ***Wirtschaftspolitik*** *übergegangen, zu deren Teilbereichen z. B. die Wettbewerbspolitik gehört. Unter dem Begriff Wirtschaftspolitik lässt sich nach einer Definition des Wirtschaftswissenschaftlers Herbert Giersch die „Gesamtheit aller Maßnahmen politischer Entscheidungsträger" verstehen, die „darauf abzielen, den Ablauf des wirtschaftlichen Geschehens zu ordnen, zu beeinflussen oder unmittelbar festzulegen."*

Diese Definition besagt noch nichts darüber, was denn im Einzelnen mit den Maßnahmen der Wirtschaftspolitik erreicht werden soll. Bevor wir daher auf die „Akteure" und die „Maßnahmen" der Wirtschaftspolitik näher eingehen, wollen wir an dieser Stelle in knapper Darstellung aufzeigen, welche Ziele die Wirtschaftspolitik in Deutschland verfolgt, wie sie sich zueinander verhalten und wie die wirtschaftliche Entwicklung in den einzelnen Zielbereichen insgesamt in der Geschichte der Bundesrepublik verlaufen ist.

1. Die Ziele der Wirtschaftspolitik

M 20 Das „magische Viereck" des „Stabilitätsgesetzes"

Ob die **Festsetzung wirtschaftspolitischer Ziele** zu den Aufgaben der Volkswirtschaftslehre gehört, ist seit langem umstritten. Das Problem liegt darin, dass Ziele bereits eine Bewertung wirtschaftlicher Sachverhalte voraussetzen und etwas Gewolltes, Angestrebtes zum Ausdruck bringen, also ein Urteil über das enthalten, was „sein soll", ein sogenanntes **Werturteil***. Setzt man z. B. als Ziel eine gleichmäßigere Einkommens- und Vermögensverteilung fest, so beinhaltet dies das Werturteil, dass eine solche Verteilung erstrebenswert ist. Ob und inwieweit nun Werturteile Platz in einer Wissenschaft haben, darüber waren und sind die Meinungen sehr geteilt (sogenannte „Werturteilsproblematik") – eine Frage, die weit über den Bereich der Volkswirtschaftslehre hinausgehend zu den Grundproblemen der Wissenschaften überhaupt zählt (vgl. Kasten). In der Regel wird die Meinung vertreten, dass Werturteile (und damit auch Ziele) wissenschaftlich nicht ableitbar und überprüfbar sind und deshalb mit Wissenschaft im strengen Sinn nichts zu tun haben. Wo sie dennoch in die Beschreibung, Erklärung oder Prognose des Wirtschaftsprozesses einfließen, sind sie eindeutig als Wertungen kenntlich zu machen, um der Argumentation jede Scheinobjektivität zu nehmen. Um Missverständnisse zu vermeiden: Auch diese „wertfreie" Position erkennt die Existenz von Werturteilen, z. B. in Form der Zielsetzungen von Unterneh-

Sachaussagen und Werturteile*

Umstritten ist insbesondere die Frage einer klaren Trennung zwischen objektiver wissenschaftlicher Analyse und Werturteilen und zum anderen die des Engagements des Wirtschaftswissenschaftlers für bestimmte Ziele. [...]

Allgemein lässt sich sagen: In der wirtschaftswissenschaftlichen Analyse sollte man, wie es insbesondere *Max Weber** (1864–1920) gefordert hat, Sachaussagen und Werturteile* möglichst auseinanderhalten.

Das schließt nicht aus, dass sich Wirtschaftswissenschaftler als Staatsbürger für bestimmte Ziele engagieren. Wenn ein Wissenschaftler Werturteile fällt, dann sollte er diese jedoch in jedem Fall entsprechend kennzeichnen, entweder als persönliche Stellungnahme (meine persönliche Überzeugung ist ...) oder indem er die Aussage als Hypothese formuliert (wenn man ... als Ziel ansieht, dann ...).

(Wilhelm Henrichsmeyer/Oskar Gans/Ingo Evers, Einführung in die Volkswirtschaftslehre, Ulmer, Stuttgart 1993, S. 39 f.)

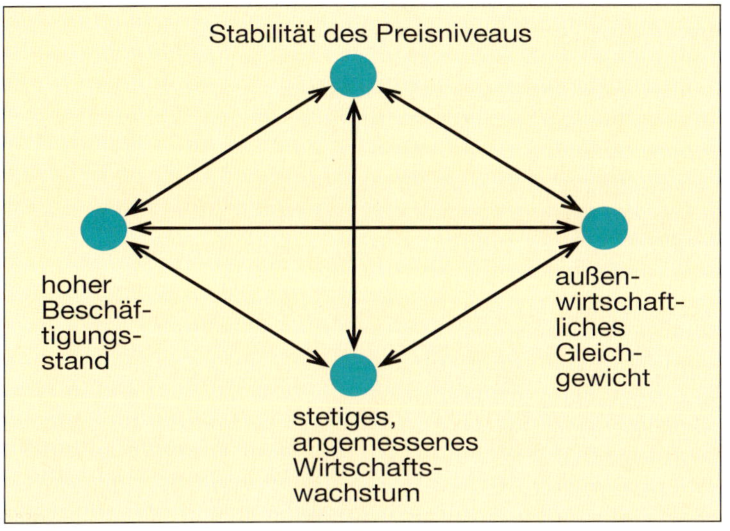

Abb. 1: Das magische Viereck

men, Haushalten und politischen Entscheidungsträgern, an. Sie nimmt diese Wertungen aber als „von außen gegeben", als Daten hin. Die *Festsetzung* von gesellschaftspolitischen Zielen jedenfalls kann nach dieser Auffassung niemals Aufgabe der Wissenschaft sein, sondern muss rein politisch erfolgen. Dies wird an der gesellschaftspolitischen Diskussion über Einkommens- und Vermögensverteilung, Wachstum und Umwelt besonders deutlich.

In der Bundesrepublik Deutschland sind die gesamtwirtschaftlichen Ziele im *„Gesetz zur Förderung der Stabilität und des Wachstums der Wirtschaft"* vom 8. Juni 1967 (im sogenannten „Stabilitätsgesetz") festgelegt worden.

Je nachdem, wie viele Ziele in den gesamtwirtschaftlichen Zielkatalog einbezogen sind, spricht man vom „magischen" Dreieck, Viereck oder allgemein vom „magischen" Vieleck. Die Bezeichnung „magisch" soll dabei zum Ausdruck bringen, dass das Verhältnis zwischen den Zielen sehr komplex und allgemein kaum zu erfassen ist und vor allem, dass es schwierig ist, alle Ziele zugleich zu erreichen.

(Ulrich Baßeler/Jürgen Heinrich/Burkhard Utecht, Grundlagen und Probleme der Volkswirtschaft, Schäffer-Poeschel Verlag, Stuttgart, 18. Aufl. 2006, S. 7 f.)

In § 1 des **Gesetzes zur Förderung der Stabilität und des Wachstums der Wirtschaft** (StWG) heißt es zunächst, dass *„Bund und Länder ... bei ihren wirtschafts- und finanzpolitischen Maßnahmen die Erfordernisse des gesamtwirtschaftlichen Gleichgewichts zu beachten"* haben (eine ähnlich lautende Formulierung wurde im gleichen Jahr in das Grundgesetz, Art. 109, Abs. 2, aufgenommen).

Der Begriff „gesamtwirtschaftliches Gleichgewicht" wird dann (§ 1 Satz 2 StWG) näher erläutert. Danach sind „die Maßnahmen ... so zu treffen, dass sie im Rahmen der marktwirtschaftlichen Ordnung **gleichzeitig zur Stabilität des Preisniveaus, zu einem hohen Beschäftigungsstandard und außenwirtschaftlichem Gleichgewicht bei stetigem und angemessenem Wirtschaftswachstum** beitragen." Vgl. dazu Abb. 1.

Ein fünftes Ziel ist „die *Bildung und Verteilung von Einkommen und Vermögen*". Dieses Ziel wurde in das „Stabilitätsgesetz" nicht aufgenommen, weil offenbar unter den Parteien über diese Zielsetzung kein Konsens erreicht werden konnte. Gleichwohl findet das Verteilungsziel allgemeine Akzeptanz. Die in den 1970er-Jahren aufgekommene Diskussion über Umweltprobleme und ihren Zusammenhang mit der Herstellung und dem Verbrauch von Gütern hat zu der Forderung geführt, auch das *Umweltziel* in den Katalog der wirtschaftspolitischen Ziele aufzunehmen, sodass sich insgesamt ein Sechseck der Ziele der Wirtschaftspolitik ergäbe (vgl. Abb. 2). 1994 wurde der Umweltschutz als Staatsziel in das Grundgesetz (Art. 20 a) aufgenommen.

(Autorentext)

Abb. 2

METHODE

M 21 Positive (deskriptive) und normative (präskriptive) Aussagen – Wissenschaft und Werturteile

Zwei junge Leute diskutieren z. B. über Mindestlohnbestimmungen, wobei sie sich wie folgt äußern:
POLLY: Mindestlohnbestimmungen verursachen Arbeitslosigkeit.
NORMA: Man sollte die vorgeschriebenen Mindestlöhne erhöhen.
Ob Sie den Aussagen nun zustimmen oder nicht, bemerkenswert ist, worin sich Polly und Norma bei ihren Ansichten unterscheiden. Polly spricht wie eine Wissenschaftlerin: Sie sagt etwas darüber, wie die Welt funktioniert. Norma spricht wie eine Politikerin: Sie sagt etwas darüber, wie sie die Welt verändert sehen möchte.
Generell gibt es zwei Typen von Aussagen über die Realität. Ein erster Typ, wie die Aussage von Polly, ist positiv. *Positive Aussagen* sind beschreibend („deskriptiv"). Sie richten sich darauf, wie die Welt *ist*. Ein zweiter Typ, wie die Aussage von Norma, ist normativ. *Normative Aussagen* sind präskriptiv. Sie richten sich darauf, wie die Welt *sein sollte*.
Ein Hauptunterschied zwischen positiven und normativen Aussagen zeigt sich darin, wie wir ihre Gültigkeit überprüfen. Positive Aussagen können wir grundsätzlich dadurch annehmen oder verwerfen, dass wir sie auf ihre empirische* Gültigkeit überprüfen. So könnte ein Ökonom Pollys Aussage mithilfe statistischer Daten über Veränderungen der Mindestlöhne und der Arbeitslosigkeit untersuchen. Im Gegensatz dazu kommen bei der Bewertung normativer Aussagen Fakten und Werturteile zusammen. Normas Aussage kann man nicht allein mit statistischen Daten überprüfen. Darüber zu entscheiden, ob politische Maßnahmen gut oder schlecht sind, ist nicht nur eine Sache der Wissenschaft. Dabei sind auch unsere persönlichen Einstellungen zur Ethik, zur Religion und zur politischen Philosophie gefragt.
Selbstverständlich mögen positive und normative Aussagen verwandt sein. Unsere positiven Bilder davon, wie die Welt funktioniert, beeinflussen unsere normativen Ansichten darüber, welche politischen Maßnahmen wünschenswert sind. Pollys Ausspruch, dass Mindestlöhne Arbeitslosigkeit verursachen, könnten – wenn er zutrifft – uns dazu veranlassen, Normas Wunsch nach Erhöhung der Mindestlöhne abzulehnen. Doch unsere normativen Folgerungen können nicht allein aus positiver Analyse entstehen. Sie erfordern beides: *Positive Analysen* und *Werturteile**.

(Gregory Mankiw/Mark P. Taylor, Grundzüge der Volkswirtschaftsehre, Schäffer-Poeschel Verlag, 4. Aufl. Stuttgart 2008, S. 35 f.; übers. von Adolf Wagner und Marco Herrmann)

Wertungen, über die man verschiedener Ansicht sein kann, sind **keine wissenschaftlichen Aussagen**. Diese Abgrenzung des Wissenschaftsbegriffs sei an einigen Beispielen erläutert: Ob Kauf und Konsum eines bestimmten Gutes – z. B. eines schnellen Sportwagens oder alten Whiskys – einen Luxus darstellen, darüber wird es verschiedene Meinungen geben. Der Ausdruck Luxus ist also ein wertbezogener und deshalb unwissenschaftlicher Begriff, und die Begründung einer Luxussteuer kann sich nicht auf wissenschaftliche Aussagen stützen. Verschiedener Ansicht wird man auch darüber sein, ob ein Einkommen im Hinblick auf die erbrachte Leistung angemessen oder die Verteilung der Einkommen gerecht ist. Wer von gerechten Löhnen oder von ungerechter Einkommensverteilung spricht, bedient sich nach dem herrschenden Wissenschaftsverständnis einer unwissenschaftlichen Ausdrucksweise. [...]
Ein häufiger Gebrauch von Begriffen wie „gerecht", „fortschrittlich" oder „gut" – geradezu charakteristisch für politische Äußerungen – sollte nicht darüber hinwegtäuschen, dass sich dahinter die handfeste Absicht verbergen kann, bestimmte Meinungen gegen widerstreitende durchzusetzen. Werturteile stehen zu wissenschaftlichen Aussagen in demselben Verhältnis wie meinen zu wissen. Sie haben die Form von imperativen (etwas soll sein) oder normativen (etwas ist gut oder schlecht) Aussagen. Wissenschaftliche Feststellungen sind dagegen Tatsachenaussagen (etwas ist so oder nicht so). Das Merkmal zur Unterscheidung von Werturteilen und wissenschaftlichen Aussagen ist demnach die Möglichkeit der intersubjektiven Überprüfbarkeit und der Kritik. [...] Diese Forderung behindert den Forscher auch nicht, persönlich Stellung zu beziehen und Werturteile abzugeben. Nur kann er sich dann nicht auf die Wissenschaft berufen und deren Autorität in Anspruch nehmen.
Die Fähigkeit, *Werturteile von wissenschaftlichen Aussagen zu unterscheiden*, lässt sich durch sorgfältigen Sprachgebrauch erhöhen. Einige Beispiele sollen das Gesagte noch einmal verdeutlichen:

Sachverhalt	Mögliches Werturteil	Mögliche wissenschaftliche Aussage
1. Einige Bauarbeiter essen Kaviar zum Frühstück.	Der Verzehr von Kaviar ist ein Luxus für Bauarbeiter.	Die Kaviarnachfrage der Bauarbeiter wird aus Lohnerhöhungen bestritten.
2. Unternehmer verdienen im Durchschnitt zehnmal so viel wie Arbeiter.	Die Einkommensverteilung ist ungerecht.	Die Einkommensverteilung ist ungleichmäßig.
3. Die deutsche Landwirtschaft erhält jährlich rd. 3,6 Mrd. Euro Subventionen.	Die Subventionen sind zu hoch (oder zu gering).	Die öffentliche Hilfe für die Landwirtschaft bindet etwa 300 000 Beschäftigte in der Landwirtschaft.

(Artur Woll, Allgemeine Volkswirtschaftslehre, Vahlen, München 1996, S. 8 f., 10 f.)

1 Erklären Sie, warum nach M 20 (1. Abschnitt) die Festlegung wirtschaftspolitischer Ziele nicht durch die Wissenschaft, sondern durch die Politik erfolgen kann, und erläutern Sie, was Max Weber* mit seiner Forderung nach „Werturteilsfreiheit" der Wissenschaft (nicht) gemeint hat (s. Kasten).

2 Erläutern Sie die Bedeutung des „Stabilitätsgesetzes" und des „magischen" Vier- bzw. Sechsecks für die Wirtschaftspolitik in Deutschland (M 20, 2. Abschnitt).

3 M 21 kann Ihnen dazu dienen, sich den grundsätzlichen Unterschied zwischen „positiven" (beschreibenden) und „normativen" (wertbezogenen) Aussagen sowie die Bedeutung dieser Unterscheidung für die Diskussion in Politik und Wissenschaft (und auch im Unterricht Politik-Wirtschaft) klar zu machen.

4 Charakterisieren und diskutieren Sie die Zuordnung der folgenden Aussagen (Sachaussagen, Vorurteile, Werturteile, Vorhersagen):

1. Die Sonne kreist um die Erde.
2. Menschen über dreißig Jahre gehören zum „alten Eisen".
3. Der Himmel ist grau, es wird bald regnen.
4. Der Finderlohn in Höhe von 700 Euro für die auf dem Fundamt abgegebene Brieftasche war zu hoch.
5. Verhandeln ist besser als Krieg führen.
6. Frauen sind schlechtere Autofahrer als Männer.
7. Amerikaner sind geldgierige Menschen.
8. Diese Partei hat den hohen Wahlsieg bei den letzten Europawahlen verdient.
9. Wer fünfzig Jahre alt ist, ist kein Kind mehr.
10. Du wirst diese Prüfung nicht bestehen.
11. Wer einmal lügt, lügt immer wieder.
12. Der Weg von Stuttgart nach Freiburg ist zu weit.
13. Eidechsen gehören zur Familie der Säugetiere.
14. Weil er kein Geld hatte, konnte er sich kein Auto kaufen.

M 22 Wirtschaftspolitische Ziele und gesellschaftspolitische Grundwerte

Als gesellschaftspolitische Grundziele (Grundwerte) werden hauptsächlich genannt:

- der *Freiheitsspielraum des Einzelnen* (im Hinblick auf den wirtschaftlichen Bereich u.a. die Freiheit der Berufswahl und des Arbeitsplatzes, die Freiheit bei der Verwendung des Einkommens und Vermögens),
- die *soziale Gerechtigkeit* (z.B. als Leistungsgerechtigkeit, als Chancengerechtigkeit, als Bedarfsgerechtigkeit; hier wäre mit engerem Bezug auf den ökonomischen Bereich das Ziel der gerechten Einkommens- und Vermögensverteilung einzuordnen),
- der *soziale Frieden* (verstanden etwa als ein Zustand, in dem die in jeder Gesellschaft notwendig bestehenden Interessengegensätze so weit ausgeglichen sind, dass kein offener Konflikt ausbricht),
- die *soziale Sicherheit* (z.B. als Sicherung vor den materiellen Auswirkungen von Krankheit, Invalidität und Arbeitslosigkeit, als Sicherung vor dem Verlust von Einkommen und Vermögen, als Sicherheit, in einer gesunden Umwelt leben zu können),
- die *Förderung des Wohlstandes* für alle Bürger (als Förderung wirtschaftlichen Wachstums umstritten; vgl. M 23 a/b).

Es müsste sich nun zeigen lassen, dass die Verletzung der im engeren Sinne wirtschaftlichen Ziele, wie sie im Stabilitätsgesetz formuliert sind, mehr oder weniger immer auch die Erreichung solcher übergeordneter gesellschaftspolitischer Ziele beeinträchtigt.

Für die Verletzung des *Beschäftigungsziels* ist das unmittelbar einleuchtend: Arbeitslosigkeit beeinträchtigt nicht nur die unmittelbar Betroffenen im Hinblick auf alle genannten Grundwerte; als Massenarbeitslosigkeit belastet sie auch die Gesamtgesellschaft schwer (s. M 35 – 37).

Das Ziel der *Inflationsbekämpfung* wird aufgrund überlieferter Erfahrungen mit der Hyperinflation* der 1920er-Jahre in Deutschland generell akzeptiert. Dass Inflation (Geldwertverlust, Preisniveausteigerung) die soziale Sicherheit, aber auch die soziale Gerechtigkeit und den Wohlstand gefährden kann, ist leicht einzusehen.

Inwieweit das *Wachstumsziel* die Verwirklichung der gesellschaftlichen Grundwerte fördert oder gefährdet, ist zwar im Hinblick auf die ökologischen Folgen nicht unumstritten; als Voraussetzung für die Schaffung von mehr Arbeitsplätzen und weniger Arbeitslosigkeit wird Wachstum aber gerade in den letzten Jahren schmerzlich vermisst (s. dazu M 23).

Das *außenwirtschaftliche Gleichgewicht* als viertes Ziel des Stabilitätsgesetzes lässt sich als eine Situation beschreiben, „die dadurch gekennzeichnet ist, dass von den wirtschaftlichen Aktivitäten des Inlandes mit dem Ausland keine negativen Auswirkungen auf die binnenwirtschaftliche Entwicklung (insbesondere auf Preisniveau und Beschäftigung) ausgehen. So interpretiert, ist außenwirtschaftliches Gleichgewicht notwendige Voraussetzung (Vorziel) zur Realisierung der binnenwirtschaftlichen Ziele." (J. Pätzold, Stabilisierungspolitik, 1998, S. 64)

(Autorentext)

1. Machen Sie sich die Bedeutung der in M 22 (Z. 1–15) genannten gesellschaftlichen Grundwerte klar, indem Sie sie auf Ihre eigene jetzige und zukünftige Lebenssituation zu beziehen versuchen.
2. Vielleicht werden Sie in der Reihe der Grundwerte den äußeren Frieden (Sicherheit vor Kriegen und Terrorismus) vermissen. Überlegen Sie, inwiefern dieses Ziel auf einer anderen Ebene liegt als die übrigen genannten (gesellschaftspolitischen) Ziele. Wie verhält es sich zu ihnen?
3. Erläutern Sie im Einzelnen, in welcher Beziehung die vier wirtschaftspolitischen Ziele zu den gesellschaftlichen Grundwerten gesehen werden können. Gehen Sie dabei insbesondere auf das Beschäftigungsziel ein.

VERTIEFUNG M 23 Bedeutet wirtschaftliches Wachstum immer Wohlstand?

VERTIEFUNG M 23 a Kritik an der Aussagefähigkeit des Bruttoinlandsprodukts als „Wohlstandsindikator"

Wirtschaftliches Wachstum wird an der Entwicklung des realen Bruttoinlandsproduktes* gemessen. Die Aussagefähigkeit des Bruttoinlandsprodukts als Indikator* für Wohlstand wurde in der Vergangenheit zunehmend infrage gestellt. In der Tat existiert eine ganze Reihe von Argumenten, die gegen die Verwendung des Inlandsprodukts als Wohlfahrtsindikator sprechen. Im Folgenden soll auf einige Argumente näher eingegangen werden.*

Was ist Wohlstand?
Bereits bei der Definition des Begriffs Wohlstand gehen die Meinungen weit auseinander. Materieller bzw. wirtschaftlicher Wohlstand ist der Versorgungsgrad einer Person oder eines Haushalts, einer Gruppe oder einer Gesellschaft mit wirtschaftlichen Gütern und Dienstleistungen einschließlich der öffentlichen Güter und der Haushaltsproduktion. In dieser Definition ist Wohlstand gleichbedeutend mit dem Begriff Lebensstandard. In einem weiteren Verständnis umfasst Wohlstand auch Eigenschaften wie subjektives Wohlbefinden, allgemeine Lebensbedingungen oder subjektive Zufriedenheit und wird mit den Begriffen Wohlfahrt und Lebensqualität gleichgesetzt. Lebensqualität ist im Unterschied zum Lebensstandard allerdings erheblich schwerer zu erfassen und zu messen.

(Wie funktioniert das? Wirtschaft heute, Meyers Lexikonverlag, Mannheim 1999, S. 52)

Ein wesentlicher Kritikpunkt an der Aussagekraft des Inlandsprodukts als Wohlstandsindikator ist die Tatsache, dass bestimmte Vorgänge, die den Wohlstand (s. Kasten) in einer Volkswirtschaft beeinflussen, nicht in der Volkswirtschaftlichen Gesamtrechnung und damit auch nicht im Inlandsprodukt erfasst werden.

Viele Güter werden im Inlandsprodukt nicht erfasst, weil sie nicht auf Märkten gehandelt werden und daher keinen Marktpreis haben.

Mit Ausnahme der vom Staat kostenlos bereitgestellten Güter (Konsumausgaben des Staates) sind nur solche Waren und Dienstleistungen im Inlandsprodukt enthalten, die auf Märkten gehandelt werden. Das bedeutet beispielsweise, dass weder die Eigenleistungen privater Haushalte (z. B. Hausfrauenarbeit, Kindererziehung, Nachbarschaftshilfe, Hobbygärtner) noch die Befriedigung höherer Bedürfnisebenen (z. B. Bedürfnis nach Geborgenheit, Anerkennung, Selbstverwirklichung) im Inlandsprodukt berücksichtigt sind. Auch die *Arbeitsbedingungen*, unter denen die Güterproduktion erfolgt, kommen nicht in der Höhe des Inlandsprodukts zum Ausdruck.

Das Inlandsprodukt berücksichtigt nicht den Wert der Freizeit.

Das Inlandsprodukt kann beispielsweise deswegen steigen, weil aufgrund einer verlängerten Wochenarbeitszeit mehr gearbeitet und produziert wird. Dabei wird aber nicht berücksichtigt, dass der durch die Steigerung des Inlandsprodukts bedingte Verzicht auf Freizeit eine Wohlstandsminderung darstellt.

(Viktor Lüpertz, Problemorientierte Einführung in die Volkswirtschaftslehre, Winklers Verlag, Darmstadt, 4. Aufl. 2005, S. 69)

Zwei Autos fahren auf der Landstraße friedlich aneinander vorbei, nichts passiert, und sie tragen beide nur minimal zum Bruttosozialprodukt bei. Aber dann passiert es, der Lenker des einen Autos passt nicht auf, gerät auf die Gegenfahrbahn und verursacht mit einem inzwischen anrollenden dritten Auto einen schweren Verkehrsunfall. Da freut sich das Bruttosozialprodukt und klettert sprunghaft nach oben: Rettungshubschrauber, Ärzte, Krankenschwestern, Abschleppdienst, Autoreparatur oder Neukauf, Rechtsstreit, Verwandtenbesuche zu den Unfallopfern, Ausfallgeld, Versicherungsagenten, Zeitungsberichte, Alleebaumsanierung, all das sind beruflich erfasste Tätigkeiten, die bezahlt werden müssen. Und Wert hat in der gängigen Wirtschaft nur, was bezahlt wird. Auch wenn kein Beteiligter einen Gewinn an Lebensqualität und einige einen großen Verlust haben, so steigt doch der Wert unseres „Wohlstandes", den das Bruttosozialprodukt angibt.

(Ernst Ulrich von Weizsäcker, Erdpolitik, Primus Verlag, Darmstadt, 5. Aufl. 1997, S. 247)

Jede statistisch erfasste wirtschaftliche Aktivität, die Schäden nur beseitigt – Reparaturen, Krankheitskosten, Entgiftung von Böden, Reinigung verseuchter Flüsse –, wird als Wertsteigerung erfasst, obgleich sie im besten Fall nur werterhaltend ist (vgl. Kasten). Erfasst wird nicht der Schaden selbst (negativ), sondern die Maßnahme zur Eindämmung oder Reparatur des Schadens geht (positiv) als Wertschöpfung in die Berechnung z. B. des Bruttoinlandsproduktes ein: Die Vergiftung eines Flusses durch einen Ölunfall wird nicht erfasst, wohl aber die Aufwendung der Feuerwehr oder die Maßnahmen zur Reinigung der Ufer. Die „Erfolge" des Wirtschaftswachstums, ausgedrückt im Bruttoinlandsprodukt, sind daher möglicherweise nur mit vorübergehenden bzw. „netto" gar nicht zutreffenden Wohlfahrtsgewinnen verbunden.

(Jörn Altmann, Wirtschaftspolitik, Lucius & Lucius, Stuttgart, 7. Aufl. 2000, S. 137)

VERTIEFUNG **M 23 b**

„Wachstum ist nicht alles, aber ohne Wachstum ist alles nichts"

Zunächst einmal gibt es sicher zutreffende konzeptionelle Einwände, vom BIP-Wachstum immer bedenkenlos auf eine Zunahme des gesellschaftlichen Wohlergehens zu schließen (vgl. M 23 a). So ist das Bruttoinlandsprodukt* als Einkommensgröße nur bedingt aussagefähig für die Entwicklung des Gesamtvermögens einer Volkswirtschaft. Bei Naturkatastrophen etwa kommt es beim reinen Blick auf das BIP zu einer glatten Fehleinschätzung: Das BIP wird in der Regel durch die Schadensbeseitigung positiv beeinflusst, während das gesamtwirtschaftliche Vermögen sinkt. Weitere Schwächen ergeben sich aus verzerrten Informationen über die umfassende Wertschöpfung, weil nicht am Markt bewertete Leistungen (etwa bei der Hausarbeit) oder externe Effekte (Umweltschäden) nicht in die Betrachtung mit eingehen.

[...] Sollte man den Erfolgsindikator BIP also über Bord werfen? Die Antwort ist ein klares Nein. Betrachtet man die folgenden Gesichtspunkte, dann wird die Eignung des BIP als sinnvoller Kompass für die Wirtschaftspolitik gestärkt.

- Für das BIP spricht zunächst, dass diese Größe das Lebensglück der Menschen zwar nicht direkt, aber über viele indirekte Kanäle massiv beeinflusst. So ist *Arbeitslosigkeit* einer der stärksten Negativfaktoren, der in vielen Analysen der Glücksforschung immer wieder unterstrichen wird. Arbeitslosigkeit ist ein Ereignis, welches unabhängig von den damit verbundenen finanziellen Folgen die Zufriedenheit mit dem eigenen Leben massiv mindert. Der Zuwachs an Freizeit für die Arbeitslosen, den die BIP-Kritiker gerne auf der Aktivseite ihrer umfassenderen Bilanzen verbuchen würden, ist für die Betroffenen eindeutig kein Zuwachs an Lebensqualität. Dass das BIP diesen Freizeitkonsum nicht einbezieht, ist also eher eine Stärke als eine Schwäche des Konzepts. Bemerkenswert ist noch dazu, dass die Zufriedenheit eines Menschen sinkt, wenn in seinem Land die Arbeitslosigkeit steigt, er persönlich aber nicht betroffen ist. Kaum ein empirischer* Zusammenhang in der Makroökonomie* ist so unzweifelhaft wie die positive Beziehung zwischen Wachstum und Beschäftigung. Eine Politik, die unter den heutigen Bedingungen des deutschen Arbeitsmarkts auf eine Steigerung des BIP setzt, ist daher sehr wohl eine die Zufriedenheit der Menschen steigernde Politik.
- Daneben gibt es eine ganze Reihe weiterer indirekter Kanäle, über die das BIP-Wachstum das Wohlergehen der Menschen positiv beeinflusst. Ein höheres BIP erhöht ohne Steuersatzerhöhung das Steuer- und Abgabenaufkommen. Es erleichtert so die Finanzierung von öffentlicher Infrastruktur, von Bildungs- und Sozialpolitik. Es erleichtert außerdem die Verringerung von Staatsschulden und eröffnet damit größere politische Handlungsspielräume. Ein funktionierendes Gemeinwesen und ein stabiler Sozialstaat, wichtige Faktoren für die individuelle Zufriedenheit, lassen sich unter den heutigen Bedingungen nur durch BIP-Wachstum gewährleisten.
- Natürlich ist das BIP insgesamt nichts anderes als eine recht grobe Näherungsgröße für die

gesamtgesellschaftliche Wohlfahrt. Genauso sicher ist aber auch: Wir haben heute keine bessere umfassende Orientierungsgröße. Daher bleibt es sinnvoll, den Erfolg der Wirtschaftspolitik anhand dieses Indikators* zu beurteilen. Denn auch wenn BIP-Wachstum nicht alles ist, so ist doch ohne BIP-Wachstum alles nichts.

(Friedrich Heinemann, Der beste Kompass für die Wirtschaftspolitik. In: Frankfurter Allgemeine Zeitung v. 11.8.2004, S. 10)

1. Setzen Sie sich mit der Problematik des Begriffs „Wohlstand" auseinander. Wie lässt er sich gegenüber den Begriffen Lebensstandard und Lebensqualität abgrenzen (s. Kasten in M 23 a, S. 34)?
2. Inwiefern lässt sich zwar die Güterversorgung, kaum aber der Nutzen der Güter „objektiv" erfassen? (M 23 a)
3. Erläutern Sie die für den Wohlstand relevanten Bereiche, die im Bruttoinlandsprodukt nicht erfasst werden (M 23 a, Z. 10 ff.).
4. Erläutern Sie die besondere Bedeutung der Berücksichtigung von Umweltschäden bei der Berechnung des BIP (M 23 a, Z. 26 ff.). Erörtern Sie folgende These: „Je anfälliger und kränker eine Volkswirtschaft ist, desto höher ist das Sozialprodukt."
5. Fassen Sie die einzelnen Argumente zusammen, die nach M 23 b dafür sprechen, dass das BIP durchaus als „sinnvoller Kompass für die Wirtschaftspolitik" gelten kann.
6. Nehmen Sie aus Ihrer Sicht Stellung zu der Debatte über die Bedeutung des BIP als Wohlstandsindikator.

M 24 Sind die Ziele miteinander vereinbar?

Das „Stabilitätsgesetz" verlangt zur Herstellung eines „gesamtwirtschaftlichen Gleichgewichtes" die „gleichzeitige" Erreichung aller vier Ziele (s. M 20). Die Erfahrung zeigt, dass diese Forderung in der Realität kaum jemals erfüllt wurde, welche Zielgröße auch immer man ansetzt. Daher rührt die Bezeichnung *„magisches"* (d. h. nur durch Wunderkraft realisierbares) Viereck.
Grundsätzlich lassen sich folgende **Zielbeziehungen** unterscheiden:

- *Komplementarität* (die Verfolgung eines Ziels führt gleichzeitig zur Annäherung an ein anderes/die anderen),
- *Inkompatibilität* („Nichtvereinbarkeit", Zielkonflikt: die Erreichung des einen Ziels behindert die des anderen/der anderen),
- *Neutralität* (die Förderung des einen Ziels beeinflusst weder negativ noch positiv die des anderen/der anderen).

Abb. 1: Die modifizierte Phillips-Kurve

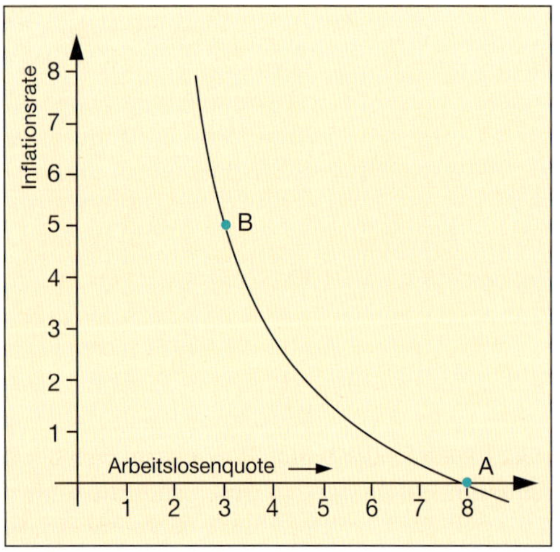

(B. Gahlen u. a., Volkswirtschaftslehre, J. C. B. Mohr/Paul Siebeck, Tübingen 1983, S. 132)

Während die Ziele *Wachstum und Vollbeschäftigung* zumindest miteinander vereinbar, eher sogar komplementär erscheinen (vgl. M 23 b), gilt die Beziehung zwischen *Vollbeschäftigung und Preisniveaustabilität* im Allgemeinen als typischer Fall eines *Zielkonfliktes.*
Im Jahre 1958 veröffentlichte der neuseeländische Wirtschaftswissenschaftler A. W. Phillips die Ergebnisse einer Untersuchung, die auf Beobachtungen über einen Zeitraum von 100 Jahren in England beruhte. Für jedes Jahr wurden die Arbeitslosigkeit und der Prozentsatz der Lohnsteigerungen gemessen. Dabei wurde festgestellt, dass bei *Vollbeschäftigung* in der Regel *stärkere Lohnforderungen* durchgesetzt wurden.
In einer weiteren Untersuchung (von Samuelson und Solow, 1960) wurde der enge Zusammenhang von Lohn- und Preissteigerungen festgestellt, so dass der Nachweis für die Unvereinbarkeit von Preisniveaustabilität und Vollbeschäftigung erbracht erschien.
„Der skizzierte ‚Phillips-Zusammenhang' wird allgemein akzeptiert. Empirische Untersuchungen zeigen, dass die Phillips-Kurve (s. Abb. 1) aber nur *kurzfristig* zutrifft. In der Vergangenheit der Bundesrepublik Deutschland gab es immer wieder Phasen, in denen die Phillips-Kurve zutreffend schien. Dann jedoch kamen wieder Jahre, in denen

gleichzeitig hohe Inflationsraten und hohe Arbeitslosenquoten auftraten. In der Bundesrepublik und auch in anderen europäischen Ländern (vgl. Abb. 2) traten etwa seit 1975 *Inflation und Arbeitslosigkeit gleichzeitig* (zunehmend oder sich verringernd) auf. Besonders in den Jahren 1980–1981 herrschte **Stagflation**, d. h. deutliche Stagnation (Wachstumsschwäche verbunden mit Arbeitslosigkeit) und hohe Inflation zugleich.

Dass in der praktischen Wirtschaftspolitik der Zielkonflikt zwischen Vollbeschäftigung und Geldwertstabilität weiterhin von Bedeutung ist und kontrovers diskutiert wird, zeigt die Bedeutung des Modells „Phillipskurve“. Insgesamt gesehen liegt aufgrund der Erfahrungen die Vermutung nahe, dass alle vier Ziele des „Stabilitätsgesetzes“ kaum gleichzeitig realisiert werden können, dass also das geforderte „gesamtwirtschaftliche Gleichgewicht“ ständig gefährdet ist.

(Autorentext)

Abb. 2

„Gleich zwei auf einmal!“

Abb. 3

Abb. 4

„Hurra, sie zieht sich zurück!“

1. Erläutern Sie die grundsätzliche Unterscheidung zwischen drei Zielbeziehungen des „magischen Vierecks“ (M 24, Z. 5–11).
2. Welche Beziehung zwischen den Zielen „Preisniveaustabilität“ und „Arbeitslosigkeit“ wird in der sog. „modifizierten Phillipskurve“ dargestellt? Auf welchen Untersuchungen beruht dieser viel zitierte Zusammenhang?
3. Welche auf Inflation und Arbeitslosigkeit bezogenen wirtschaftlichen Lagen bezeichnen die Punkte A und B in der grafischen Darstellung der Phillips-Kurve (Abb. 1)?
4. Was lässt sich zur Geltung des Phillips-Zusammenhangs sagen, wenn man die Entwicklung der beiden Ziele in Deutschland betrachtet? Überprüfen Sie dazu Daten zur „Preisentwicklung“ und zur „Arbeitslosenquote“ in den folgenden drei Zeitabschnitten: 1976–1979, 1980–1983 und 1995–2006 (s. Tabelle M 27).
5. In einer wirtschaftswissenschaftlichen Untersuchung heißt es: „Aus dem empirischen* Zusammenhang zwischen Arbeitslosenquote und Inflationsrate in der Bundesrepublik lässt sich weder eine Bestätigung noch eine Widerlegung der Phillips-Kurve ableiten.“ Diskutieren Sie diese Aussage anhand Ihrer Untersuchungsergebnisse zum Arbeitshinweis 4.
6. Analysieren Sie die beiden Karikaturen Abb. 3 und 4. Was wollen sie zum Phillips-Zusammenhang (Abb. 3) und zum Zusammenhang zwischen Wachstum und Inflation (Abb. 4) zum Ausdruck bringen?

M 25 Was bedeuten die Ziele konkret?

Das „Stabilitätsgesetz“ (s. M 20) beschreibt die vier Ziele in einer Form, die grundsätzlich offen lässt, wann (bei welchem Grad der Realisierung) sie als erfüllt gelten können oder nicht. Nun wird zwar niemand darüber streiten wollen, dass Arbeitslosigkeit von Millionen von Menschen eine deutliche Abweichung von der Norm „hoher Beschäftigungsstand“ darstellt, dass man nicht mehr von „Stabilität“ sprechen kann, wenn der Geldwert jährlich um 10 % abnimmt, und dass

	Arbeitslosenquote[1]	Inflationsrate[1]	Wachstumsrate des BIP[1]
1967	0,8 (2,1)	1 (1,7)	4 (–0,3)
1969	1 (0,9)	2 (1,9)	4,5 (7,5)
1982	7 (7,5)	5 (5,2)	1–1,5 (–0,9)
1993	7–7,5 (9,8)	3,5 (3,6)	0–1 (–1,1)
1995	7,5–8 (10,4)	2 (1,7)	2,5 (1,7)
2000	10,2 (10,7)	1–1,5 (1,4)	2,5 (2,9)
2005	10,7 (13,0)	1,4 (2,0)	1,6 (0,9)
2008	8,2 (7,8)	2,0 (2,6)	1,7 (1,3)
2009	8,4 (8,2)	0,5 (0,4)	–2,25 (–5,0)
2010	8,9	1,1	1,4

[1] Zielwerte des jeweiligen Jahreswirtschaftsberichts (in Klammern erreichte Ist-Werte); zu den Definitionen vgl. die Anmerkungen zu M 27.

ein „Minuswachstum" nicht der Forderung des Stabilitätsgesetzes entspricht. Dass es andererseits in einer Marktwirtschaft immer eine bestimmte Zahl von Arbeitslosen geben wird und dass der Geldwert nicht hundertprozentig stabil bleiben kann, ist ebenso unbestritten. Schwierig bleibt die Beurteilung von Entwicklungen, die zwischen den genannten Extremen liegen.

Es besteht daher die Notwendigkeit, die gesetzlichen Zielformulierungen zu *konkretisieren*, wenn man zu einem verallgemeinerungsfähigen Urteil über eine gegebene oder nicht gegebene Normabweichung (und damit über eine erfolglose oder erfolgreiche Wirtschaftspolitik) kommen will.

- Das bedeutet, dass jedem Ziel zunächst ein **Indikator*** zuzuordnen ist, ein „Anzeiger", eine messbare Größe, die sozusagen stellvertretend für den betreffenden, als solchen nicht quantifizierbaren Zielbegriff steht und den Bedeutungsinhalt des Ziels möglichst „gültig" erfasst (Näheres dazu in M 26). Dabei hat man sich für folgende Indikatoren entschieden: „ Angemessenes Wirtschaftswachstum" soll erfasst und gemessen werden an der jährlichen Veränderung des **Bruttoinlandsprodukts***, „Stabilität des Preisniveaus" an der Entwicklung des **„Index der Verbraucherpreise"** (s. M 30) und „hoher Beschäftigungsstand" („Vollbeschäftigung") an der **„Arbeitslosenquote"** (Anteil der Arbeitslosen an den Erwerbspersonen; s. M 39).
- In einem *zweiten Schritt der Konkretisierung* sind nun den jeweiligen Indikatoren angestrebte quantitative *„Bestwerte"* zuzuordnen: Bei welcher *Höhe der Arbeitslosenquote* kann/soll das Ziel des hohen Beschäftigungsstandes als erreicht gelten (absolute Vollbeschäftigung kann es nicht geben)? Bei welcher *Höhe der Zunahme des Bruttoinlandsprodukts* („Wachstumsrate") ist das Wirtschaftswachstum „angemessen"? Bei welcher *Veränderung des Verbraucherpreisindex* kann man das Preisniveau als „stabil" bezeichnen (völlig gleich kann der Verbraucherpreisindex nicht bleiben)?

Diese **Zielwerte** sind natürlich nicht gesetzlich festgelegt, sie unterliegen der politischen Entscheidung der jeweiligen Regierung, die in ihrem **Jahreswirtschaftsbericht** zu Beginn eines Jahres die von ihr angestrebten Zielwerte bekannt geben muss („Jahreszielprojektionen" nach § 2 StWG). Sie kann sich dabei natürlich nicht am „Wünschbaren", sondern – angesichts der Ausgangslage – nur am „Machbaren" orientieren.

Ein Vergleich der Zielprojektionen (s. Tab.; in Klammern sind die jeweils erreichten Ist-Werte angegeben) für ausgewählte Jahre zeigt mit aller Deutlichkeit, wie abhängig die Zielwerte von der jeweiligen wirtschaftlichen Situation sind (die Werte von 1967, dem Jahr des ersten Jahreswirtschaftsberichtes, können als die „Wunschziele" des Stabilitätsgesetzes bezeichnet werden).
(Autorentext)

1 Erläutern Sie den Begriff Indikator und grenzen Sie die genannten Konkretisierungsschritte voneinander ab (M 25).

2 Machen Sie sich die Bedeutung der Indikatoren „Arbeitslosenquote", „Preisniveaustabilität" und „Wachstumsrate des Bruttoinlandsprodukts" vorläufig anhand der Anmerkungen zu M 27, S. 40 klar (methodische Probleme, die mit der Festlegung des Indikators „Arbeitslosenquote" verbunden sind, werden später in M 39 ausführlich erläutert).

3 Erläutern Sie die Probleme, die mit der Festlegung der Zielgröße verbunden sind (M 25, Z. 28 ff.). Wenn man von den Zielwerten des Jahres 1967 (s. Tabelle oben), in dem das Stabilitätsgesetz verabschiedet wurde, ausgeht: In welchen (wie vielen) Jahren wurden seitdem diese Werte für Inflation und Arbeitslosigkeit erreicht (s. M 27)?

4 Warum orientiert sich die Projektion des jeweiligen Jahreswirtschaftsberichtes an den realisierbaren, nicht an den eigentlich wünschbaren Zielwerten? In welchem der aufgeführten Beispieljahre (s. Tab. oben) hat sich die Bundesregierung insgesamt am stärksten (am schmerzlichsten) geirrt?

5 Informieren Sie sich über Art und Aufbau eines Jahreswirtschaftsberichts anhand des Berichts für 2010 (http://www.bmwi.de/BMWi/Navigation/Wirtschaft/wirtschaftsfakten,did=328136.html). Recherchieren Sie ggf., ob sich die Projektionen der Bundesregierung für das Jahr 2010 (s. Tabelle S. 38 o.) als realistisch erwiesen haben.

METHODE M 26 Operationalisierung und Indikatorenbildung

- Immer wenn wir Begriffe wie *Wachstum, Wohlstand, Lebensqualität* verwenden, haben wir es mit Phänomenen zu tun, die nicht direkt beobachtbar oder wahrnehmbar sind. Anders ausgedrückt: Die für derartige Phänomene verwendeten Bezeichnungen *sind Begriffe ohne direkten empirischen* Bezug*. Ähnliches gilt z. B. auch für Begriffe wie *Freiheit, Gerechtigkeit, Gleichheit* und viele andere. Da wir nun die derartig benannten Tatbestände nicht ohne weiteres wahrnehmen können, uns andererseits aber über Fragen wie Gerechtigkeit, Lebensqualität usw. politisch oder wissenschaftlich verständigen wollen, müssen diese Begriffe irgendwie ‚greifbar' (operabel) gemacht werden, damit nicht jeder etwas anderes darunter versteht. Mit anderen Worten, sie müssen konkretisiert bzw. *operationalisiert* werden.

- Wissenschaftler versuchen daher, für Begriffe mit nur indirektem empirischem Bezug sog. **Indikatoren** (Ersatzgrößen, Merkmale) zu finden, mit deren Hilfe sie begründet auf das Vorliegen des nicht unmittelbar wahrnehmbaren Phänomens schließen zu können hoffen. Wie schwierig es ist, derartige Indikatoren zu finden, sehen wir z. B. an dem sehr vagen Begriff *Wohlstand*. Wählt man als Indikator lediglich globale Geldgrößen, z. B. das Bruttoinlandsprodukt und dessen Steigerung, so hat man keine Information darüber, wie gerecht oder ungerecht dieses Ergebnis unter den Bürgern verteilt ist; ganz zu schweigen davon, dass viele Menschen Faktoren wie Bildungsniveau, Gesundheit, Sicherheit, saubere Luft sicherlich auch zu dem zählen würden, was sie unter Wohlstand verstehen.

- Selbst bei einer scheinbar so objektiven Größe wie der *Arbeitslosenquote* muss man sich erst verständigen, wie man bei der Messung und Berechnung vorgehen will. Soll man nur die offiziell gemeldeten oder auch die nicht gemeldeten (verdeckten) Arbeitslosenzahlen, die ‚stille Reserve' zugrunde legen (s. dazu später M 41)? Je nach der gewählten Größe (dem Indikator) kommt man zu ganz verschiedenen Ergebnissen. Indikatoren lassen sich also auch leicht manipulieren, je nach der politischen Absicht, die man damit verfolgt. Dies löst dann meist heftige Diskussionen über die *Gültigkeit* (Validität) der Indikatoren aus. Als gültig wird nämlich ein Indikator nur dann angesehen, wenn er das misst, was er zu messen vorgibt. (So wäre z. B. ein Indikator, der nur die gemeldete Arbeitslosigkeit misst, unter dem Aspekt der Gültigkeit dann problematisch, wenn er suggeriert, den Gesamtumfang der Arbeitsuchenden – also auch die „stille Reserve" – wiederzugeben.)

- Außerdem soll ein Indikator *zuverlässig* sein. Dies ist er dann, wenn sich die mit seiner Hilfe gewonnenen Ergebnisse unter den gleichen Untersuchungsbedingungen wiederholen lassen. Das Kriterium der Zuverlässigkeit (Reliabilität) wäre z. B. dann nicht erfüllt, wenn eine mehrmals unter (vermeintlich) gleichen Voraussetzungen durchgeführte Untersuchung über die Zufriedenheit einer Betriebsbelegschaft mit ihren Arbeitsbedingungen zu unterschiedlichen Ergebnissen gelangte. Hier können z. B. die äußeren Umstände bei der Fragestellung, die Tageszeit der Befragung usw. eine (zunächst nicht beachtete) Rolle gespielt haben.

(Franz Josef Behet, Soziale Marktwirtschaft. Grundlagen und Entwicklung, Ernst Klett Schulbuchverlag, Stuttgart 1995, S. 122)

1 Erläutern Sie den Begriff „operationalisieren" und das Problem der Indikatorenbildung. Wann ist ein Indikator „gültig" und „zuverlässig"?

2 Halten Sie für den Begriff „Faulheit von Schülern" die folgenden Indikatoren für geeignet?
a) fehlende Hausaufgaben (z. B. täglich mindestens in einem Fach), b) fehlende aktive Mitarbeit im Unterricht (keine Meldung zu einem Unterrichtsbeitrag), c) tägliche mehrstündige Freizeitbeschäftigung.

3 Wählen Sie einen weiteren Begriff aus Ihrem Erfahrungsbereich und diskutieren Sie dazu eine geeignete Indikatorenbildung. An welchen Indikatoren würden Sie z. B. die Gerechtigkeit eines Lehrers/einer Lehrerin messen?

2. Die langfristige gesamtwirtschaftliche Entwicklung in Deutschland

M 27 Wirtschaftsentwicklung der Bundesrepublik 1957 – 2009

Jahr	Wachstumsrate[1]	Preisentwicklung[2]	Arbeitslosenquote[3]	Politisch-ökonomische Daten
1957	6,1	2,1	3,5	1948–60 Wiederaufbau und Zeit des „Wirtschaftswunders“
1958	4,5	2,1	3,6	1949–63 Regierung Adenauer (CDU/CSU u. a.)
1959	7,9	1,0	2,5	
1960	8,6	1,4	1,3	
1961	4,6	2,3	0,8	
1962	4,7	3,0	0,7	
1963	2,8	3,2	0,8	1963–66 Regierung Erhard (CDU/CSU u. FDP)
1964	6,7	2,1	0,8	
1965	5,4	3,2	0,7	
1966	2,8	3,6	0,7	1966–69 Regierung Kiesinger (CDU/CSU u. SPD)
1967	–0,3	1,7	2,1	1. Rezession*
1968	5,5	1,5	1,5	
1969	7,5	2,1	0,9	1969–74 Regierung Brandt (SPD u. FDP)
1970	5,0	3,3	0,7	
1971	3,3	5,4	0,8	
1972	4,1	5,5	1,1	
1973	4,6	7,0	1,2	1973/74 1. Ölpreisschock*
1974	0,5	7,0	2,6	1974–82 Regierung Schmidt (SPD u. FDP)
1975	–1,0	5,9	4,7	1975 2. Rezession
1976	5,0	4,3	4,6	
1977	3,0	3,7	4,5	
1978	3,0	2,7	4,3	
1979	4,2	4,1	3,8	
1980	1,3	5,5	3,8	1980 2. Ölpreisschock
1981	0,1	6,3	5,5	
1982	–0,8	5,3	7,5	1982–98 Regierung Kohl (CDU/CSU u. FDP), 3. Rezession
1983	1,5	3,3	9,1	
1984	2,8	2,4	9,1	
1985	2,2	2,0	9,3	
1986	2,4	–0,1	9,0	
1987	1,5	0,2	8,9	
1988	3,7	1,3	8,7	
1989	3,9	2,8	7,9	
1990	5,7	2,7	7,2	1990 Deutsche Vereinigung
1992	2,2	5,1	8,5 (7,7)	Strukturwandel in Ostdeutschland
1993	–0,8	4,4	9,8 (8,9)	4. Rezession
1994	2,7	2,7	10,6 (9,6)	
1995	1,9	1,7	10,4 (9,4)	
1996	1,0	1,5	11,5 (10,4)	
1997	1,8	1,9	12,7 (11,4)	
1998	2,0	0,9	12,3 (11,1)	1998–2005 Regierung Schröder (SPD u. Grüne)
1999	2,0	0,6	11,7 (10,5)	
2000	3,2	1,4	10,7 (9,6)	
2001	1,2	2,0	10,3 (9,4)	
2002	0,1	1,4	10,8 (9,8)	
2003	–0,2	1,1	11,6 (10,5)	5.Rezession
2004	1,1	1,6	11,7 (10,5)	
2005	0,8	2,0	13,0 (11,7)	2005 Regierung Merkel (CDU/CSU u. SPD)
2006	3,6	1,7	12,0 (10,8)	
2007	2,8	2,2	10,1 (9,0)	
2008	0,7	2,6	8,7 (7,8)	
2009	–4,7	0,4	9,1 (8,2)	2009 Regierung Merkel (CDU/CSU und FDP), 6. Rezession

(Zusammengestellt aus: Jahresgutachten des Sachverständigenrates 2009/2010 und Mitteilungen der Deutschen Bundesbank; bis 1990 westdeutsche Länder, ab 1992 Gesamtdeutschland; Ergänzungen; Aktualisierung August 2010)

[1] Prozentuale jährliche Veränderung des Bruttoinlandsproduktes bis 1970 in Preisen von 1991, ab 1971 in Preisen von 1995

[2] Prozentuale jährliche Veränderungsraten errechnet aus dem Preisindex für die Lebenshaltung aller privaten Haushalte (seit 1995: „Verbraucherpreisindex“; s. M 30, S. 43)

[3] Prozentualer Anteil der Arbeitslosen an den *abhängigen* Erwerbspersonen (beschäftigte Arbeitnehmer + registrierte Arbeitslose); ab 1992 in Klammern Quote für *alle* zivilen Erwerbspersonen

Nehmen Sie (möglicherweise in ***Gruppenarbeit****) anhand von M 27 eine erste vorläufige Überprüfung der Frage vor, ob bzw. inwieweit die drei Ziele Wachstum, Vollbeschäftigung und Preisniveaustabilität in der Geschichte der Bundesrepublik „gleichzeitig“ (Stabilitätsgesetz) erreicht bzw. annähernd erreicht wurden (gemessen in etwa an den Wunschzielen von 1967). Überprüfen Sie dabei auch, ob sich bestimmte typische Phasen in der zeitlichen Entwicklung der Zielbeziehungen erkennen lassen:*

- *In welchen Jahren war das „gesamtwirtschaftliche Gleichgewicht“ am wenigsten gefährdet, in welchen war das Ungleichgewicht am größten?*
- *Von welcher Zeit an etwa lässt sich feststellen, dass die wirtschaftliche Entwicklung in allen drei Zielbereichen deutlich instabiler wurde?*

Fassen Sie die Ergebnisse Ihrer Überprüfung in möglichst präzisen Aussagen zusammen.

M 28 Bergauf oder bergab? – Zwei Darstellungsformen der Entwicklung des Bruttoinlandsprodukts

a)

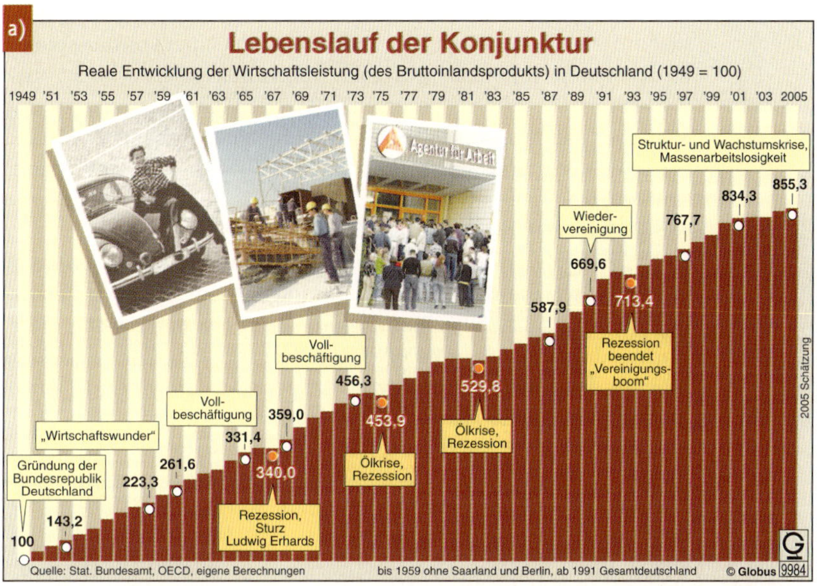

b)

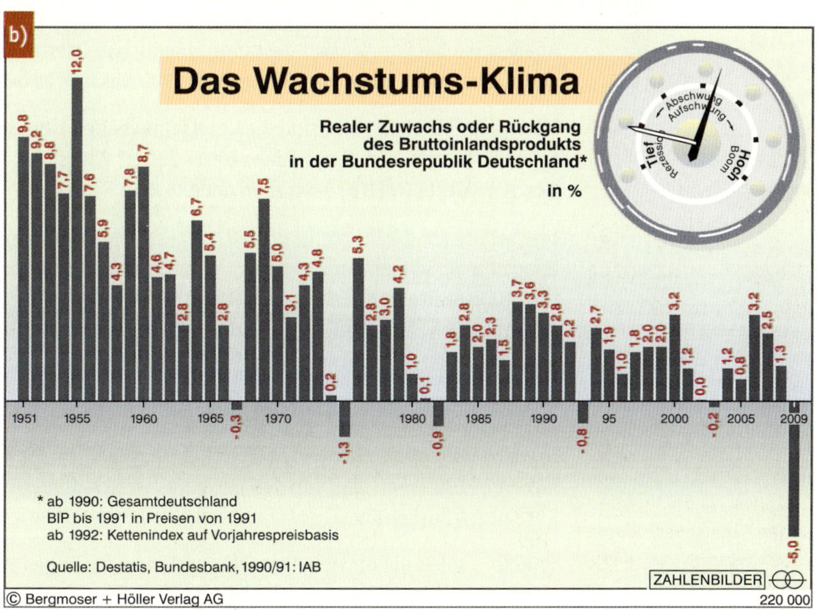

Nach einem wechselhaften Jahrzehnt verzeichnete die Bundesrepublik im Jahr 2000 das vorerst stärkste Wachstum seit der deutschen Einigung (3,2 %). Hoffnungen auf einen anhaltend kräftigen Aufschwung wurden aber enttäuscht: Nach dem Platzen der New-Economy-Blase glitt die deutsche Wirtschaft ab 2001 in eine hartnäckige Stagnation, die erst 2006/07 nachdrücklich überwunden wurde. Dabei strahlte der Exportboom entsprechend dem gängigen Konjunkturmuster endlich auch auf die Investitionen und den Arbeitsmarkt aus. Die Belebung des privaten Konsums ließ aber weiter auf sich warten. Bereits 2008 setzte die *globale Finanz- und Wirtschaftskrise* der Erholung wieder ein Ende. Schon ab dem 2. Quartal rutschte die deutsche Volkswirtschaft in eine tiefe Rezession*. 2009 sank das Bruttoinlandsprodukt real* gar um 4,7 % gegenüber dem Vorjahr – so stark wie noch nie in der Nachkriegszeit (zu den Zahlen für 2006 bis 2009 s. M 27).

(Zahlenbilder 220 000)

VERTIEFUNG **M 29**

„Wachstumsraten sind relative Zahlen"

Als **Konjunktur** bezeichnet man die Gesamtsituation und -entwicklung einer Volkswirtschaft, die sich aus der gleichzeitigen Betrachtung (lat.: *conjungere* = zusammenfügen) verschiedener volkswirtschaftlicher Bereiche ableitet. Die Entwicklung der Konjunktur ist von wellenförmigen Schwankungen gekennzeichnet, die als **Konjunkturzyklen** bezeichnet werden, weil ihr Ablauf eine gewisse Regelmäßigkeit aufweist (vgl. M 28 b): Auf einen *Aufschwung* folgt nach Überschreiten eines *Höhepunkts (Boom)* ein *Abschwung*. Nach Durchlaufen des *Tiefpunkts* (ggf. als *„Rezession*"* im Sinne von „Minus-Wachstum") erfolgt ein neuer *Aufschwung*.

(Autorentext)

[Bei der Betrachtung des prozentualen Zuwachses des Bruttoinlandsprodukts] sollte man sich der Tatsache bewusst sein, dass es sich bei **Wachstumsraten** stets um Relativzahlen handelt. Ein bestimmter prozentualer Zuwachs gewinnt erst dann an Aussagekraft, wenn man die Prozentzahl in Verbindung mit dem *Ausgangsniveau* sieht. So kann ein Entwicklungsland eine zweistellige Wachstumsrate aufweisen, obwohl die Menschen dort wegen des sehr niedrigen Ausgangsniveaus weiterhin mit einer äußerst schlechten Güterversorgung leben müssen. Umgekehrt suggerieren etwa geringe Wachstumsraten in Industrieländern eine wirtschaftliche „Katastrophe", obwohl das Versorgungsniveau bereits sehr hoch ist und sogar noch weiter wächst. Die Vorstellung, eine Gesellschaft könne auf Dauer mit einer konstant hohen Wachstumsrate wachsen, ist zumindest für hochentwickelte Volkswirtschaften schlicht unrealistisch. Eine konstante Wachstumsrate würde ja bedeuten, dass eine Volkswirtschaft exponentiell wächst. Je reicher die Menschen werden, umso größer würde auch der absolute Wohlstandszuwachs. Bereits von daher ist es wenig erstaunlich, dass sich die Zuwachsraten des Inlandsprodukts in Westdeutschland im Trend immer weiter abgeflacht haben.

Für die Aussagefähigkeit des Inlandsprodukts bzw. dessen Entwicklung spielt des Weiteren die Entwicklung der **Bevölkerung** eine entscheidende Rolle. Wächst das reale Inlandsprodukt genauso schnell, wie die Bevölkerung zunimmt, so liegt quasi ein stationärer Zustand vor. Das Pro-Kopf-Realeinkommen der Bevölkerung steigt erst dann, wenn die Zuwachsrate des realen Inlandsprodukts über dem Bevölkerungswachstum liegt. Aussagekräftiger als das Inlandsprodukt ist daher das *Pro-Kopf-Inlandsprodukt*. Speziell in Entwicklungsländern ist zu beobachten, dass das Inlandsprodukt zwar wächst, infolge eines noch schnelleren Wachstums der Bevölkerung ist jedoch pro Kopf ein Verarmungsprozess zu konstatieren.

(Gerhard Mussel/Jürgen Pätzold, Grundfragen der Wirtschaftspolitik, Verlag Vahlen, München, 6. Aufl. 2005, S. 155 f.)

1. Werfen Sie einen vorläufigen Blick auf die beiden verschiedenen grafischen Darstellungen (M 28 a/b) und beschreiben Sie zunächst die unterschiedlichen Eindrücke, die sie beim Betrachten hervorrufen. Analysieren Sie nun, worauf die unterschiedlichen Darstellungen und die dadurch erzeugten Eindrücke beruhen: Was stellen die Säulen in M 28 a, was in M 28 b dar?
2. Für welche Zeitabschnitte sind die unterschiedlichen Eindrücke, die beide Darstellungen vermitteln, am auffälligsten (s. z. B. die Jahre 2001 – 2003)? Wie ist das zu erklären? Stimmen Sie der Aussage zu: „Relative Werte (M 28 b) verstellen den Blick für Reales (M 28 a)"?
3. Im Hinblick auf die Darstellung M 28 b spricht man häufig von einer „Verlangsamung des Wachstumstempos" oder von einem „negativen Wachstumstrend". Machen Sie deutlich, was es bei dieser Betrachtungsweise zu bedenken gilt (M 29). Welche Rolle spielt bei Prozentangaben das „Ausgangsniveau" (der sog. „Basiseffekt")? Welche Aussagekraft hat das Pro-Kopf-BIP?
4. Nennen und erläutern Sie ein Stück weit die Faktoren, die als entscheidend für die Konjunkturentwicklung 2000 bis 2009 bezeichnet werden (Randtext zu M 28 a/b).
5. In welcher Phase des laufenden „Konjunkturzyklus" (M 29, Kasten) befindet sich die Bundesrepublik im Jahre 2010, wenn man von den im Jahreswirtschaftsbericht 2010 erwarteten Daten (s. M 25, Tabelle S. 38 oben) ausgeht?
6. Inwiefern spielt die für viele Entwicklungsländer wichtige Differenzierung zwischen Bruttoinlandsprodukt und Pro-Kopf-Inlandsprodukt (M 29, Z. 20 ff.) für die Bundesrepublik seit Jahren kaum eine Rolle?
7. Welche Darstellungsform der Wachstumsentwicklung halten Sie für die korrekteste bzw. sinnvollste? Begründen Sie Ihre Entscheidung.

M 30 Inflationsentwicklung in Deutschland – zwei Darstellungsformen

Der **Verbraucherpreisindex** (früher: Preisindex für die Lebenshaltung aller privaten Haushalte) ist der gebräuchlichste Maßstab für die Preisveränderungen, von denen private Haushalte direkt betroffen sind. Dieser vom Statistischen Bundesamt berechnete Index* wird auch als Maß für die allgemeine Inflation angesehen. Der Preisindex wird anhand eines Warenkorbs* berechnet, der alle Güter und Dienstleistungen enthält, die den typischen Verbrauchsgewohnheiten eines Durchschnittshaushalts entsprechen. Dazu gehören Güter des täglichen Bedarfs wie Lebensmittel, Bekleidung oder Mieten und langlebige Gebrauchsgüter wie Kraftfahrzeuge oder Möbel genauso wie Dienstleistungen. I. d. R. wird der Warenkorb, der zz. rd. 750 Waren und Dienstleistungen enthält, ungefähr alle fünf Jahre neu festgesetzt, weil sich die Konsumgewohnheiten der Verbraucher verändern oder neue Waren und Dienstleistungen angeboten werden. Die Berechnung der Preisveränderung für die Lebenshaltung erfolgt durch die Ermittlung der Preise für die einzelnen Güter des Warenkorbs durch ca. 560 Preisermittler in 190 Gemeinden der Bundesrepublik und fast 400 000 sog. „Berichtsstellen“ (Einzelhandelsgeschäfte, Dienstleistungsfirmen). Der auf diese Weise errechnete durchschnittliche Gesamtpreis des Warenkorbs wird dann als Indexzahl* bezogen auf ein Basisjahr (zurzeit 2005) ausgedrückt. Der prozentuale Anstieg des Index bezeichnet die „Inflationsrate*“.

(Autorentext)

a)

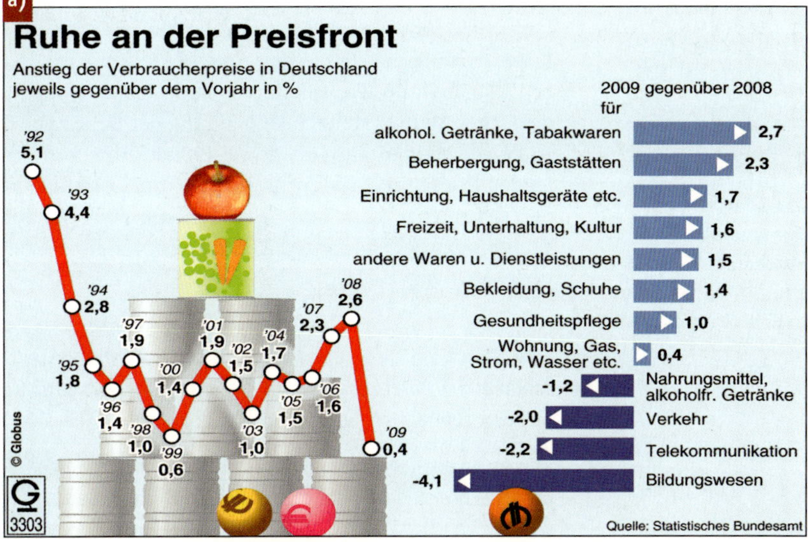

b)

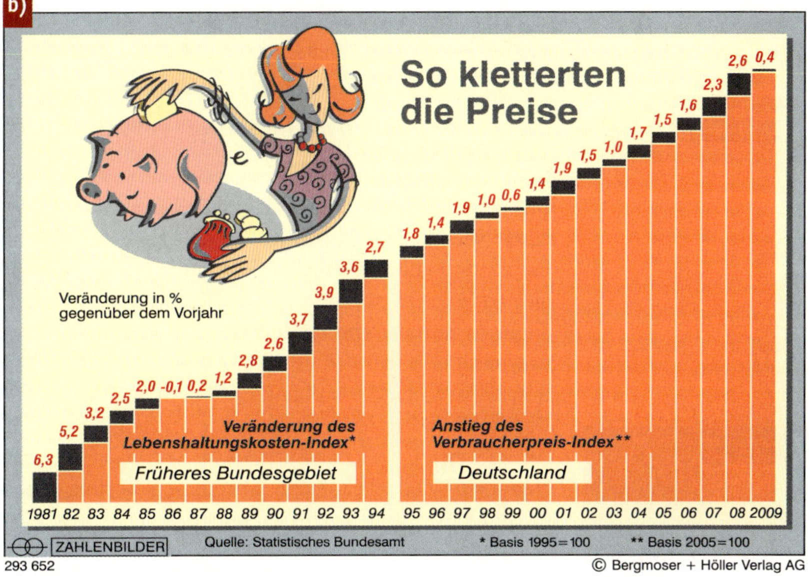

M 31 Phasen und Einflussfaktoren der Inflationsentwicklung 1970–2009

Anfang der Siebzigerjahre war die Bundesrepublik in den Strudel inflationärer Preisbewegungen geraten, gegen die sie sich zwar besser behauptete als die meisten anderen Industrieländer, denen sie sich wegen ihrer engen Verflechtung mit dem Ausland aber auch nicht völlig entziehen konnte. So dauerte es mehrere Jahre, bis der 1973 durch die *Verteuerung der Öleinfuhren* ausgelöste und durch „hausgemachte“ Faktoren verstärkte Preisschub (Inflationsrate 1974: 6,9 %) eingedämmt werden konnte.

Als die Preise für Erdöl und andere Rohstoffe 1981 wieder kräftig stiegen, bekamen die Verbraucher abermals höhere Rechnungen präsentiert. Der Preistrend flachte aber schon bald wieder ab, weil sich die Einfuhrpreise auf einem konstanten Niveau einpegelten und weil die schwache Konjunktur zu Preis- und Lohndisziplin zwang. Als 1985 der Dollar-Wechselkurs* ins Rutschen kam und sich daraufhin die Ölimporte verbilligten, ging der Index der Lebenshaltungskosten 1986 sogar leicht zurück. An den Preissteigerungen der Jahre 1990–1992 waren zunächst die Erhö-

hungen einiger *Verbrauchssteuern* (Mineralöl, Kfz, Tabak) und der Telefongebühren, sodann die Steigerung der *Mietpreise* und einiger *kommunaler Gebühren* maßgeblich beteiligt.
Die Ursachen der – für eine Rezessionsphase eigentlich untypischen – Inflationsentwicklung im Jahre 1992 lagen in der Verteuerung vieler *Dienstleistungen* (Versicherungen, Kfz-Reparaturen, Friseurleistungen usw.) und zahlreicher „administrierter" (von öffentlichen Stellen fixierter) Preise (Postgebühren, Parkgebühren, TÜV-Gebühren usw.). Ende der 1990er-Jahre herrschte in der deutschen Wirtschaft nach Feststellung der Deutschen Bundesbank weitgehende Preisstabilität.
In den folgenden Jahren war die Entwicklung von *steigenden Energiepreisen* einerseits und fallenden Preisen u.a. für Fernsehgeräte und Computer andererseits gekennzeichnet. In der Folge der Finanzkrise sank Ende 2008/Anfang 2009 die Inflationsrate erheblich (u.a. wegen eines Preissturzes bei Heizöl und Kraftstoffen; vgl. im Einzelnen Abb. M 30a).
(Autorentext nach Zahlenbilder)

1 Analysieren Sie die beiden Darstellungen der Inflationsentwicklung (M 30a und b). Welchen unterschiedlichen Eindruck erwecken sie? Worauf ist das zurückzuführen? Welche Darstellung ist aus Ihrer Sicht sinnvoller bzw. aussagekräftiger?

2 Klären Sie die Konstruktion des für Inflationsmessung gültigen Indikators* (vgl. M 26), des sog. „Verbraucherpreisindex" (Randtext zu M 30). Welche Bedeutung hat dabei der „Warenkorb"?

3 M 31 gibt einen knappen Überblick über die längerfristige Inflationsentwicklung in Deutschland. Charakterisieren Sie bestimmte Phasen dieser Entwicklung (Grafik, Text und M 30a) und achten Sie besonders darauf, welche Ursachen für die jeweilige Entwicklung genannt werden. Welche Rolle spielen „hausgemachte", welche von außen einwirkende Faktoren? Was ist mit „administrierten Preisen" gemeint?

VERTIEFUNG M 32

Wer ist für die Geldwertstabilität verantwortlich? Die Europäische Zentralbank als „Hüterin der Währung"

Das Recht, Banknoten zu drucken und in Umlauf zu bringen, liegt allein bei den Zentralbanken (auch Notenbanken genannt). Für jedes Währungsgebiet gibt es nur eine Zentralbank*.
Für die einheitliche Währung Euro musste eine Zentralbank geschaffen werden, die für das Gebiet der Währungsunion allein das Recht hat, Banknoten herzustellen und in Umlauf zu bringen. Sie heißt **Europäische Zentralbank (EZB)** und wurde etwa ein halbes Jahr vor Beginn der Währungsunion gegründet, also Mitte 1998. Ihr Sitz ist Frankfurt am Main, wo auch die Deutsche Bundesbank, die Zentralbank für Deutschland, ihren Sitz hat.
Die bestehenden Zentralbanken der Staaten, die an der Währungsunion teilnehmen, bilden mit der EZB zusammen das *Europäische System der Zentralbanken*, abgekürzt ESZB.
Damit eine Zentralbank den Wert ihrer Währung schützen, also für Preisstabilität sorgen kann, müssen bestimmte Voraussetzungen gegeben sein. [...]
Wichtigste Voraussetzungen dafür, dass eine Zentralbank für Stabilität der Währung sorgen kann, sind:

- ihre Unabhängigkeit (von staatlichen Weisungen),
- die Verpflichtung zur Sicherung der Preisniveaustabilität,
- das Verbot der Staatsfinanzierung.

Und genau diese Voraussetzungen wurden auch für die Europäische Zentralbank geschaffen.

Die Europäische Zentralbank (EZB) in Frankfurt am Main

Die Geldpolitik der Zentralbank*
Währungspolitik sind alle Maßnahmen, die den Wert einer Währung nach innen (im Lande) und nach außen (im Verhältnis zu anderen Währungen) regeln.
Wichtiger Teil der Währungspolitik ist die Geldpolitik, die den Binnenwert einer Währung regelt, also dafür verantwortlich ist, ob im Lande Preisstabilität herrscht oder Inflation.
Geldpolitik ist Sache der Zentralbanken; sie können die umlaufende Geldmenge direkt oder indirekt begrenzen oder ausdehnen.
Der Wert des Geldes leitet sich von den Waren und Dienstleistungen ab, die man damit erwerben kann. Geld ist so gesehen eine **Anweisung auf Güter**. Der Geldwert sinkt, wenn man für sein Geld weniger Güter als zuvor kaufen kann, weil inzwischen die Preise gestiegen sind.

Erfahrungsgemäß steigen die Preise vor allem immer dann, wenn die Geldmenge rascher zunimmt als das Güterangebot. Dann macht sozusagen zu viel Geld Jagd auf zu wenige Güter. Das Geld verliert an Wert.
Bei der Strategie des Eurosystems spielt daher die **Geldmenge** eine wichtige Rolle.
Die Europäische Zentralbank versucht sie zu steuern, und zwar auf indirekte Weise über die Banken: Diese können sich bei der Zentralbank Geld leihen, um ihrerseits – auf der Grundlage dieses „Zentralbankgeldes" – Kredite an ihre Kunden (Privatleute und Unternehmen) vergeben zu können. Durch Erhöhung oder Verminderung seiner Zinssätze (**Leitzinsen***) verteuert oder verbilligt das Eurosystem die Refinanzierung* der Kreditinstitute. Dadurch beeinflusst es das Kreditgeschäft der Banken und die Nachfrage nach Waren und Dienstleistungen. Erhöht es seine Zinsen, so wird für die Banken die Geldbeschaffung teurer. Sie müssen ja nun mehr Geld bezahlen, um Zentralbankgeld zu erhalten. Diese **Verteuerung** geben die Banken an ihre Kunden weiter, indem sie höhere Zinsen für Bankkredite verlangen. Das wiederum verteuert die Güterherstellung und die Dienstleistungen.
Manche Geschäfte, die sich bisher noch lohnten, werden nun uninteressant, weil die Geldbeschaffungskosten höher sind als der zu erwartende Gewinn. Deshalb geht auch die Nachfrage der Wirtschaft nach Krediten zurück. Ebenso verschiebt mancher Bauherr bei hohen Zinsen den geplanten Hausbau und mancher Autofahrer den Kauf eines neuen Pkw auf später. Wer liquide ist, legt nun sein Geld zu guten Zinsen langfristig an. Der Geldumlauf wächst langsamer. Gleichzeitig lässt die Nachfrage nach Waren und Dienstleistungen in der Wirtschaft nach, was wiederum eine Verlangsamung des Preisanstiegs zur Folge hat. Senkt das Eurosystem dagegen seine Zinsen, so sinken auch allgemein die Zinsen der Kreditinstitute. Dadurch werden Bankkredite wieder billiger, und manches Geschäft, das sich bisher wegen der hohen Zinslast nicht lohnte, wird nun wieder rentabel. Die Geldmenge und die Nachfrage wachsen wieder schneller.
Man sieht: Die Zentralbank versucht durch diese indirekte Steuerung der Geldmenge einerseits so viel Geld in den Geld- und Wirtschaftskreislauf zu bringen, dass die Wirtschaft sich gut entfalten kann und wirtschaftliches Wachstum gefördert wird. Andererseits – und das ist ihre Hauptaufgabe – muss sie darauf achten, dass die Geldmenge nicht zu stark und zu schnell wächst, dass es zu keiner „Aufblähung" (das bedeutet das lateinische Wort Inflation) der Geldmenge kommt; denn wo der Gütermenge eine zu große Geldmenge gegenübersteht, steigen die Preise, das Geld verliert an „Kaufkraft", es wird weniger wert (s. o.). Diesen „goldenen Mittelweg" bei ihrer Geldpolitik zu finden und zu beschreiten, ist für die Zentralbank oft eine schwierige Aufgabe. (Autorentext)

1. Beschreiben Sie die Organisation und die Aufgaben der Europäischen Zentralbank und erläutern Sie insbesondere die Bedeutung der dreifachen Unabhängigkeit (M 32).

2. Das Wort Inflation heißt wörtlich übersetzt „Aufblähung" (der Geldmenge). Beschreiben Sie den Zusammenhang, der zwischen Geldwert bzw. Inflation und der Geldmenge gesehen wird (Z. 31 ff. und 52 ff.).

3. Auf die Strategie und die „geldpolitischen Instrumente", mit denen die EZB die Entwicklung der Geldmenge (und damit die Inflationsentwicklung) zu beeinflussen versucht, brauchen wir hier nicht einzugehen. Verdeutlichen Sie die folgenden Aspekte:
   - Wenn die EZB – dies ist ihr wichtigstes Instrument – die Leitzinsen* erhöht bzw. senkt, welche Wirkung geht davon jeweils auf die Geldmenge (und damit auf die Inflationsentwicklung), welche auf die Konjunktur aus?
   - Inwiefern muss die EZB – angesichts dieser Zusammenhänge – immer einen „Drahtseilakt" vollziehen zwischen der Beachtung der beiden Ziele „Sicherung der Geldwertstabilität" einerseits und „Förderung der Konjunktur" andererseits? Welches Ziel muss für sie gemäß ihrem Auftrag im Zweifelsfall immer Vorrang haben?

*Der abgebildeten Broschüre („Unser Geld") können Sie ggf. weitere Informationen zum gesamten Komplex Geld und Inflation entnehmen. Sie steht im Internet zum kostenlosen Download zur Verfügung (www.bundesbank.de/download/bildung/geld_sec1/geld1_gesamt.pdf). Die Homepage des Herausgebers (www.bundesbank.de/bildung/bildung_glossar_g.php) bietet zudem auch ein ausführliches **Glossar** zur Klärung aller Begriffe, die mit dem Thema verbunden sind.*

IV Massenarbeitslosigkeit in Deutschland – Ausmaß, Entwicklung, Ursachen, Bekämpfungsmöglichkeiten

Die Grafik M 33 a zeigt am Ende des Jahres 2008 ein insgesamt erfreuliches Bild der Entwicklung am Arbeitsmarkt: Die Zahl der Erwerbstätigen hatte seit 2005 um rd. 1,5 Mio. zugenommen, die Zahl der Arbeitslosen hatte sich im gleichen Zeitraum um rd. 1,7 Mio. verringert und befand sich auf dem seit 1992 niedrigsten Stand. Die Grafik, die im November 2008 erstellt wurde, zeigt mit ihrer Prognose für das Jahr 2009 allerdings auch, wie schnell sich die wirtschaftliche Situation grundlegend verändern kann: Aufgrund der internationalen Finanz- und Wirtschaftskrise (s. M 48), deren Ausmaß erst am Ende des Jahres 2008 voll erkennbar wurde, sank die Zahl der Arbeitslosen im Jahresdurchschnitt 2009 nicht, wie in der Grafik angenommen, auf 3,16 Mio., sondern stieg auf 3,42 Mio. (s. M 43). Die darauf bezogenen Sorgen der Bevölkerung spiegeln sich in dem Umfrageergebnis von Ende Dezember 2008 (M 33 b) bereits wider. Wegen der in 2010 erfreulich – und für viele überraschend – positiven Entwicklung zeichnete sich aber schon Mitte des Jahres 2010 ein deutlich günstigeres Bild der jahresdurchschnittlichen Wachstums- und Beschäftigungsentwicklung ab (s. dazu M 60, S. 82 f.).*

Der Analyse des Problems der Arbeitslosigkeit kommt auch im Rahmen unseres Buches eine besondere Bedeutung zu. Die ökonomischen und sozialen Folgen der Arbeitslosigkeit für den einzelnen Betroffenen und für die gesamte Gesellschaft werden in M 34 – M 37 beschrieben. Den Schwerpunkt der Darstellung bilden die (quantitative und strukturelle) Beschreibung der Beschäftigungssituation und ihrer bisherigen Entwicklung (M 38 – M 45) sowie die Darstellung ihrer Ursachen und der Diskussion über mögliche wirtschaftspolitische Strategien zu ihrer Überwindung (M 46 – M 61).

M 33 a

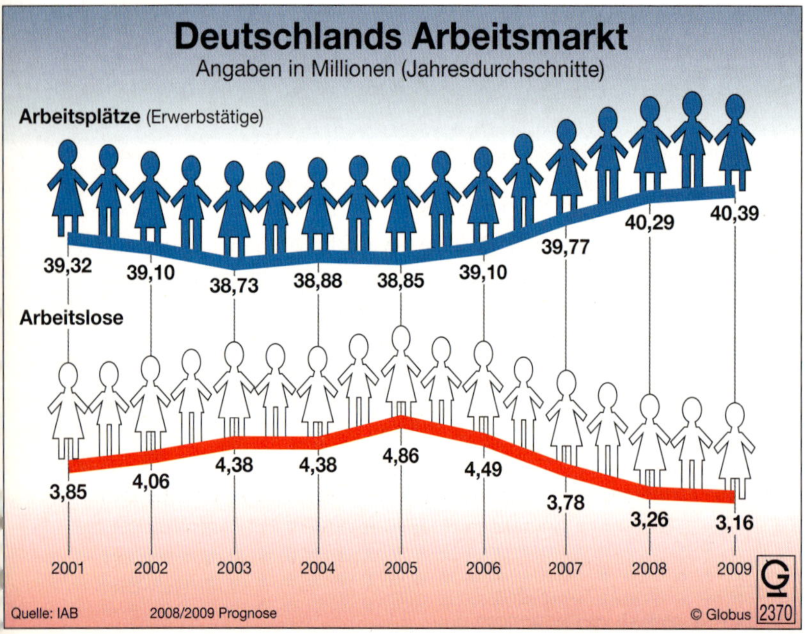

M 33 b

1. Was Arbeitslosigkeit für den Einzelnen und die Gesellschaft bedeutet

M34 Wozu arbeiten?

Arbeit hat viele Funktionen für den Menschen. Sie verleiht der Zeit – dem Tag, der Woche, den Monaten und Jahren – eine klare Struktur, lässt Menschen sinnvoll am gesellschaftlichen Leben teilnehmen und erlaubt es ihnen, produktive Bedürfnisse zu befriedigen. Die Arbeit vermittelt berufliche wie außerberufliche Perspektiven, auch soziale Kontakte; durch Arbeit gelangen die Menschen in den Besitz finanzieller Mittel, um ihr Leben zu gestalten.

(Michael Frese, Arbeitslosigkeit. In: Aus Politik und Zeitgeschichte Nr. 40–41/2008, S. 22)

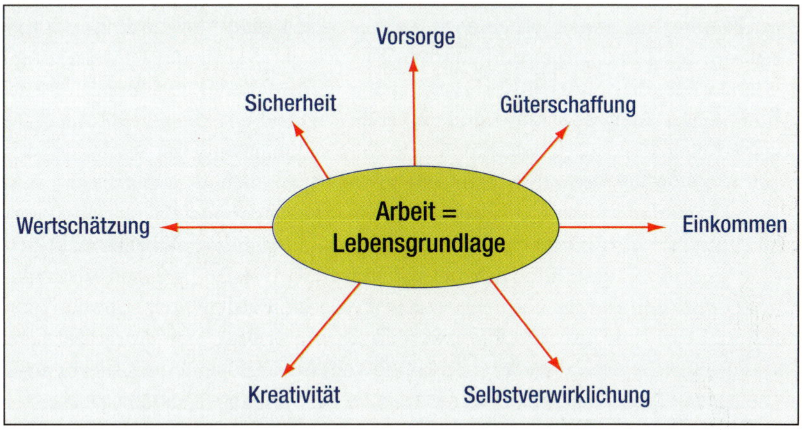

(www.manfred-jahreis.de/download/pdf/arbeit/pdf; © Manfred Jahreis 2002)

1. In M 34 wird die Hauptaussage, dass Arbeit für die Menschen die „Lebensgrundlage" bedeutet, im Hinblick auf verschiedene Lebensbereiche differenziert. Erläutern Sie, worin die Bedeutung von Arbeit in den Bereichen Einkommen, Güterbeschaffung, Vorsorge und Sicherheit jeweils besteht. Versuchen Sie im Gespräch miteinander auch zu klären, inwiefern Arbeit auch etwas mit Wertschätzung, Kreativität und Selbstverwirklichung zu tun hat oder haben kann.

2. Wenn Sie die einzelnen Bedeutungsbereiche näher erklärt haben, sollten Sie darüber diskutieren, welche Bereiche Ihnen persönlich (den Einzelnen vielleicht ganz unterschiedlich) am wichtigsten sind.

3. Versuchen Sie sich in die Lage eines Arbeitslosen zu versetzen, der keine Erwerbsarbeit finden kann und nur von staatlichen Unterstützungsleistungen leben muss: In welchen Bedeutungsbereichen wird er am schwersten betroffen und belastet sein (Näheres dazu in den folgenden Materialien)?

M35 Familie und Arbeitslosigkeit

- Generell müssen verschiedene Gruppen von Arbeitslosen und ihren Familien unterschieden werden. So sind die negativen Folgen von Arbeitslosigkeit zum Beispiel besonders groß, wenn beide Ehepartner, der einzige Ernährer der Familie oder ein alleinerziehender Elternteil davon betroffen sind, wenn eine besonders große Familie zu versorgen ist oder wenn eine Person länger als ein Jahr ohne Arbeit ist. Die Belastungen sind aber auch für viele junge Familien sehr groß, da sie hohe Ausgaben (insbesondere wenn sie Wohnungseigentum erworben haben) und oft nur geringe Ersparnisse haben. Arbeitslosigkeit führt fast immer zu einer *Verschlechterung der materiellen Situation* einer Familie. Dieses ist besonders dann der Fall, wenn keine oder nur niedrige Ansprüche an die Arbeitslosenversicherung bestehen. [...]
- Das verminderte Haushaltseinkommen führt natürlich auch zu Einschränkungen im Familienbudget. So kommt es häufig zu einer Verschlechterung von *Kleidung* und *Ernährung*, sind viele *Freizeitaktivitäten* nicht mehr finanzierbar, muss oft auf eine Urlaubsreise verzichtet werden. Sind die materiellen Ressourcen* aufgebraucht, muss vielfach ein Teil des Eigentums veräußert werden. Kann die Familie ihre Wohnung nicht mehr finanzieren, muss sie in eine preiswertere umziehen oder wird im Extremfall sogar obdachlos. Die mit andauernder Arbeitslosigkeit zunehmende Verarmung kann zu sozialem Abstieg und unter Umständen zum Abgleiten in gesellschaftliche Randständigkeit führen.
- Jedoch sind für die meisten Arbeitslosen die finanziellen Probleme leichter zu bewältigen als die *psychosozialen Belastungen*. So werden sie aus gewohnten Zeitstrukturen herausgerissen, haben keinen Feierabend und kein wirkliches Wochenende mehr (Entrhythmisierung des Tages und der Woche). Zumeist wissen sie nicht, wie sie die ihnen nun zur Verfügung stehende Zeit auf sinnvolle und befriedigende Weise verbringen können. Einige entwickeln neue Hobbys

oder nutzen Weiterbildungsmöglichkeiten beziehungsweise Angebote von Kirchen, Verbänden und staatlichen Organisationen. Die meisten wissen aber nicht, wie sie die Zeit verbringen sollen, leiden unter Nichtstun und klagen über Langeweile. In der Regel kommt es zu einem gesteigerten *Medienkonsum*. Vor allem verheiratete Männer empfinden Arbeitslosigkeit als Zerstörung ihrer Identität als Ernährer ihrer Familie. Sie erleben oft einen Autoritäts- und Bedeutungsverlust als Ehepartner und Elternteil.

- Generell tendieren Arbeitslose dazu, sich überflüssig zu fühlen, einen *Mangel an Lebenssinn* zu verspüren und ein negatives Selbstbild zu entwickeln. Sie machen sich häufig für ihre Situation verantwortlich und zweifeln an sich selbst. Da sie ihr weiteres Leben nicht mehr planen können, fühlen sie sich hilflos und ihrem Schicksal ausgeliefert. Mit zunehmender Dauer der Arbeitslosigkeit wird ihre Grundstimmung immer negativer, verlieren sie die Hoffnung auf Besserung ihrer Situation, werden sie immer passiver, unzufriedener und verbitterter. [...] Obwohl Arbeitslose heute weniger ausgegrenzt werden als in den 1960er- und 1970er-Jahren, erleben sie weiterhin Vorurteile, Diskriminierung [Herabsetzung] und eine Beeinträchtigung ihrer sozialen Beziehungen. So nimmt vor allem der Kontakt zu früheren Kollegen bald ab. Vereinzelt kommt es aber auch zur Selbstisolation. Anzumerken ist noch, dass die Stärke der beschriebenen psychosozialen Belastungen und anderen von der Dauer der Arbeitslosigkeit und der subjektiven Einschätzung der eigenen Chancen am Arbeitsmarkt abhängig ist.
- Die Arbeitslosigkeit eines Elternteils führt auch zu *Veränderungen in der Familie*. So mag ein arbeitsloser Vater seine Frau im Haushalt oder bei der Kindererziehung entlasten, können seine Kinder für ihn eine neue Bedeutung erlangen (zum Beispiel als Sinn des Lebens). Viele arbeitslose Männer nutzen jedoch ihre freie Zeit nicht für Familientätigkeiten. [...] So kommt es vielfach zu einer Verschlechterung familialer Kommunikation, zu häufigen Auseinandersetzungen (unter Umständen mit Gewaltanwendung) und zu einer Beeinträchtigung des körperlichen und seelischen Wohlbefindens aller Familienmitglieder. Ferner nimmt die *Scheidungsgefahr* zu. Auch mag sich die Familie aus Angst vor sozialer Herabsetzung nach außen hin abschotten beziehungsweise in soziale Isolation geraten. Generell bestimmt die vor Eintritt der Arbeitslosigkeit vorhandene Qualität des Familienlebens weitgehend darüber, ob und wie eine Familie die Arbeitslosigkeit eines Elternteils und deren Folgen bewältigt. [...]
- Aufgrund der finanziellen Situation müssen *Kinder* oft Abstriche beim Taschengeld hinnehmen oder auf dieses ganz verzichten. Sie dürfen nicht mehr zu Kindergeburtstagsfeiern, auf Klassenfahrt, ins Kino oder in den Zoo. Auch können sie bezüglich Kleidung und Freizeitausgaben nicht mit Gleichaltrigen mithalten, was vor allem in der Pubertät ein Problem sein kann. Oft schämen sie sich ihrer Eltern und fürchten den Spott ihrer Klassenkameraden.

(Martin R. Textor, Familie und Arbeitslosigkeit, www.kindergartenpaedagogik.de/34.html)

M36 Psychische Auswirkungen lang anhaltender Arbeitslosigkeit

Die menschliche Erfahrung mit der Arbeitslosigkeit

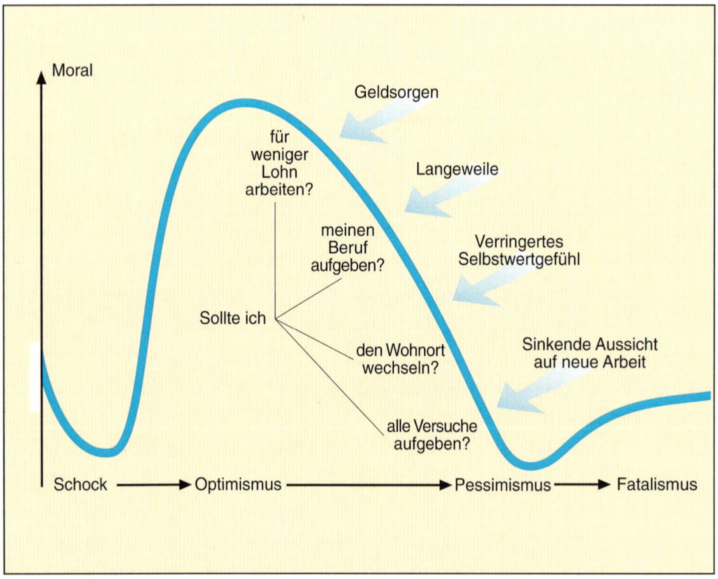

(Nach: Überlegungen II zu einer vorausschauenden Arbeitsmarktpolitik, Hrsg. Bundesanstalt für Arbeit, 1978, S. 209; Primärquelle: Department of Employment Gazette, April 1976)

Wie reagieren Menschen, wenn trotz großer persönlicher Anstrengungen der Arbeitsplatz verloren geht und längerfristige Arbeitslosigkeit eintritt?
In den großen psychologischen Studien zu den Folgen von Arbeitslosigkeit werden seit Jahrzehnten ähnliche Phasen von Verlauf und Reaktionen beschrieben: Nach anfänglichem Schock und Aufbegehren gibt es eine Phase des Befreiungsgefühls, das bald von verstärkter Aktivität und Umtriebigkeit (Bewerbungen, Fortbildungen) abgelöst wird. Bleiben diese Bemühungen erfolglos, nimmt das Interesse ab, Mattigkeit und Hoffnungslosigkeit breiten sich aus. Dem Leben Arbeitsloser fehlen vor allem Zeitstruktur und soziale Anerkennung als mentale Haltepunkte für eine sinnvolle persönliche Existenz. Arbeitslose antworten darauf mit Gefühlen von persönlichem Versagen.

(Christine Morgenroth, Arbeitsidentität und Arbeitslosigkeit – ein depressiver Zirkel, in: Aus Politik und Zeitgeschichte B 6–7/2003 v. 3.2.2003, S. 17 f.)

1 Fassen Sie die Darstellung M 35 abschnittsweise zusammen und stellen Sie im Einzelnen heraus,
- für welche Familienformen die Auswirkungen von Arbeitslosigkeit besonders belastend sind,
- zu welchen Folgen das verringerte Einkommen führen kann,
- welche Probleme sich im Hinblick auf den Umgang mit der zur Verfügung stehenden Zeit und auf die sozialen Beziehungen ergeben und
- welche verschiedenen Folgen sich für die familiäre Situation ergeben können.

2 Beschreiben Sie mit eigenen Worten, wie sich nach entsprechenden Untersuchungen die psychische Situation von Arbeitslosen i. d. R. entwickelt. Erläutern Sie die Bedeutung des Hinweises, dass Arbeitslose unter dem Fehlen von „Zeitstruktur" und „sozialer Anerkennung" leiden (M 36, vgl. M 34).

M 37 Gesamtgesellschaftliche Belastungen durch Arbeitslosigkeit

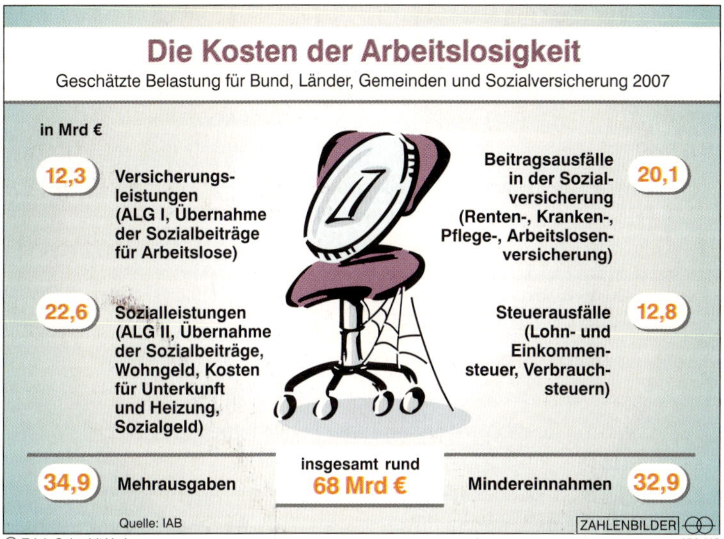

 153 119

Staatliche Ausgaben bzw. Mindereinnahmen je Arbeitslosen im Jahr 2007: 17 900 Euro

Arbeitslosigkeit belastet auch die Gesellschaft. Sie muss über Sozialbeiträge (zur Sozialversicherung*) und Steuern das Geld aufbringen, mit dem die Arbeitslosen von den Arbeits- und Sozialämtern unterstützt werden.

Die Gesellschaft muss damit umgehen, dass Arbeitskollegen, Nachbarn, Familienangehörige mit ihrer Arbeitsstelle einen Lebensschwerpunkt verlieren und von Existenzängsten geplagt werden. Die Unsicherheit über den Erhalt des eigenen Arbeitsplatzes nimmt zu. Die gesunkene Kaufkraft der Arbeitslosen belastet das lokale Wirtschaftsleben. Regionale Schwerpunkte hoher Arbeitslosigkeit lösen oftmals soziale Spannungen vor Ort aus. Tatsächliche oder vermutete Aktivitäten von Arbeitslosen, sich neben den Sozialleistungen* illegal weitere Einkünfte zu verschaffen oder auch ungerechtfertigt staatliche Leistungen zu „erschleichen", sorgen für Unmut bei der „zahlenden" Bevölkerungsgruppe. Die gesellschaftliche Solidarität bröckelt.

Zudem sinkt die gesellschaftliche Leistungskraft, weil das erworbene Wissen und die beruflichen Fähigkeiten der Arbeitslosen nicht im Wirtschaftsprozess genutzt werden können und schrittweise veralten.

(Bundesministerium für Wirtschaft und Arbeit [Hg.], Wirtschaftsbericht 2003, Berlin 2003, S. 9 f.)

1 Machen Sie deutlich, warum Massenarbeitslosigkeit auch unter gesamtgesellschaftlichen Gesichtspunkten eine erhebliche Belastung darstellt (M 37). Inwiefern gehören zu den finanziellen Kosten nicht nur „Mehrausgaben", sondern auch „Mindereinnahmen" (s. Grafik)?

2 Näheres zu den Beträgen, die Erwerbstätige als Beiträge zu den Zweigen der Sozialversicherung zahlen, finden Sie in M 17.

3 Informieren Sie sich anhand der Glossarbegriffe über den Unterschied zwischen „Arbeitslosengeld I*", das aus der Arbeitslosenversicherung gezahlt wird, und „Arbeitslosengeld II*" (zumeist als „Hartz IV" bezeichnet), das aus Steuermitteln aufgebracht wird (vgl. M 19 b).

4 Versuchen Sie, die im Text (Z. 6 ff.) angesprochenen weiteren nicht-finanziellen Belastungen etwas konkreter zu erläutern.

5 Was ist gemeint, wenn vom Verlust an „Leistungskraft" der Wirtschaftsgesellschaft die Rede ist (Z. 22 ff.)?

2. Wie Arbeitslosigkeit gemessen wird

M 38

Arbeitsmarkt: Arbeitsangebot und Arbeitsnachfrage 2008

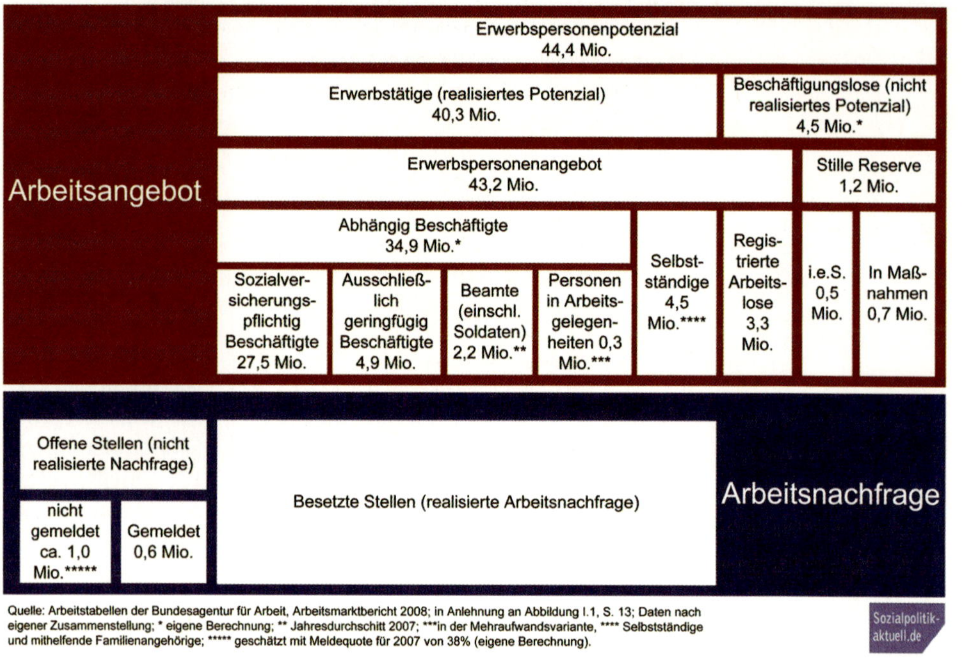

(http://www.sozialpolitik-aktuell.de/tl_files/sozialpolitik-aktuell/_Politikfelder/Arbeitsmarkt/Datensammlung/PDF-Dateien/abbIV1.pdf)

Die Analyse der Übersicht M 38 ist wichtig für das Verständnis vieler in den folgenden Materialien gebrauchter Begriffe und Zusammenhänge.

- Machen Sie sich klar, wie die Begriffe „Angebot" und „Nachfrage" auf dem „Arbeitsmarkt" (anders als auf dem Gütermarkt) verwendet werden. Wer fragt Arbeitskraft nach, wer bietet sie an?
- Klären Sie die Definition des Begriffs „Erwerbspersonen" im Unterschied zum Begriff „Erwerbstätige" sowie die Abgrenzung der verschiedenen Untergruppen der Erwerbstätigen.
- Den Begriff und die Bedeutung der „Stillen Reserve" brauchen Sie an dieser Stelle nicht zu klären; darauf gehen wir in M 41 näher ein.

M 39 a Wer ist „arbeitslos"? Eine Frage der Definition

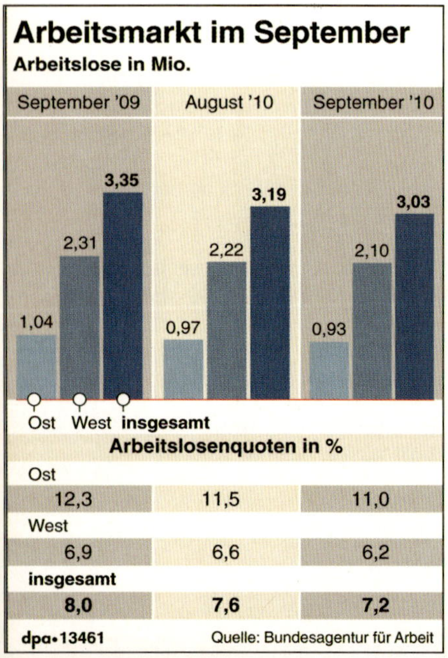

Im Vordergrund des öffentlichen Interesses stehen die Zahlen der von den Arbeitsagenturen gemeldeten Arbeitslosen. Die rechtlichen Grundlagen der Statistik finden sich im Sozialgesetzbuch (SGB). Zu den registrierten Arbeitslosen zählen demnach Personen, die alle folgenden Kriterien erfüllen:

- Sie sind bei einer Agentur für Arbeit arbeitslos gemeldet.
- Sie sind vorübergehend ohne Beschäftigungsverhältnis oder mit Beschäftigung von weniger als 15 Stunden pro Woche.
- Sie suchen eine versicherungspflichtige Beschäftigung mit mindestens 15 Stunden pro Woche.
- Sie stehen den Vermittlungsbemühungen der Arbeitsagentur zur Verfügung.

Ein Erwerbstätiger, der zwischen einer und 15 Stunden pro Woche arbeitet, kann damit statistisch auch zu den Arbeitslosen zählen, wenn er die anderen drei Kriterien ebenfalls erfüllt. Schätzungen zufolge waren 2007 rund 450 000 Arbeitslose zugleich erwerbstätig. Dies ist legal und darf nicht mit Schwarzarbeit verwechselt werden.

(Institut für Arbeitsmarkt- und Berufsforschung [Hg.], IAB-Forum Nr. 2/2008, S. 15)

Nach den derzeitigen Vorgaben des Sozialgesetzbuches gelten folgende Gruppen nicht als arbeitslos:

- Beschäftigte Personen, die mindestens 15 Stunden in der Woche arbeiten, aber wegen zu geringem Einkommen bedürftig nach dem SGB II sind und deshalb Arbeitslosengeld II erhalten, werden nicht als arbeitslos gezählt (*Hartz-IV-„Aufstocker“*).
- Erwerbsfähige hilfebedürftige Personen, die keine Arbeit aufnehmen können, weil sie kleine Kinder erziehen oder Angehörige pflegen, erhalten Arbeitslosengeld II; sie werden nicht als arbeitslos gezählt, weil sie für die Arbeitsaufnahme nicht verfügbar sein müssen.
- Mit dem dritten Gesetz für moderne Dienstleistungen am Arbeitsmarkt (*in Kraft seit 1. Januar 2004*) wurde [...] klargestellt, dass *Teilnehmer in Maßnahmen aktiver Arbeitsmarktpolitik** prinzipiell nicht als arbeitslos gelten. [...] Dies entsprach der schon vorher angewandten Praxis. Denn wer eine berufliche Weiterbildung macht oder einen Gründungszuschuss für den Schritt in die Selbstständigkeit erhalten hat, steht dem Arbeitsmarkt momentan nicht zur Verfügung.

(Bundesagentur für Arbeit [Hg.], Monatsbericht Dezember und Jahr 2007, S. 37)

M 39 b Was besagt die Arbeitslosenquote?

Arbeitslosenquoten zeigen die relative Unterauslastung des Arbeitskräfteangebots an, indem sie die (registrierten) Arbeitslosen zu den Erwerbspersonen (EP = Erwerbstätige + Arbeitslose) in Beziehung setzen. Der Kreis der Erwerbspersonen bzw. der Erwerbstätigen kann unterschiedlich abgegrenzt werden. Insofern werden *zwei unterschiedliche Arbeitslosenquoten* ermittelt:

1. Die *Arbeitslosenquote bezogen auf* **alle** *zivilen Erwerbspersonen*, [...] d. h. bezogen auf die Summe aus den abhängigen zivilen Erwerbstätigen (*alle sozialversicherungspflichtig Beschäftigten einschl. Auszubildender, geringfügig Beschäftigten, Personen in Arbeitsgelegenheiten [Ein-Euro-Jobs] und alle Beamten ohne die Soldaten*) sowie den Selbstständigen und mithelfenden Familienangehörigen. Die Quote errechnet sich entsprechend als

$$\frac{\text{Arbeitslose}}{\text{alle zivilen Erwerbstätigen + Arbeitslosen}} \times 100$$

2. Die *Arbeitslosenquote, bezogen auf die* **abhängigen** *zivilen Erwerbspersonen: Der Nenner enthält nur die abhängigen zivilen Erwerbstätigen (siehe oben – ausgeschlossen sind also die Selbstständigen und mithelfenden Familienangehörigen). [...]*

$$\frac{\text{Arbeitslose}}{\text{alle abhängigen zivilen Erwerbstätigen + Arbeitslosen}} \times 100$$

Diese Art der Quotenberechnung hat in Deutschland die längere Tradition. Aus datentechnischen Gründen beziehen sich bisher die Arbeitslosenquoten einzelner Personengruppen regelmäßig nur auf die abhängigen zivilen Erwerbspersonen (vgl. aber Arbeitshinweis 4).

(Bundesagentur für Arbeit – Bereich Statistik; Berechnung von Arbeitslosenquoten und Bezugsgrößen [Stand 21.1.2008]; in: www.pub.arbeitsamt.de – Zugriff v. 26.3.2008)

In Deutschland wird das gesamte „Sozialrecht“ im sog. „Sozialgesetzbuch“ (SGB) zusammengefasst, das aus insgesamt 12 einzelnen „Büchern“ besteht. Das zweite Buch (SGB II) enthält die Regelungen zur „Grundsicherung für Arbeitslose“ (Arbeitslosengeld II*/Hartz IV), das dritte Buch (SGB III) u. a. die Regelungen zu den Leistungen der Arbeitslosenversicherung („Arbeitslosengeld I*“).

1. Stellen Sie fest, welche Merkmale erfüllt sein müssen, damit jemand in der Statistik als „registrierter Arbeitsloser“ geführt wird. (M 39 a, Z. 1–14)
2. Welche beiden Personengruppen werden nicht zu den „registrierten Arbeitslosen“ gezählt, obwohl sie „Arbeitslosengeld II“ beziehen (Z. 15 ff.)?
3. Welches Kriterium gilt als nicht erfüllt, wenn sich Arbeitslose in bestimmten, von der Bundesagentur für Arbeit durchgeführten Maßnahmen der Arbeitsmarktpolitik* befinden (Z. 23 ff.)?
4. Erklären Sie, wie die „Arbeitslosenquote“ berechnet wird und worin der Unterschied zwischen den beiden Varianten dieser Quote besteht (M 39 b; in öffentlichen Verlautbarungen wird seit einiger Zeit i. d. R. die auf *alle* Erwerbspersonen bezogene Quote verwendet; vgl. die Grafik S. 50 unten).
5. Rechnen Sie nach, ob die Quoten von 10,03 (1. Quote) und 11,09 (2. Quote) richtig angegeben sind, wenn es 4 093 216 registrierte Arbeitslose gibt, die Zahl der *abhängig Beschäftigten* (Arbeitnehmer) 32 799 674 und die *aller Erwerbstätigen* 36 704 964 beträgt.

Genauere Informationen zu allen Bereichen der Arbeitsmarktstatistik (u. a. Berechnung der Arbeitslosenquote, Glossar zum Arbeitsmarkt) finden Sie auf der Internetseite http://www.pub.arbeitsagentur.de/hst/services/statistik/interim/grundlagen/glossare/index.shtml

VERTIEFUNG **M 40**

„Erwerbslose" und „Arbeitslose"

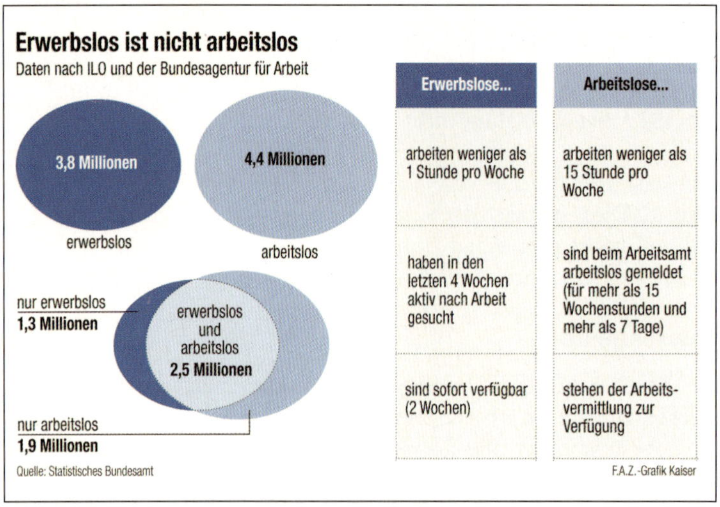

(Grafik: Eckhard Kaiser; Quelle: Frankfurter Allgemeine Zeitung v. 23.2.2005, S. 12)

Seit Beginn des Jahres 2005 erhebt das Statistische Bundesamt nach den Kriterien der *International Labour Organisation* (ILO) in Genf monatlich die *Erwerbslosenzahl* in Deutschland. Diese, so Experten, würde einen monatlichen *Vergleich der Arbeitsmarktlage in verschiedenen Staaten* ermöglichen und obendrein weniger anfällig für statistische Manipulationen sein als die von der Bundesagentur für Arbeit (BA) veröffentlichte Arbeitslosenzahl.
Der Unterschied zwischen beiden Zahlen liegt zum einen in der *Erhebungsmethode*. Während die BA mitteilt, wie viele Menschen bei den Arbeitsagenturen als Arbeitslose *registriert* sind, beruht die ILO-Statistik auf einer *Telefonbefragung* von 30000 repräsentativ ausgewählten Teilnehmern, die dann auf die Gesamtheit der Bevölkerung hochgerechnet werden muss.
Zum anderen ist auch die *Definition* der Erwerbslosigkeit eine andere als die der Arbeitslosigkeit. Als *erwerbslos* gilt jeder im Alter zwischen 15 und 74 Jahren, der *weniger als eine Stunde* in der Woche arbeitet, in den vorangegangenen vier Wochen aktiv eine Beschäftigung gesucht hat und in den nächsten zwei Wochen zur Verfügung steht. Für die Bundesarbeitsagentur hingegen ist die Person arbeitslos, die weniger als 15 Stunden pro Woche arbeitet und der Arbeitsvermittlung generell verfügbar ist (s. M 39 a).
Die unterschiedlichen Definitionen von Erwerbs- bzw. Arbeitslosigkeit haben zwangsläufig zur Folge, dass auch die Zahlen unterschiedlich hoch ausfallen. Die ILO-Berechnung ist einerseits umfassender, da Rentner, die sich etwas zur Rente hinzuverdienen wollen, oder Frauen, die nach der Familienpause an einen Wiedereinstieg in den Beruf denken, genauso berücksichtigt werden wie Schüler, die nach einem Nebenjob suchen. Dieser Effekt wird allerdings dadurch überlagert, dass alle Menschen, die nur wenige Stunden in der Woche arbeiten, zwar für die Bundesagentur als arbeitslos gelten, der ILO-Statistik zufolge allerdings als Erwerbstätige gehandelt werden müssen (vgl. die Darstellung in der Grafik für 2005).

(Bundesverband deutscher Banken, Schul/Bank Nr. 6/2005, S. 1)

In der Folge der Finanz- und Wirtschaftskrise führten im Verlauf des Jahres 2009 zahlreiche Unternehmen **Kurzarbeit** (s. M 59) ein, um die Entlassung ihrer Beschäftigten zu vermeiden. Mitte des Jahres gab es rd. 1,5 Mio. Kurzarbeiter, Ende 2009 waren es noch rd. 800000, womit umgerechnet – bei Kurzarbeit fallen rd. 30% der Arbeitszeit aus – registrierte Arbeitslosigkeit im Umfang von rd. 240000 Arbeitslosen vermieden wurde (s. dazu M 59, S. 81 f.).

Erläutern Sie, warum das Statistische Bundesamt im Auftrag der Bundesregierung ein zusätzliches Verfahren zur Berechnung der Arbeitslosigkeit eingeführt hat (M 40, vgl. Tabelle M 43). Wodurch unterscheidet es sich von dem der Bundesagentur für Arbeit? Wie ist es zu erklären, dass danach die Zahl der „Erwerbslosen" (so der Begriff für die nach diesem Verfahren erfassten Personen) deutlich geringer ist als die der „registrierten Arbeitslosen"?

M 39 a und b haben gezeigt, dass es von der Definition abhängt, ob jemand „arbeitslos" ist oder nicht, und dass die durch die Bundesagentur für Arbeit erfasste Zahl der Arbeitslosen nur die registrierten Arbeitslosen beziffert. Neben dieser „offenen" Arbeitslosigkeit gibt es aber verschiedene ***Formen versteckter Arbeitslosigkeit****, z. B. von Menschen, die sich nicht registrieren lassen, weil sie keinen Anspruch auf Arbeitslosengeld haben (dafür müssen bestimmte Voraussetzungen erfüllt sein). Oder: Wenn infolge eines Nachfragerückgangs Unternehmen* ***„Kurzarbeit*"*** *einführen, dann steigt zwar nicht die Zahl der registrierten Arbeitslosen, aber es entsteht in einem bestimmten Ausmaß Arbeitslosigkeit (als Unterbeschäftigung). Die verschiedenen Formen versteckter Arbeitslosigkeit werden von der Bundesagentur mit dem Begriff* ***„Stille Reserve"*** *zusammengefasst, der „Sachverständigenrat zur Begutachtung der gesamtwirtschaftlichen Entwicklung" erfasst sie in einer etwas anderen Abgrenzung – als* ***„verdeckte Arbeitslosigkeit"****. M 41 soll darüber informieren, wie das „wahre" Ausmaß der Arbeitslosigkeit berechnet wird und wie hoch es sich darstellt.*

M 41 Das „wahre Ausmaß" der Arbeitslosigkeit – „Stille Reserve" und „verdeckte Arbeitslosigkeit"

Grafik 1

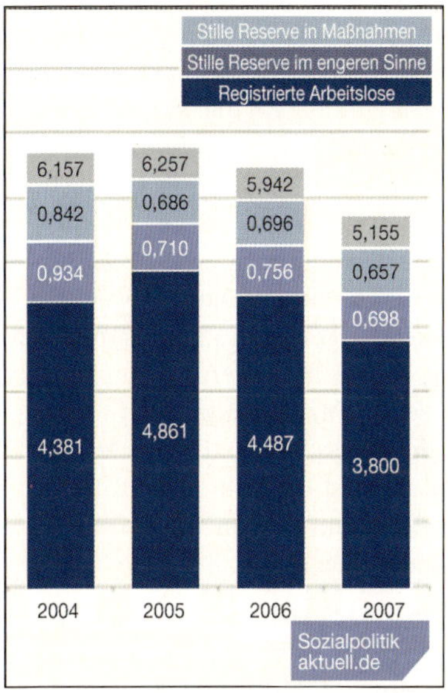

(www.sozialpolitik.aktuell.de/datensammlung/4/ab/abbIV34.pdf)

Die Begriffe „Stille Reserve" und „verdeckte Arbeitslosigkeit" werden in vielen Veröffentlichungen unterschiedlich verwendet und meistens nicht klar genug abgegrenzt. Das *Institut für Arbeitsmarkt- und Berufsforschung der Bundesagentur für Arbeit* (IAB) verwendet den Begriff **„Stille Reserve"** im Allgemeinen als Oberbegriff für die *Gesamtheit der nicht registrierten Arbeitslosen* und unterscheidet dabei (vgl. Grafik 1) zwischen

- einem Teil, der sich in bestimmten *arbeitsmarktpolitischen Maßnahmen* der Bundesagentur befindet und sich daher statistisch erfassen lässt, und
- der *„Stillen Reserve im engeren Sinn"* als dem Teil der nicht registrierten Arbeitslosigkeit, der sich statistisch nicht erfassen lässt, also nur geschätzt werden kann (Personen, die grundsätzlich an einer Beschäftigung interessiert sind, sich aber erst gar nicht bei der Arbeitsagentur melden, weil sie z. B. nach langer erfolgloser Arbeitsplatzsuche entmutigt sind („discouraged workers") oder ihre Beschäftigungschancen für zu gering erachten (darunter z. B. auch viele Verheiratete oder Freiberufler, die keine abhängige Beschäftigung suchen)). *Jugendliche*, die keine Lehrstelle gefunden haben und deshalb an einer berufsvorbereitenden Maßnahme teilnehmen oder eine weiterführende Schule besuchen, sind weder beschäftigt noch arbeitslos. *Studenten* können ihren Abschluss hinauszögern oder nach dem Examen ein Praktikum machen, um ihre persönlichen Chancen zu verbessern. Bei einer besseren Arbeitsmarktlage hätten diese jungen Menschen eine Lehrstelle oder bereits ihren ersten Job nach der Ausbildung angenommen.
- Die quantitative Erfassung der Stillen Reserve im engeren Sinne erfolgt durch das IAB nicht (wie z. B. in den USA und Österreich) durch direkte Befragungen (Stichprobenmethode), sondern gewissermaßen auf einem Umweg – durch die *Schätzung des sogenannten „konjunkturellen Erwerbspersonenpotenzials"*, d. h. der Gesamtheit aller Erwerbswilligen, die in Zeiten günstiger konjunktureller Gegebenheiten dem Arbeitsmarkt als Erwerbspersonen zur Verfügung stehen würden. Es orientiert sich dabei (in einem im Einzelnen recht komplizierten Verfahren) an der *Erwerbsbeteiligung früherer Hochkonjunkturperioden*. Für das Jahr 2007 ergibt sich eine gesamte Stille Reserve von 1,355 Mio., die sich aus der „Stillen Reserve in Maßnahmen" (nach der Abgren-

Zu den **verdeckt Arbeitslosen** zählt der Sachverständigenrat all jene, die entweder *subventioniert beschäftigt* sind (Kurzarbeiter* mit ihrem Arbeitsausfall, Teilnehmer an Arbeitsbeschaffungs- und Strukturanpassungsmaßnahmen) oder als *Maßnahmeteilnehmer nicht erwerbstätig* sind (Teilnehmer an beruflicher Weiterbildung und an Deutsch-Sprachlehrgängen, [...] Empfänger von Altersübergangs- und Vorruhestandsgeld sowie Bezieher von Altersrente wegen Arbeitslosigkeit).
(www.sachverstaendigenrat-wirtschaft.de/download/gutachten/ga05_ges.pdf, Anhang IV B, S. 523)

Näheres zu der in Grafik 2 dargestellten Entwicklung: http://doku.iab.de/kurzber/2010/kb1810.pdf
Für 2010 geht das IAB von 3,24 Mio. reg. Arbeitslosen aus, für 2011 prognostiziert es 2,96 Mio.

Grafik 2: Registrierte Arbeitslosigkeit und Stille Reserve 1991 bis 2011

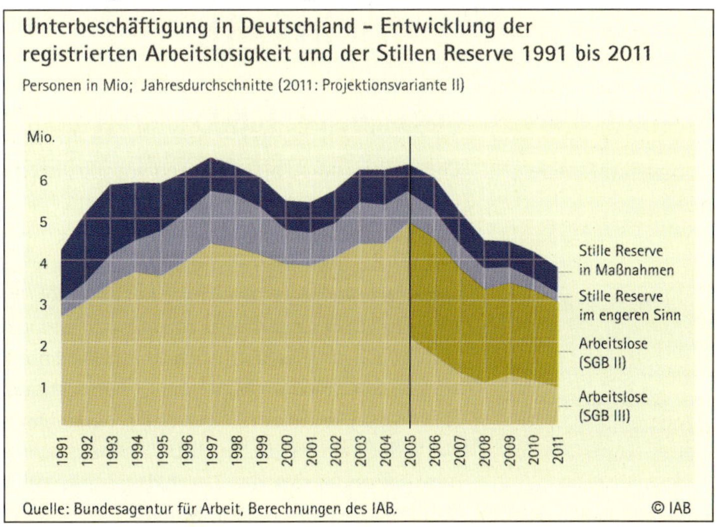

Grafik 3

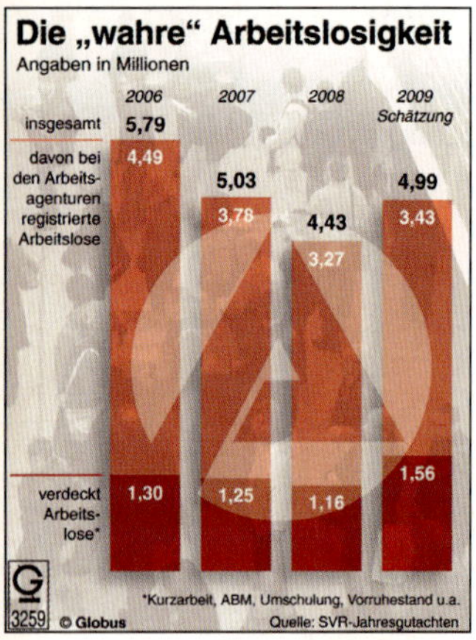

zung des IAB: 0,657 Mio.) und der „Stillen Reserve im engeren Sinn“ (0,698 Mio.) zusammensetzt (s. Grafik 1).

- Die „Stille Reserve in Maßnahmen“ überschneidet sich stark mit der vom *Sachverständigenrat* berechneten **„verdeckten Arbeitslosigkeit“**; dieses Konzept bezieht einige weitere Gruppen ein, wie z. B. Kurzarbeiter (s. Kasten S. 53 u.), enthält aber eben nicht die „Stille Reserve im engeren Sinn“. Für 2009 beziffert der Sachverständigenrat die „verdeckte Arbeitslosigkeit“ auf 1,56 Mio. Die „wahre“ Arbeitslosigkeit umfasste also nach dem Konzept des Sachverständigenrats (2009) 4,99 Mio. (3,43 registrierte + 1,56 verdeckte) Arbeitslose (s. Grafik 3). Näheres dazu: s. Quellenangabe im Kasten S. 53 u.
- Seit dem Jahr 2005 werden die **Arbeitslosen in zwei Rechtskreisen** des Sozialgesetzbuches registriert (s. Hinweis nach M 39 b und Grafik 2). Die Personen im Rechtskreis **SGB III** („Versicherungsbereich“) sind meist erst seit kurzer Zeit arbeitslos und beziehen großenteils *Arbeitslosengeld**. Jene im Rechtskreis **SGB II** („Grundsicherungsbereich“) sind meist länger arbeitslos und beziehen *Arbeitslosengeld II**. Personen, die länger als ein Jahr arbeitslos waren, werden allgemein als *Langzeitarbeitslose* bezeichnet (s. M 44 b). Ihre Anteile an allen Arbeitslosen lagen im Jahresdurchschnitt 2007 bei 25 Prozent im Rechtskreis SGB III und bei 49 Prozent im Rechtskreis SGB II. Hier ist allerdings zu beachten, dass die Arbeitslosigkeit nicht selten nur kurze Zeit unterbrochen wird und dass die statistische Dauer die individuelle faktische Betroffenheit nicht immer vollständig abbildet.

(Autorentext)

1. Anhand von M 41 und der darin enthaltenen Grafik 1 können Sie etwas genauer nachvollziehen, auf welche Weise das IAB zu seinen Annahmen über den Umfang der *Stillen Reserve* kommt. Welcher Anteil ist zahlenmäßig erfassbar, welcher kann nur geschätzt werden? Welche Aspekte und welche Annahmen gehen in diese Schätzung ein? Worin liegen aus Ihrer Sicht Probleme dieses Verfahrens (auch das IAB spricht von „manchen Unzulänglichkeiten“)?

2. Worin unterscheidet sich das Konzept der „verdeckten Arbeitslosigkeit“ des Sachverständigenrats von dem der „Stillen Reserve“ des IAB?

3. Seit dem Inkrafttreten des „Hartz-IV-Gesetzes“ (2005) trifft die Bundesagentur für Arbeit auch eine Unterscheidung der Arbeitslosen nach zwei Rechtskreisen. Erklären Sie, nach welchen Gesichtspunkten diese beiden Gruppen unterschieden werden, und beschreiben Sie anhand der Grafik 2, wie sie sich zahlenmäßig in den letzten Jahren entwickelt haben (nähere Informationen zu „Arbeitslosengeld I*“ und „Arbeitslosengeld II*“ s. Glossar).

3. Entwicklung und Struktur der Arbeitslosigkeit

M 42 Die langfristige Entwicklung der Arbeitslosigkeit

Der Aufbau der Arbeitslosigkeit vollzog sich in drei Schritten, zunächst bedingt durch die beiden Ölpreisschocks* in den Jahren 1973 und 1981 und zuletzt durch die 1992/93 einsetzende Rezession*. Zwischen diesen Zeitpunkten ging die Arbeitslosigkeit nur schleppend zurück. (Die „Ausreißer“ für 1991 sind mit der Wiedervereinigung zu erklären und damit nur bedingt mit den restlichen Werten vergleichbar.)

Die Entwicklung der Arbeitslosigkeit in Deutschland ist durch eine beträchtliche Persistenz (*Dauerhaftigkeit*) gekennzeichnet, obwohl die Beschäftigung in den Achtzigerjahren spürbar gestiegen war. Zwar erreichte die Erwerbstätigenquote kurz vor der Wiedervereinigung wieder das Niveau zu Beginn der 1970er-Jahre, als in Deutschland Vollbeschäftigung herrschte. Gleichzeitig war jedoch im Zeitraum 1970–1990 ein starker Anstieg des Arbeitskräfteangebots zu verzeichnen, sodass – trotz des Beschäftigungsanstiegs – die Arbeitslosenquote vom Höchststand der 1980er-Jahre (9,3 Prozent) nur auf 7,2 Prozent (1990) zurückging (s. M 43).

Abb. 1: Arbeitslosigkeit in Deutschland

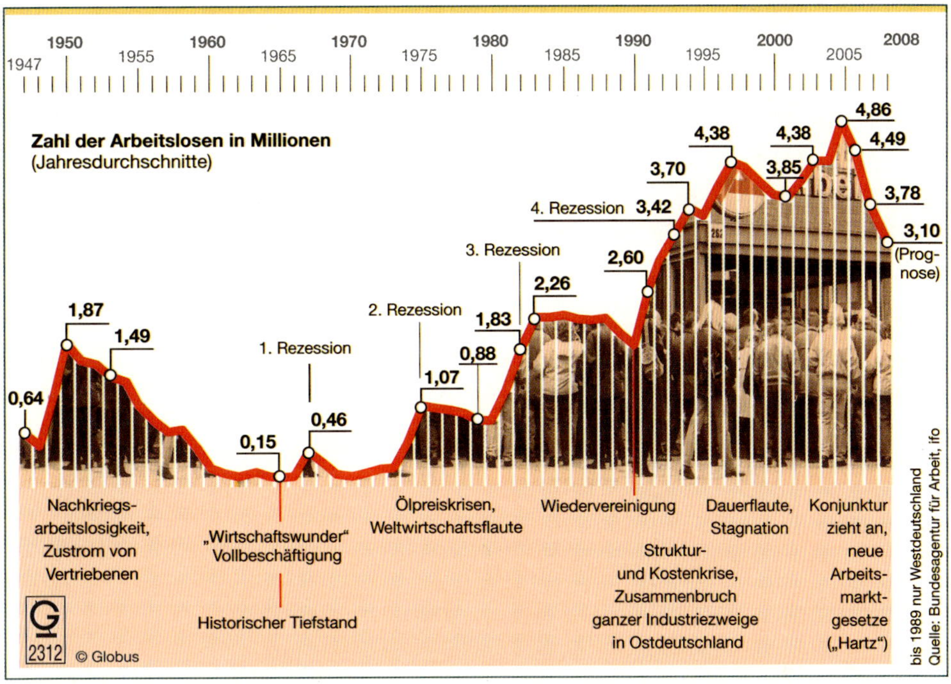

Zu den endgültigen Zahlen für 2008 und 2009 s. Abb. 2 und M 43; für 2010 s. M 60

(Susanne Koch/Ulrich Walwei/Frank Wießner/Cerd Zika, Wege aus der Arbeitsmarktkrise, in: IAB-Werkstattbericht Nr. 11/2002 v. 22.8.2002, S. 8 f., ergänzt)

Stand September 2010: Im Laufe der 1990er-Jahre ging durch die Wiedervereinigung und den damit verbundenen Systemwechsel rund ein Drittel aller Arbeitsplätze in Ostdeutschland verloren. Gleichzeitig setzte in Westdeutschland eine Rezession* ein. Beides zusammen bewirkte, dass die gesamtdeutsche Arbeitslosenquote rapide stieg und zugleich die Erwerbstätigenquote sank. Zwischen 1998 und 2001 sorgte ein kurzer Wirtschaftsaufschwung zwar für eine Verbesserung des Arbeitsmarktes. Sie beschränkte sich jedoch im Wesentlichen auf Westdeutschland. Nachdem es, auch aufgrund statistischer Umstellungen durch die „Hartz-IV-Reform", im Jahre 2005 zu einem Höchststand der Arbeitslosigkeit gekommen war (s. M 43), reduzierte sich in der Folge des wirtschaftlichen Aufschwungs von 2006 bis Ende 2008 die Arbeitslosigkeit spürbar, bis sie in der Folge der Finanz- und Wirtschaftskrise 2009 wieder anstieg (s. Abb. 2 und M 43). Zur Entwicklung im Jahr 2010 siehe M 41 (Grafik 2) und M 60 (Abb. 3).

Abb. 2

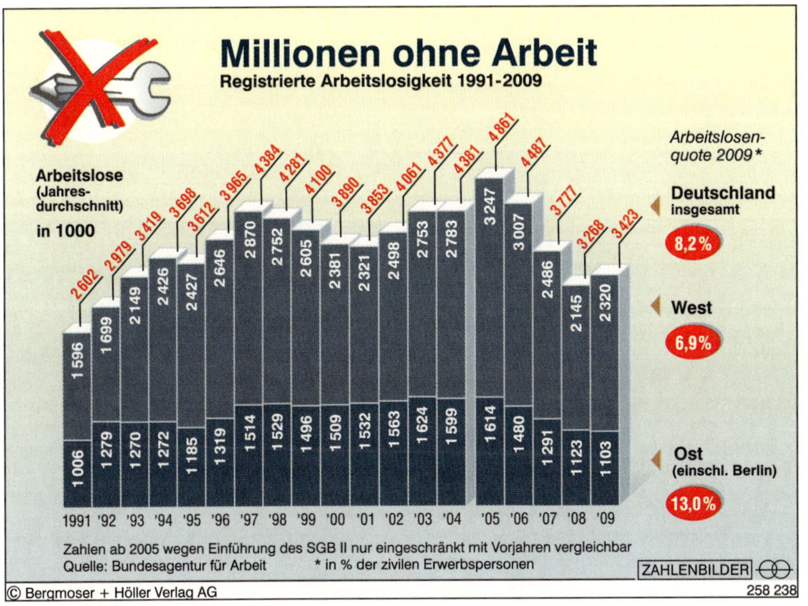

Als Ursachen für die höhere Arbeitslosigkeit (Arbeitslosenquote) in den neuen Bundesländern (Abb. 2) werden im Allgemeinen genannt: „Systemwechsel (Planwirtschaft*) von der staatlich gelenkten *Zentralverwaltungswirtschaft* (Planwirtschaft*) zur wettbewerbsorientierten *Marktwirtschaft* und beschleunigter *Strukturwandel* von der Industrie- zur Dienstleistungsgesellschaft, Aufgabe der veralteten (bei geringer *Produktivität** beschäftigungsintensiven) Industrieanlagen, zu geringe Neuansiedlung hochtechnisierter (stark rationalisierter) Unternehmen, hohe Erwerbsbeteiligung von Frauen, relative Erfolglosigkeit arbeitsmarktpolitischer* Maßnahmen.

(Autorentext)

M 43 Erwerbstätigkeit und Arbeitslosigkeit 1970 – 2009 (Anmerkungen s. S. 57 o.)

Jahr[1]	Erwerbs personen[2]	Erwerbsquoten der Wohnbevölkerung		Erwerbstätige[5] im Inland			Nachrichtlich		
		insgesamt[3]	15- bis unter 65-Jährigen[4]	insgesamt	darunter: Arbeitnehmer	Erwerbslose[6]	Registrierte Arbeitslose[7]	Arbeitslosenquote[8]	Gemeldete Stellen[7]
	Tausend	vH		Tausend Personen				vH	Tausend
				Früheres Bundesgebiet					
1972	27134	44,0	66,8	26957	22911	177	246	0,9 (1,1)	–
1974	27334	44,0	66,6	26988	23178	346	582	2,1 (2,6)	–
1975	26920	43,5	66,6	26307	22642	613	1074	4,0 (4,7)	–
1976	26847	43,6	66,2	26213	22720	634	1060	3,9 (4,6)	235
1978	27085	44,2	66,4	26519	23216	566	993	3,6 (4,3)	246
1979	27503	44,8	66,8	27019	23791	484	876	3,2 (3,8)	304
1980	27935	45,4	67,1	27542	24239	483	889	3,2 (3,8)	308
1981	28280	45,8	66,9	27482	24928	798	1272	4,5 (5,5)	208
1982	28576	46,4	66,9	27274	24127	1302	1833	6,4 (7,5)	105
1983	28881	47,0	66,2	27031	23914	1850	2258	7,9 (9,1)	76
1984	29180	47,7	66,5	27250	24137	1930	2266	7,9 (9,1)	88
1985	29608	48,5	61,2	27632	24514	1976	2304	8,0 (9,3)	110
1986	29964	49,1	67,7	28157	25015	1807	2228	7,6 (9,0)	154
1987	30289	49,6	68,3	28530	25416	1759	2229	7,6 (8,9)	171
1988	30680	49,9	68,8	28920	25811	1760	2242	7,6 (8,7)	189
1989	31045	50,0	69,0	29450	26316	1595	2038	6,8 (7,9)	251
1990	31699	50,1	70,8	30276	27116	1423	1983	6,2 (7,2)	314
1991	32136	50,2	70,5	30870	27667	1266	1596	– (6,2)	331
				Deutschland					
1992	40600	50,4	72,4	38059	34482	2534	2979	7,7 (8,5)	356
1993	40598	50,0	71,9	37555	33930	3057	3419	8,9 (9,8)	279
1994	40811	50,1	72,1	37516	33791	3323	3698	9,6 (10,6)	285
1995	40774	49,9	71,9	37601	33852	3228	3612	9,4 (10,4)	321
1996	40939	50,0	71,4	37498	33756	3505	3965	10,4 (11,5)	327
1997	41198	50,2	71,7	37463	33647	3808	4384	11,4 (12,7)	337
1998	41566	50,7	71,7	37911	34046	3732	4281	11,1 (12,3)	422
1999	41742	50,9	72,2	38424	34567	3403	4100	10,5 (11,7)	456
2000	42175	51,3	72,1	39144	35229	3137	3890	9,6 (10,7)	515
2001	42402	51,5	72,6	39316	35333	3193	3853	9,4 (103)	507
2002	42517	51,5	72,8	39096	35093	3523	4061	9,8 (10,8)	452
2003	42551	51,6	73,3	38726	34653	3918	4377	10,5 (11,6)	355
2004	42956	52,1	73,3	38880	34658	4160	4381	10,5 (11,7)	286
2005	43314	52,5	73,7	38851	34480	4573	4861	11,7 (13,0)	413
2006	43246	52,5	74,8	39075	34684	4250	4487	10,8 (12,0)	564
2007	43258	52,6	75,5	39724	35288	3602	3776	9,0 (10,1)	621
2008	43361	52,8	75,8	40279	35845	3141	3268	7,8 (8,7)	569
2009	43466	53,1		40265	35853	3295	3423	8,2 (9,1)	483

[1] Ab 2006 vorläufige Ergebnisse. – [2] Erwerbstätige (Inländerkonzept) und Erwerbslose nach dem ESVG 1995. – [3] Anteil der Erwerbspersonen (Erwerbstätige und Erwerbslose) an der Wohnbevölkerung insgesamt. – [4] Anteil der Erwerbspersonen im Alter von 15 bis unter 65 Jahren an der Wohnbevölkerung in diesem Alter. – [5] Arbeitnehmer, Selbstständige und mithelfende Familienangehörige (Inlandskozept). – [6] Abgrenzung gemäß Definition der internationalen Arbeitsorganisation (ILO). – [7] Quelle: BA – [8] Anteil der registrierten Arbeitslosen an *allen* zivilen Erwerbspersonen, in Klammern: Anteil der reg. Arbeitslosen an den *abhängigen* zivilen Erwerbspersonen (sozialversicherungspflichtig und geringfügig Beschäftigte, Beamte, Arbeitslose).

(Eigene Zusammenstellung nach Angaben des Statistischen Bundesamtes, des Sachverständigenrates zur Begutachtung der gesamtwirtschaftlichen Entwicklung und der Bundesagentur für Arbeit, BA)

1 Beschreiben Sie anhand von M 42, wie sich die Arbeitslosigkeit langfristig entwickelt hat. Inwiefern ist im Text von „drei Schritten" die Rede? Vergleichen Sie dazu die Darstellung in der Abb. 1 (zu den genannten Rezessionen* in der Konjunkturentwicklung vgl. M 27 und M 28 b) und erkunden Sie die – durch die Finanz- und Wirtschaftskrise und die dadurch bewirkte Rezession – aktuelle Entwicklung.

2 Wenn nach einem durch die schlechte Wirtschaftslage bedingten deutlichen Anstieg im sich anschließenden wirtschaftlichen Aufschwung die Arbeitslosigkeit sich nur wenig wieder zurückbildet, erhöht sich jedes Mal der „Sockel" der Arbeitslosigkeit. Wo sind zwischen 1970 und 2005 solche Entwicklungen erkennbar (s. Abb. 1, S. 55)? Zu zugrunde liegenden gesamtwirtschaftlichen und politischen Entwicklungen vgl. auch die Stichworte in der Grafik.

3 Versuchen Sie, die angesprochenen Gründe für die Entwicklung in Ostdeutschland etwas näher zu erläutern (Z. 23 ff.).

4 Die Tabelle M 43 ist in vielerlei Hinsicht aufschlussreich. Klären Sie zunächst die in der Kopfzeile enthaltenen Begriffe und Kategorien (zum Unterschied zwischen „Erwerbslosen" und „registrierten Arbeitslosen" s. M 40) und achten Sie bei der Auswertung auch auf folgende Aspekte:
- Die Einwohnerzahl der Bundesrepublik verringerte sich von 1974 bis 1985 aufgrund der demographischen Entwicklung um 1 Million. Wie ist es zu erklären, dass in diesem Zeitraum die Zahl der Erwerbspersonen (also des Arbeitskräfteangebots) um etwa 2,3 Mio. zunahm (vgl. dazu M 42, Z. 6 ff.)?
- Im Zeitraum zwischen 1983 und 1989 wurden rd. 2,4 Mio. neue Arbeitsplätze geschaffen. Wie ist es zu erklären, dass im gleichen Zeitraum die Zahl der Arbeitslosen nahezu gleich blieb? Vergleichen Sie dazu die Entwicklung der Erwerbsbeteiligung (Erwerbsquote) und bedenken Sie die Bedeutung der Stillen Reserve.
- Analysieren Sie die Entwicklung in den Jahren 2005 bis 2008.

M 44 Daten zur Struktur der Arbeitslosigkeit

M 44 a „Ständige Bewegung" auf dem Arbeitsmarkt

Bestand, Zu- und Abgang an Arbeitslosen 1998 – 2009

Jahr	Bestand im Jahresdurchschnitt	Zugang	Abgang
Deutschland			
1998	4280630	7157018	7481062
1999	4100499	7068175	7218277
2000	3889695	6811140	7049345
2001	3852564	6898311	6743841
2002	4061345	7254703	6992248
2003	4376795	7629040	7540308
2004	4381281	8235080	6894977
2006	4487233	8131047	8676043
2009	3423283	9252794	9024950

(http://www.sozialpolitik-aktuell.de/tl_files/sozialpolitik-aktuell/_Politikfelder/Arbeitsmarkt/Datensammlung/PDF-Dateien/tabIV12.pdf)

Arbeitslosigkeit ist kein statisches Phänomen. Auf dem Arbeitsmarkt allgemein und innerhalb der Gruppe der Arbeitslosen im Besonderen finden ständig Bewegungen statt. So verbergen sich hinter den Zahlen zum jahresdurchschnittlichen Bestand an Erwerbstätigen und Arbeitslosen immer wesentlich größere Umschichtungen bei Beschäftigten wie Arbeitslosen. Die jährliche Zahl der Arbeitslosmeldungen sowie der Abmeldungen aus der Arbeitslosigkeit bei der Bundesagentur für Arbeit betragen das Doppelte des jahresdurchschnittlichen Bestandes an Arbeitslosigkeit.
Daher sind alle Gesamtzahlen der Arbeitsmarktstatistiken immer nur als Durchschnittswerte und Momentaufnahmen zu verstehen. Sie verdecken die erheblichen Dynamiken und Unterschiede in der Arbeitslosenpopulation. Viele Arbeitslose sind nur kurze Zeit ohne Beschäftigung, einige werden

in der Statistik kurzzeitig nicht erfasst, weil sie an einer Maßnahme der aktiven Arbeitsmarktpolitik teilnehmen, andere wiederum sind jahrelang arbeitslos und gehen auf längere Sicht überhaupt kein Beschäftigungsverhältnis mehr ein. Zu berücksichtigen ist ferner, dass sich der Gesamtbestand an Arbeitslosen nicht ausschließlich zusammensetzt aus Personen mit gekündigten Beschäftigungsverhältnissen. Die Zugänge in Arbeitslosigkeit können ebenso aus Formen der Nichterwerbstätigkeit erfolgen wie aus Phasen der Kindererziehung. Ebenso wie die Zugänge sind auch die Abgänge aus Arbeitslosigkeit nicht allesamt arbeitsmarktbezogen. Arbeitslosigkeit wird für einen Teil der Betroffenen auch durch andere Wege und Möglichkeiten (zeitweise) beendet – wie in Phasen der Kindererziehung, den (vorzeitigen) Rentenbezug oder den Beginn einer Aus- und Weiterqualifizierung. (Autorentext)

M 44 b Langzeitarbeitslose in Deutschland

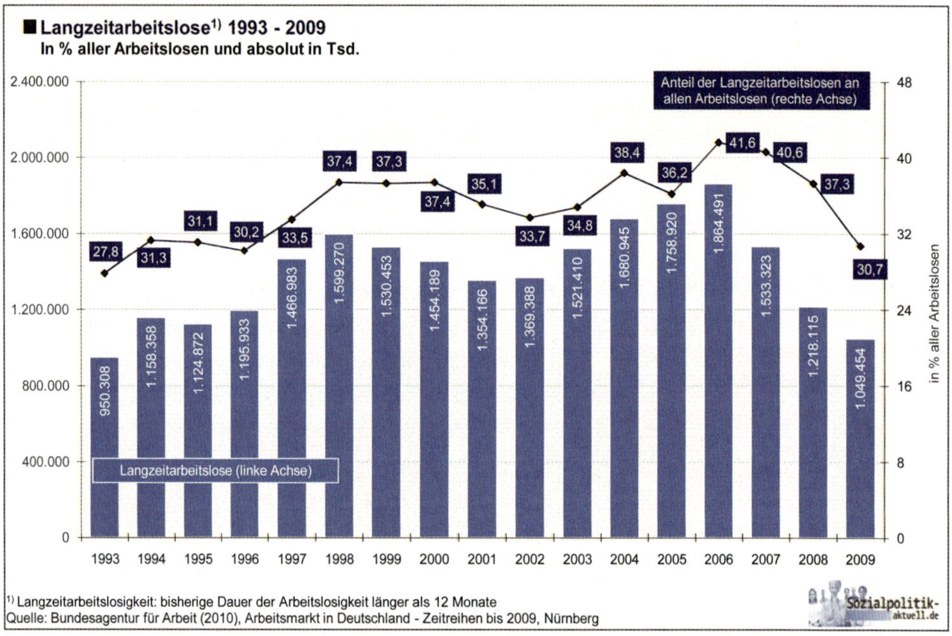

(http://www.sozialpolitik-aktuell.de/tl_files/sozialpolitik-aktuell/Politikfelder/Arbeitsmarkt/Datensammlung/PDF-Dateien/abbIV43.pdf)

Der Anteil der über 12 Monate lang Arbeitslosen („Langzeitarbeitslosen") liegt trotz Rückgangs in den Jahren 2007/2008 noch immer deutlich über dem Durchschnitt der EU-Länder; nur in der Slowakei und Polen lag 2007 die Langzeitarbeitslosenquote höher als in Deutschland.

M 44 c Arbeitslose nach Merkmalsgruppen

Arbeitslose	Arbeitslosenquoten 2009 bezogen auf	
Bestand 2009: 3,423 Mio.	– alle zivilen Erwerbspersonen insgesamt	8,2
dar.: 54,6 % Männer	– abhängige zivile Erwerbspersonen insgesamt	9,1
45,4 % Frauen	Männer	8,4
11,0 % 15 bis unter 25 Jahren	Frauen	7,9
26,7 % 50 Jahre bis unter 65 Jahren	Jüngere unter 25 Jahren	7,8
15,3 % Ausländer	Ausländer	16,6
84,5 % Deutsche	Deutsche	7,5

(Quelle: Bundesagentur für Arbeit; http://www.pub.arbeitsagentur.de/hst/services/statistik/000100/html/monat/200912.pdf, S. 105)

Diese Veröffentlichung bietet eine umfassende Analyse der Entwicklung auf dem Arbeitsmarkt für das Jahr 2009.

M 44 d „Bildung schützt vor Arbeitslosigkeit"

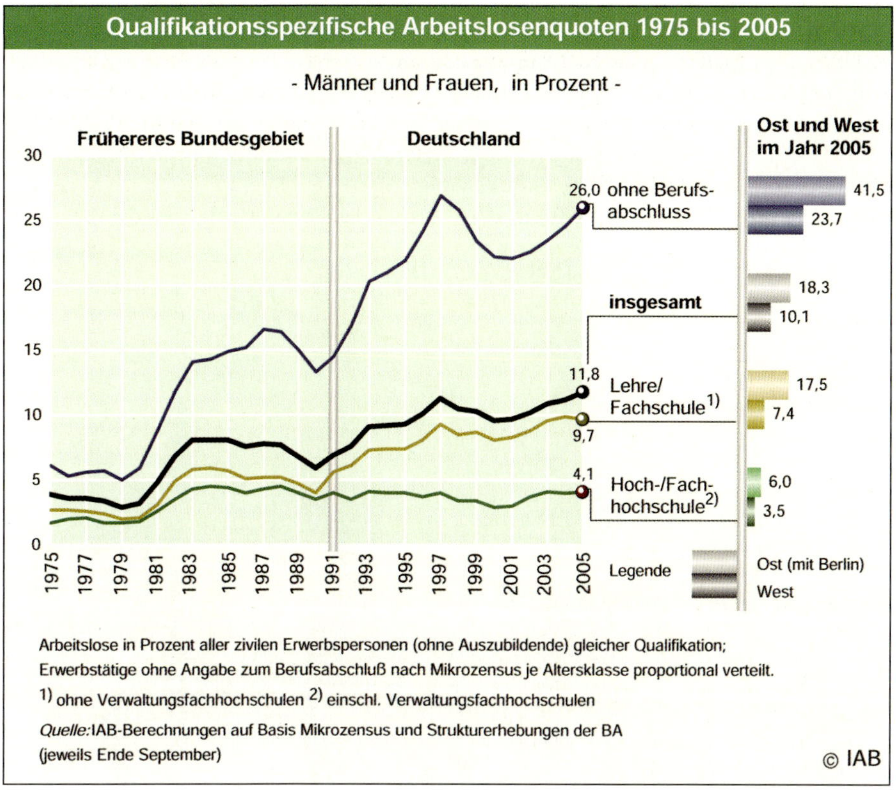

(http://doku.iab.de/kurzgraf/2007/kbfolien18071.pdf)

- Die Analyse der qualifikationsspezifischen Arbeitslosigkeit liefert seit Jahr und Tag den gleichen Befund: niedrige Qualifikation – hohes Arbeitsmarktrisiko, hohe Qualifikation – niedriges Risiko. Dieser Trend ist seit Jahrzehnten ungebrochen.
- Dabei verlaufen die langfristigen Beschäftigungsverluste der Geringqualifizierten ebenso (weitgehend) konjunkturneutral wie die massiven Arbeitsplatzgewinne bei den Hochqualifizierten. Selbst eine kräftige Konjunkturbelebung dürfte deshalb die Lage der Geringqualifizierten kaum merklich bessern.
- Der Niedriglohnsektor ist längst Realität. Zwischen 20 Prozent und 40 Prozent aller Erwerbstätigen ohne Berufsabschluss sind nunmehr geringfügig beschäftigt. Für viele ist das der einzige Job. […]
- Eine gute Ausbildung schützt also nicht nur vor Arbeitslosigkeit. Sie hilft offensichtlich, das Arbeitsvermögen bis zum Rentenalter länger und besser zu nutzen.

(IAB Kurzbericht Nr. 9 v. 13.6.2005, S. 1)

1. „Die Bestandszahl an registrierten Arbeitslosen lässt für sich genommen nur ein begrenztes Urteil über die Arbeitslosigkeit zu. Es ist für das ökonomische Urteil, aber auch für die sozialen Belastungen durch Arbeitslosigkeit ein Unterschied, ob in dem Bestand an Arbeitslosen dauerhaft immer dieselben Personen enthalten sind oder ob sich der Kreis der Betroffenen ändert, jeder Einzelne vielleicht nur kurzfristig arbeitslos ist" (Jahresgutachten 1990/91 des Sachverständigenrats). Erläutern Sie diese Aussage anhand von M 44 a.

2. Erläutern Sie, was man unter „Langzeitarbeitslosigkeit" versteht und wie sie sich in den letzten Jahren entwickelt hat. (M 44 b)

3. Im Durchschnitt dauerte 2003 Arbeitslosigkeit für die Betroffenen 8,5 Monate, für die 55- bis 60-Jährigen lag der Durchschnitt bei 16 Monaten. Wie erklären Sie sich das?

4. Stellen Sie heraus, was bei der Zusammensetzung der Arbeitslosen und den gruppenspezifischen Arbeitslosenquoten besonders auffällt (M 44 c).

5. Beschreiben Sie in M 44 d die unterschiedliche Betroffenheit von Arbeitslosigkeit bei unterschiedlichen Bildungsabschlüssen und stellen Sie heraus, welche Entwicklung seit 1980 besonders auffällig ist. Wie lässt sich diese Entwicklung erklären? Inwieweit „schützt Bildung vor Arbeitslosigkeit"?

M 45 Die „Landkarte der Arbeitslosigkeit"

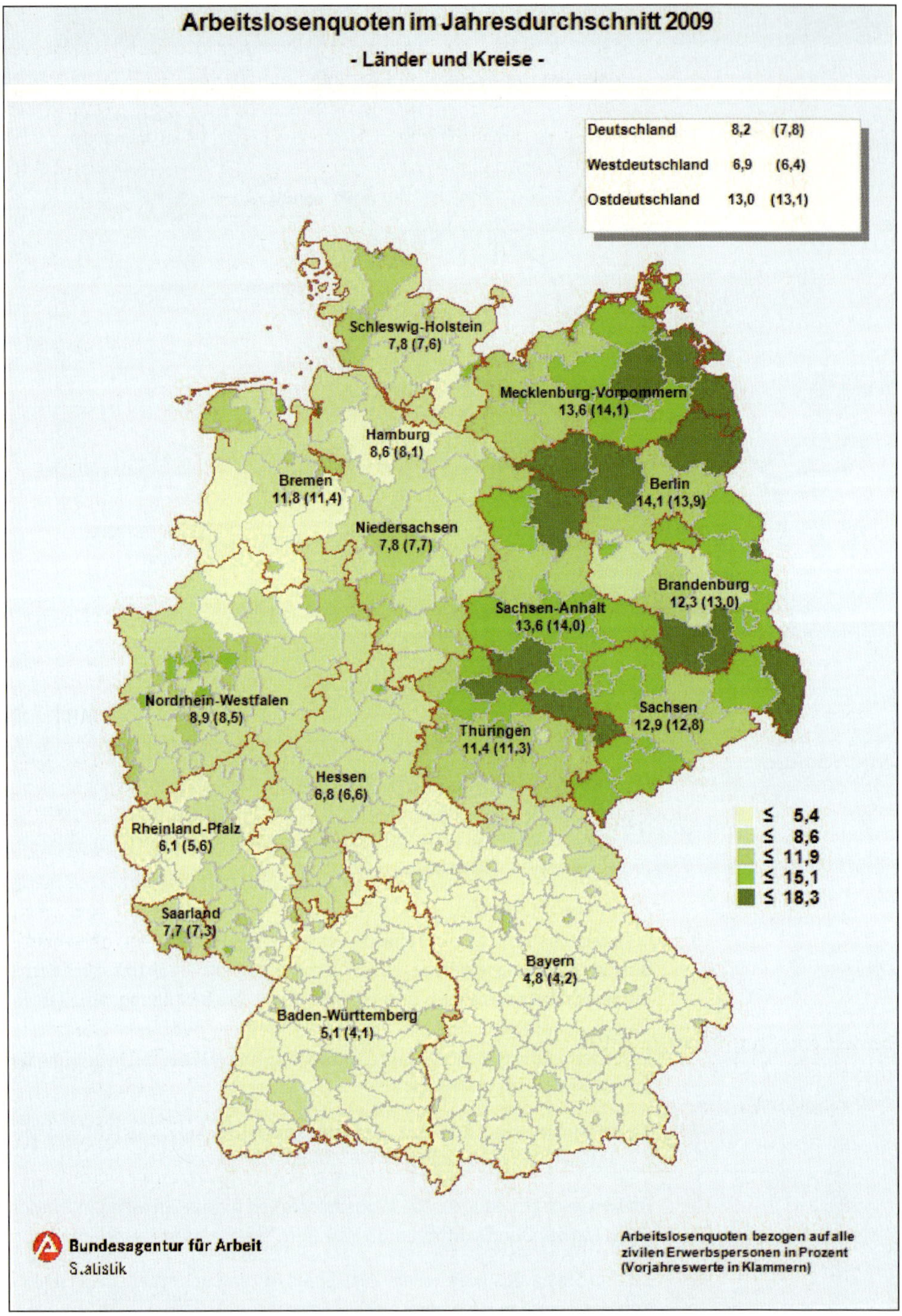

(http://www.pub.arbeitsagentur.de/hst/services/statistik/000000/html/start/karten/aloq_kreis_jahr.html)

Zur Struktur der Arbeitslosigkeit gehört auch ihre unterschiedliche regionale Verteilung. Beschreiben Sie dazu die „Landkarte der Arbeitslosigkeit" (M 45). Welche Unterschiede zwischen den Bundesländern, aber auch zwischen bestimmten Regionen innerhalb von Bundesländern sind auffällig? Versuchen Sie, für einige dieser Unterschiede Erklärungen zu finden.

4. Ursachen der Arbeitslosigkeit

Fast täglich werden Sie Zeitungsnachrichten finden können, in denen verschiedene Gründe angesprochen werden, die in einzelnen Betrieben und Sparten zum Abbau von Arbeitsplätzen führen. In diesem Abschnitt wird gleichsam aus der Vogelperspektive nach **gesamtwirtschaftlichen und gesamtgesellschaftlichen Ursachen** *für die Massenarbeitslosigkeit gefragt. Die Ursachen der Arbeitslosigkeit sind vielfältig. Um die Vielfalt dieser Ursachen gedanklich zu ordnen, werden häufig aus gesamtwirtschaftlicher Sicht folgende* **Typen der Arbeitslosigkeit** *unterschieden:*

Typen der Arbeitslosigkeit nach ihren Ursachen

saisonale | *friktionelle* | *konjunkturelle* | *strukturelle*

Nach einer Schätzung von Gerhard Willke entfielen (von saisonalen Ursachen abgesehen) 2006 ca. 60% der bestehenden Unterbeschäftigung auf strukturelle (im weitesten Sinn; vgl. dazu den Einführungstext S. 164) Ursachen, 30% auf konjunkturelle und 10% auf friktionelle. (G. Willke, in: Georg Weißeno [Hrsg.], Politik und Wirtschaft unterrichten, Bundeszentrale für politische Bildung, Bonn 2006, S. 50f.)

M 46 a Friktionelle und saisonale Arbeitslosigkeit

Die friktionelle sowie die saisonale Arbeitslosigkeit zählen nicht zu den zentralen Sorgenkindern der Vollbeschäftigungspolitik. Es handelt sich hierbei um eine Art „Sockelarbeitslosigkeit“. Sie kann auch in Zeiten guter Konjunktur- und Wachstumsentwicklung regelmäßig nicht unter einen gewissen „Bodensatz“ gedrückt werden. Selbst in den besten konjunkturellen Zeiten (wie beispielsweise 1964) meldeten sich etwa 150 Tsd. Personen als arbeitslos. Schätzungen gehen für diese Kategorie von Arbeitslosigkeit in Deutschland von gegenwärtig ca. 250 000 Personen aus.
Friktionelle Arbeitslosigkeit wird auch als „Sucharbeitslosigkeit“ bezeichnet. Sie ist kurzfristiger Natur und tritt auf, wenn Arbeitskräfte entlassen werden und infolge von Suchprozessen bis zum Antritt der neuen Stelle für eine gewisse Zeit nicht beschäftigt sind. Das Auftreten dieser Form von Arbeitslosigkeit ist nicht überraschend, wenn man bedenkt, dass in Deutschland pro Jahr ca. 7 Mio. Beschäftigungsverhältnisse begonnen bzw. beendet werden (vgl. M 44 a). Im Durchschnitt liegt die Dauer eines Beschäftigungsverhältnisses bei knapp 4 Jahren. Nach der Definition der Bundesagentur für Arbeit gilt jede Arbeitslosigkeit, die nicht länger als drei Monate gedauert hat, als Sucharbeitslosigkeit. Das erforderliche Arbeitsplatzangebot ist vorhanden, allerdings kennt die arbeitslose Person die offene Stelle noch nicht bzw. wählt unter den alternativen Angeboten aus. Durch Verbesserungen des Stelleninformations- und -vermittlungssystems (z. B. durch computergestützte Stellenvermittlungen) kann diese Arbeitslosigkeit verringert werden. [...] Zur Verbesserung der Vermittlungseffizienz wurden in Deutschland auch private Arbeitsvermittler zugelassen.
Saisonale Arbeitslosigkeit ist die Folge jahreszeitlicher Schwankungen (s. Grafik). Sie tritt sowohl auf der Angebotsseite, d. h. bei der Produktion (Land- und Forstwirtschaft, Bauwirtschaft), als auch auf der Nachfrageseite (Touristikgewerbe, Weihnachts- und Ostergeschäft) auf. Eine ursachengerechte Bekämpfung dieser Art von Arbeitslosigkeit ist naturgemäß kaum möglich. Hierzu müssten ja die Saisoneinflüsse beseitigt werden. Daher muss saiso-

Arbeitsmarkt Deutschland (Arbeitslose in 1000)

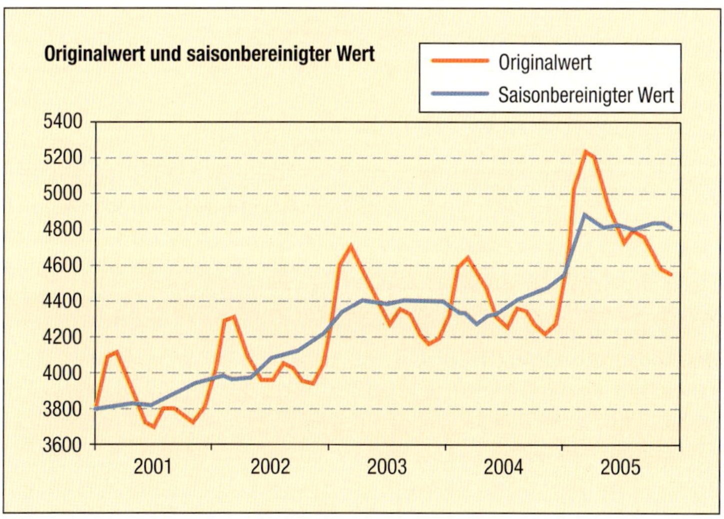

(Quelle: Statistisches Bundesamt, Wiesbaden 2005)

nale Arbeitslosigkeit weitgehend hingenommen werden wie „der Hagel, der die Ernte vernichtet". Eine begrenzte Abhilfemaßnahme stellt die sog. produktive Winterbauförderung dar [Investitions- und Mehrkostenzuschüsse für die Betriebe]; hierdurch soll die Beschäftigung an Baustellen auch im Winter aufrechterhalten werden.

(Gerhard Mussel/Jürgen Pätzold, Grundfragen der Wirtschaftspolitik, Vahlen, 7. Aufl., München 2008, S. 38 f.)

M 46 b Konjunkturelle Arbeitslosigkeit

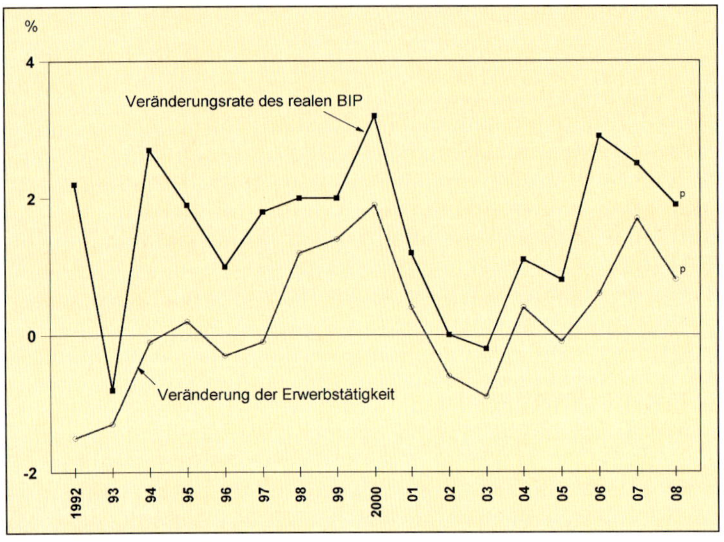

Abb. 1: Beschäftigung im Konjunkturverlauf in Deutschland
Veränderungsraten gegenüber dem Vorjahr; p: Prognose; Quelle: Sachverständigenrat
(Jürgen Pätzold/Daniel Baade, Stabilisierungspolitik, Verlag Franz Vahlen, München, 7. Aufl. 2008, S. 54)

Generell kann gesagt werden, dass die friktionelle und die saisonale Arbeitslosigkeit nur kurzfristiger Natur sind. Eher mittelfristiger, aber dem Grunde nach vorübergehender, also temporärer Art ist die konjunkturelle Arbeitslosigkeit. Sie ist dadurch gekennzeichnet, dass infolge eines Rückgangs der gesamtwirtschaftlichen Nachfrage, also eines Konjunkturabschwungs, in nahezu sämtlichen Branchen und Regionen der Volkswirtschaft die Produktion gedrosselt wird. Damit geht üblicherweise zunächst Kurzarbeit*, in der Folgezeit jedoch eine sinkende Beschäftigung einher.
Konjunktureinbrüche können allerdings auch auf bestimmte Wirtschaftszweige, Regionen oder Berufe beschränkt sein (z. B. „schlechte Baukonjunktur"). [...] Kennzeichnend für konjunkturelle Einbrüche ist, dass die daraus resultierende Arbeitslosigkeit im nächsten Boom wieder verschwindet. Bleibt der Aufschwung auf Dauer aus, dann handelt es sich nicht um einen vorübergehenden konjunkturellen Einbruch, sondern um eine länger anhaltende Wachstumsschwäche.
Abbildung 1 links zeigt, dass die Entwicklung der **Erwerbstätigkeit** eine beträchtliche Parallelität mit der **Konjunktur** aufweist (hier gemessen an den Wachstumsraten des realen Bruttosozialprodukts). Auch die kräftige konjunkturelle Erholung der Jahre 2006 und 2007 konnte nicht verhindern, dass knapp 4 Mio. Arbeitslose registriert wurden. Für diesen Teil der Arbeitslosigkeit müssen logischerweise nicht-konjunkturelle Faktoren ursächlich gewesen sein.

(Gerhard Mussel/Jürgen Pätzold [= M 46 a], S. 37, 42)

Abb. 2

1. Beschreiben Sie die drei Arten von Ursachen („Typen") der Arbeitslosigkeit, die sich klar voneinander abgrenzen lassen (M 46 a und b), auch unter den Gesichtspunkten ihrer zeitlichen Begrenzung und ihrer Vermeidbarkeit. Wodurch ist bei der saisonalen Arbeitslosigkeit der „W-förmige" Jahresverlauf (Grafik in M 46 a) bedingt?

2. Erklären Sie die Bedeutung der „konjunkturellen" Arbeitslosigkeit (zu den Begriffen „Konjunktur" und „Konjunkturzyklus" s. M 26, Kasten S. 42 o.). Analysieren Sie dazu die Abb. 1 (M 46 b).

3. Zu dem Hinweis (M 46 b), dass konjunkturelle Arbeitslosigkeit „im nächsten Boom wieder verschwinde", ist darauf hinzuweisen, dass nach allgemeiner Auffassung zusätzliche Beschäftigung erst ab einer bestimmten Höhe des Wirtschaftswachstums im konjunkturellen Aufschwung entsteht (in den letzten Jahren lag diese „Beschäftigungsschwelle" in Deutschland bei einer Wachstumsrate von ca. 1,5 %). Was will die Karikatur (Abb. 2) dazu sagen? Vergleichen Sie dazu auch die in M 42 (Abb. 1) dargestellte Entwicklung.

Strukturelle Arbeitslosigkeit

*Der Begriff „strukturell" weist ganz allgemein darauf hin, dass es sich um eine – im Vergleich zu den anderen „Typen" – **dauerhaft verhärtete Arbeitslosigkeit** handelt, die auf tiefgreifende Veränderungen und Ungleichgewichte im Aufbau einer Volkswirtschaft verweist und die daher nicht durch schnell wirkende Maßnahmen zu bekämpfen ist. Unter dieser formalen Abgrenzung werden in der Literatur unterschiedliche inhaltliche Typisierungen vorgenommen, die sich etwa wie folgt zusammenfassen lassen.*

***Strukturelle Arbeitslosigkeit** im weitesten Sinn kann sich darauf beziehen,*

- *dass ganze Wirtschaftszweige wegen mangelnder Nachfrage oder Konkurrenz auf dem Weltmarkt in die Krise geraten, wie z. B. die Textilindustrie, oder fast ganz verschwinden, wie z. B. der Kohlebergbau (**„Strukturwandel"** von der Industriegesellschaft zur Dienstleistungsgesellschaft);*
- *dass der beschleunigte Strukturwandel veränderte oder insgesamt höhere Qualifikationen der Erwerbstätigen erfordert, die (noch) nicht gegeben sind (**„merkmalsstrukturelle"** bzw. **„qualifikationsspezifische"** Arbeitslosigkeit); oft spricht man hier auch von **„Mismatch"**-Arbeitslosigkeit, d. h., dass die Qualifikationsmerkmale der Arbeitsuchenden nicht zu den angebotenen Arbeitsplätzen (offenen Stellen) passen;*
- *dass der Einsatz neuer Techniken und Technologien zu Rationalisierungsmaßnahmen und damit zum Abbau von Arbeitsplätzen führt (**„technologisch bedingte** Arbeitslosigkeit"), der durch ein zu geringes Wirtschaftswachstum nicht ausgeglichen werden kann;*
- *dass die Unternehmen mit wachsendem internationalen Konkurrenzdruck zu kämpfen haben, weil im Ausland z. T. billiger produziert werden kann und deshalb Arbeitsplätze ins Ausland verlegt werden; die durch das Wirtschafts- und Sozialsystem gegebenen Rahmenbedingungen (**Standortbedingungen**) erscheinen den Unternehmen nicht attraktiv genug, um hier zusätzliche Investitionen zu tätigen (und damit neue Arbeitsplätze zu schaffen), oder sie machen es ihnen schwer, sich an veränderte Verhältnisse anzupassen;*
- *dass **längerfristig eine zu geringe Nachfrage** nach Gütern besteht (z. B. wegen stagnierender oder gar sinkender Einkommen oder weil die Nachfrage nach bestimmten Gütern **„gesättigt"** ist);*
- *dass aufgrund der Bevölkerungsentwicklung, des Zuzugs nicht qualifizierter Arbeitskräfte und der wachsenden Erwerbsbeteiligung von Frauen sich das **Angebot von Arbeitskräften stark vermehrt**, während der Bedarf an Arbeitskräften (die Nachfrage der Unternehmen) nicht im gleichen Maße steigt (**„demographische"** Arbeitslosigkeit).*

Gerhard Mussel und Jürgen Pätzold, deren Darstellung wir bei der folgenden näheren Erläuterung zu den wichtigsten Aspekten folgen wollen (s. die Übersicht unten), weisen – dies ist für jedwede Beurteilung struktureller Arbeitslosigkeit und der Möglichkeiten ihrer Bekämpfung wichtig zu bedenken – auf Folgendes hin: „Strukturelle Arbeitslosigkeit ist eine eher zählebige Erscheinung. Rasche Erfolge sind bei ihrer Bekämpfung nicht zu erwarten. Da sich zudem die Ursachenfaktoren gegenseitig überlappen und verstärken, kommt zur Bekämpfung der strukturellen Arbeitslosigkeit nur ein System von ineinandergreifenden struktur- und arbeitsmarktpolitischen Maßnahmen in Betracht." (Gerhard Mussel/Jürgen Pätzold, Grundlagen der Wirtschaftspolitik [= M 46 a], S. 65).

M 47: Strukturelle Arbeitslosigkeit
– im engeren Sinne:

a) durch den *Strukturwandel* bedingte Arbeitslosigkeit (S. 64)
b) *berufs- und qualifikationsspezifische* Arbeitslosigkeit (S. 65)

– im weiteren Sinne:

c) durch den technischen Fortschritt bedingte Arbeitslosigkeit (S. 65)
d) durch *anhaltende Wachstumsschwäche* bedingte Arbeitslosigkeit (S. 66)
e) durch die *Bevölkerungsentwicklung* und höheres *Arbeitskräfteangebot* bedingte Arbeitslosigkeit (S. 67)

*Für die folgende, für das Verständnis des komplexen Problems der Arbeitslosigkeit und seiner Bekämpfung wichtige Darstellung schlagen wir Ihnen **arbeitsteilige Gruppenarbeit** vor. Die Aufteilung könnte nach den Abschnitten a bis d des folgenden Textes M 47 erfolgen. Im Hinblick auf die Arbeitsergebnisse, die gruppenweise dem Plenum vorzustellen sind, sollten Sie auf eine verständliche, Fachbegriffe erläuternde und Akzente setzende Darstellung und nach Möglichkeit auf die Heranziehung von konkreten Beispielen aus Ihrem Wissens- und Erfahrungshorizont achten. Auf einzelne Arbeitshinweise zu M 47 haben wir verzichtet.*

M 47 Dimensionen struktureller Arbeitslosigkeit

a) Durch den Strukturwandel bedingte Arbeitslosigkeit

Ein entscheidender Auslöser der strukturellen Arbeitslosigkeit ist der **Strukturwandel in der Volkswirtschaft** (s. Abb. 1). Struktureller Wandel ist eine normale und zugleich notwendige Begleiterscheinung des wirtschaftlichen Wachstums- und Entwicklungsprozesses. Bestimmte Branchen, Produkte, Regionen oder Berufe stagnieren, während andere Branchen, Produkte, Regionen oder Berufe überdurchschnittlich wachsen. Aus dem Strukturwandel gehen also immer Verlierer und Gewinner hervor. Wenngleich die strukturellen Verschiebungen in einer Volkswirtschaft für die Verlierer schmerzhaft ausfallen, darf nicht übersehen werden, dass ohne Strukturwandel auf Dauer kein Wachstum möglich ist. Eine Wirtschaftspolitik, die versuchen würde, „alte" Strukturen und damit „alte" Arbeitsplätze zu konservieren, würde langfristig nicht nur den Wohlstand in einer Gesellschaft, sondern auch die Beschäftigung gefährden. Vollzieht sich der Strukturwandel nicht zu rasch, so sind auch die beschäftigungspolitischen Anpassungsprobleme lösbar – allerdings nicht zwingend für jeden einzelnen Arbeitnehmer; denn in der Praxis wird sich beispielsweise ein älterer Bleisetzer kaum noch beruflich umorientieren. In jedem Fall aber bringt der Strukturwandel einen geänderten Bedarf an Arbeitskräften mit sich. Der Strukturwandel hat also unmittelbare Auswirkungen auf die **Arbeitsnachfrage**.

Abb. 1

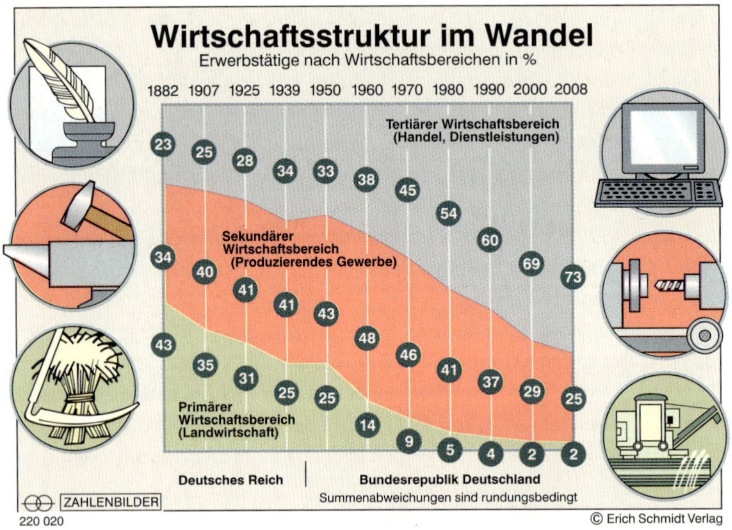

- **Strukturkrisen** treten einerseits auf, weil die Nachfrage nach den Produkten einer Branche nur noch unterdurchschnittlich wächst oder gar absolut zurückgeht. Beispiele hierfür sind die Landwirtschaft, die Textilindustrie (s. Abb. 2) oder der Bergbau (s. Abb. 3). Zum anderen können Branchen aber auch deshalb in Strukturkrisen geraten, weil sie den Anschluss an neuere technologische Veränderungen (z. B. Mikroelektronik) verpassen bzw. weil sie aufgrund veränderter internationaler Wettbewerbsbedingungen an Konkurrenzfähigkeit verlieren (z. B. Auftreten von Schwellenländern wie z. B. China im Textilbereich).

(Gerhard Mussel/Jürgen Pätzold [= M 46 a], S. 59, 62)

Abb. 2: Beschäftigtenzahl in der Textilindustrie

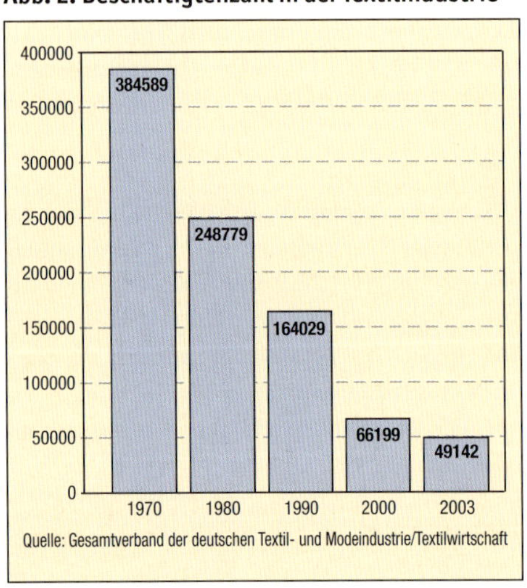

(Quelle: Gesamtverband der deutschen Textil- und Modeindustrie/Textilwirtschaft)

Abb. 3

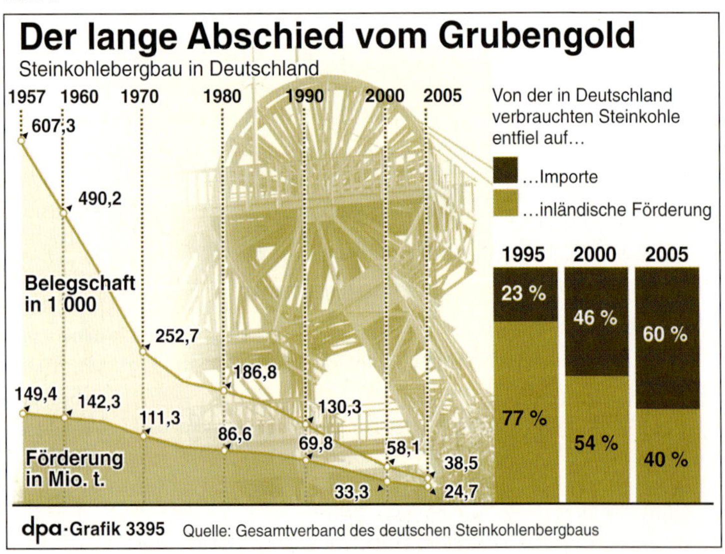

b) Berufs- und qualifikationsspezifische Arbeitslosigkeit

Die Ursachen für Ungleichgewichte auf Teilarbeitsmärkten können auch bei den Arbeitskräften selbst zu suchen sein, also beim **Arbeitskräfteangebot**. Es handelt sich hierbei um bestimmte Eigenschaften von Personen, die ein erhöhtes Risiko, arbeitslos zu werden, in sich bergen. Dahinter steht letztlich die Struktur des Arbeitskräfteangebots. [...]

[Insbesondere ist] Arbeitslosigkeit auch die Folge eines „falsch" gewählten Berufs bzw. eines zu niedrigen Ausbildungsniveaus. Dieser Tatbestand mündet in die **berufs- bzw. qualifikationsspezifische Arbeitslosigkeit**. Dieses Strukturmerkmal der Unterbeschäftigung besitzt in Deutschland ein besonders großes Gewicht. Wie eine Analyse der Bundesagentur für Arbeit zeigt, besaßen im Februar 2005 in Deutschland 37 % der registrierten Arbeitslosen keine abgeschlossene Berufsausbildung, dabei schnitt Westdeutschland deutlich schlechter ab als Ostdeutschland. Umgekehrt zeigen die Arbeitsmarktstatistiken umso günstigere Arbeitslosenquoten, je höher die Qualifikation liegt. So waren in Deutschland im Jahr 2005 in der Gruppe der Personen mit Hochschulabschluss lediglich ca. 4 % von Arbeitslosigkeit betroffen. Wenngleich also auch ein Studium keine Garantie für einen Arbeitsplatz bedeutet, belegt diese Zahl doch eindeutig, dass das Risiko, arbeitslos zu werden, umso geringer ist, je höherwertiger die Ausbildung („Bildung schützt vor Arbeitslosigkeit"; s. M 44 d).

„Schauen Sie mal, was der für kostbare Eier legt!"

c) Technischer Fortschritt und technologische Arbeitslosigkeit

Häufig wird die These vertreten, die zentrale Ursache für die anhaltende Arbeitslosigkeit in der Bundesrepublik liege im **technischen Fortschritt**. Er ziehe eine Beschleunigung des *Rationalisierungsprozesses** nach sich, die Folge sei Unterbeschäftigung. Tatsächlich sind in einzelnen Wirtschaftszweigen erhebliche Rationalisierungsschübe als Folge der Anwendung neuer Technologien zu beobachten. [...]

Ungeachtet der Gefahren für den Arbeitsmarkt sind Produktivitätsfortschritte die zentrale Grundlage für die Steigerung des Wohlstandes einer Gesellschaft. **Produktivitätssteigerung** heißt, dass im Extremfall

- die gleiche Produktionsmenge mit einem geringeren Arbeitskräfteeinsatz (**Arbeitskräfteeinsparungseffekt** des technischen Fortschritts) oder
- eine höhere Produktion mit gleichem Arbeitskräfteeinsatz (**Wohlstandssteigerungseffekt** des technischen Fortschritts) erzeugt werden kann.

Im *ersten Fall* wirken Produktivitätssteigerungen als „Jobkiller". Es gelingt nicht, den technischen Fortschritt in vollem Umfang in entsprechende Produktionssteigerungen „umzusetzen". Steigt die Produktivität um beispielsweise 3 % an und nimmt gleichzeitig die Produktion nur um 2 % zu, so werden einerseits 3 % der Arbeitsplätze „wegrationalisiert", andererseits benötigt man für die Produktionssteigerung nur 2 % mehr Arbeitsplätze. Per Saldo geht 1 % der Arbeitsplätze verloren (*Arbeitskräfteeinsparungseffekt*).

Im zweiten Fall hingegen steht der Produktivitätssteigerung von 3 % eine Zunahme der Produktion von ebenfalls 3 % gegenüber. Hier werden zwar ebenfalls 3 % der Arbeitsplätze durch den technischen Fortschritt „wegrationalisiert", gleichzeitig aber entstehen 3 % mehr Arbeitsplätze, um die Produktionssteigerung bewältigen zu können. Dies bedeutet, dass die rechnerische Freisetzung von Arbeitsplätzen infolge des technischen Fortschritts vollständig kompensiert wird durch den Mehrbeschäftigungseffekt infolge der Zunahme der Produktion (*Wohlstandssteigerungseffekt*). [...]

Umstritten ist allerdings, ob die auftretende Arbeitslosigkeit als „technologisch" etikettiert werden sollte. Ursache der *Produktivitäts-Produktions-Wachstums-Lücke* war nämlich nicht die Beschleunigung des technischen Fortschritts. Im Gegenteil: Die *Zuwachsraten der Arbeitsproduktivität** sind im Zeitablauf gesunken. Die potenzielle Freisetzung hat sich also – prozentual betrachtet – abgeschwächt. Noch rascher als die Produktivität sind allerdings die *Zuwachsraten der Produktion* gesunken[1]. Die (verringerte) Freisetzung von Arbeitskräften konnte somit nicht

[1] Für Deutschland zeigt sich, dass das Bruttoinlandsprodukt von 1991 bis 2006 um rund 24,3 % wuchs, aber die Produktivität je Erwerbstätigenstunde steigerte sich deutlicher, nämlich um knapp 32,4 %. Dadurch kam es zu einem Rückgang des gesamtwirtschaftlichen Arbeitsvolumens um rund 6 %.

mehr durch Produktionssteigerungen kompensiert werden. Es wurden dadurch per Saldo Arbeitskräfte eingespart. Die eigentliche Ursache dieser Arbeitslosigkeit liegt insoweit nicht in der Beschleunigung des Rationalisierungsprozesses, sondern in der **Verlangsamung des wirtschaftlichen Wachstums**. Die zunehmende Arbeitslosigkeit in der Bundesrepublik seit Mitte der Siebzigerjahre ist damit zu einem erheblichen Teil auf die *anhaltende Wachstumsschwäche* zurückzuführen. So zeigen Berechnungen, dass für eine Verbesserung der Arbeitsmarktsituation gegenwärtig eine Zuwachsrate des realen BIP von etwa 1,5 % erforderlich ist. Diese **„Beschäftigungsschwelle"** hat sich im Laufe der Jahre allerdings deutlich nach unten verlagert [sie lag also früher deutlich höher]. Es ist deshalb sachgerechter, diese Art der Arbeitslosigkeit als **„Stagnationsarbeitslosigkeit"** zu bezeichnen.

d) Wachstumsschwäche und Stagnationsarbeitslosigkeit

[...] Von Stagnation spricht man, wenn ein *anhaltender Rückgang* der Zuwachsraten des realen Inlandsprodukts zu verzeichnen ist. Die **Ursachen** einer anhaltenden „Wachstumsschwäche" sind strittig. Vertreter der **Sättigungsthese** weisen darauf hin, dass Volkswirtschaften ohnehin nicht über längere Zeiträume hinweg mit konstanten Raten wachsen können. Die Konsequenz wäre, dass der absolute Wohlstandszuwachs (in Mrd. Euro) fortwährend progressiv zunehmen würde. Es ist unbestritten, dass Wirtschaftssysteme in diesem Fall an „Grenzen des Wachstums" (Club of Rome) stoßen müssen. Die Vertreter der Sättigungsthese verweisen zudem darauf, dass es mit zunehmendem Wohlstand auf immer mehr Märkten zu **Nachfragesättigungen** kommt, d. h. das Wirtschaftswachstum von der *Nachfrageseite* her begrenzt werde. In modernen Gesellschaften verlagern sich, so die Annahme, die Bedürfnisse zunehmend weg von denjenigen Bedürfnissen, die über die Märkte befriedigt werden, hin zu solchen Bedürfnissen, die „nicht marktorientiert" sind. Verwiesen wird insbesondere auf das *Verlangen nach mehr Freizeit* und nach mehr immaterieller Lebensqualität. Die Folge eines derartigen **Wertewandels** von der marktorientierten Wohlstandsgesellschaft hin zur Freizeitgesellschaft sei die zu beobachtende Stagnation von Produktion und damit realem Volkseinkommen.

Angebotstheoretiker (s. dazu später M 54), wie beispielsweise der Sachverständigenrat, sind hingegen der Auffassung, dass „Sättigung" der über den Markt befriedigten Bedürfnisse keine reale Erscheinung ist. Die in der Realität zu beobachtende Stagnation des Produktions- und Volkseinkommenswachstums sei vielmehr Folge „falscher Rahmenbedingungen" für die Investoren. Der Wunsch nach mehr materiellen und über die Märkte bereitgestellten immateriellen Gütern sei ohnehin vorhanden. Nach Auffassung des Rates sind die **Bedürfnisse** noch **keineswegs „gesättigt"**. Es gibt, so die Angebotstheoretiker, auch heute noch einen unbefriedigten Wunsch nach mehr Wohlstand und damit einen Wunsch nach noch höheren Realeinkommen – diese latenten Wünsche müssten nur geweckt und seitens der Produzenten befriedigt werden. Richtig sei zwar, dass auf einzelnen Märkten (Landwirtschaft, Haushaltsgeräte u. a. m.) Sättigungstendenzen zu beobachten seien. Diese „partiellen" Sättigungen dürften jedoch nicht mit „allgemeiner" Sättigung gleichgesetzt werden. Die zentrale Ursache der beobachtbaren Wachstumsschwäche wird vielmehr in angebotsseitigen Störungen gesehen. Es gibt – so die zentrale These – nicht mehr genug wagemutige **Pionierunternehmer***, die durch das Eröffnen neuer Märkte [...] das Wachstum [...] vorantreiben.

Die Gründe für die angebotsseitigen Hemmnisse sind vielschichtig. Sie werden vor allem in leistungs- und motivationshemmenden *Steuern* und *sozialpolitischen Regelungen* sowie in einem Netz staatlicher *Regulierungen* und Bevormundungen erkannt (vgl. dazu später M 58/M 59). Derartige Faktoren erweisen sich als Innovations- und Investitionshemmnisse. [...]

Verwiesen wird in diesem Zusammenhang auch auf *überhöhte Löhne*, die zu einer Verschlechterung der internationalen Wettbewerbsfähigkeit führen und damit den deutschen Standort für die Produzenten zunehmend unattraktiver machen. [...] Nach diesen Überlegungen ist Arbeitslosigkeit also die Folge zu hoher Löhne, man spricht daher auch von **„Hochlohnarbeitslosigkeit"**.

Zu beachten ist jedoch, dass bei diesem Ansatz nur der Kostencharakter der Löhne [Löhne stellen auch Nachfrage dar] betont wird. [...] Außerdem sind Löhne nach unten hin nicht flexibel; die Existenz von Tarifverträgen zwischen Gewerkschaften und Arbeitgebern sorgt für Mindestlöhne, die nicht ohne weiteres unterschritten werden können.

e) Demographische Arbeitslosigkeit

Arbeitsmarktprobleme können auch Folge einer **zu starken Ausdehnung des Arbeitskräfteangebots** sein (s. M 42, Z. 6 ff.). Auslöser dieses Effekts sind Faktoren wie:

- Eintritt *geburtenstarker Jahrgänge* auf dem Arbeitsmarkt,
- *Zuwanderungen* aus dem Ausland,
- Zunahme der *Erwerbstätigkeit von Frauen.*

Abb. 1: Erwerbsquoten von Frauen im Alter von 15 – 65 Jahren

	Jahr	insgesamt	ledig	verh.
West	1970	46,2	69,9	39,1
	1980	50,2	60,7	46,1
	1990	58,5	68,1	53,9
	2002	63,6	66,2	61,7
	2005	65,5		
Ost	1991	77,2	67,8	81,5
	2002	72,6	64,1	77,7
	2005	72,1	64,7	78,7
D	1995	62,6	65,6	60,8
	2002	65,3	65,8	64,5
	2006	68,4		

(© 2008, Hrsg. Institut der deutschen Wirtschaft Köln, Deutschland in Zahlen 2008; Deutscher Instituts-Verlag GmbH)

Steigt die Arbeitsnachfrage nicht im entsprechenden Ausmaß an, d. h., ist der Arbeitsmarkt nicht in der Lage, das zusätzliche Arbeitskräfteangebot zu absorbieren, so kommt es zu Unterbeschäftigung. Die Ursache für Arbeitslosigkeit liegt also in diesem Fall in der demographischen Entwicklung (Demographie ist die Bevölkerungswissenschaft). Man spricht daher von **„demographischer Arbeitslosigkeit"**. [...]

Eine solche Erhöhung des Arbeitskräfteangebots ist in der Bundesrepublik Deutschland seit Ende der Siebzigerjahre beobachtbar. Folgt man den Schätzungen des Instituts für Arbeitsmarkt- und Berufsforschung, so hat sich das Arbeitskräfteangebot von 1977 bis 1989 um etwa 2,4 Mio. Personen erhöht (vgl. M 43). Das entspricht einem durchschnittlichen jährlichen Anstieg des Angebots an Arbeitskräften von über 200 000 Personen. Der enorme Anstieg des Erwerbspersonenpotenzials* seit 1978 war insbesondere Folge der Entwicklung der [hohen] **Geburtenraten** in den Sechzigerjahren sowie Folge der erheblich gestiegenen **Erwerbsbeteiligung von Frauen** (s. Abb. 1). Soll ein derartiger demographisch bedingter Anstieg des Arbeitskräfteangebots nicht zu Arbeitslosigkeit führen, so müsste (unter sonst gleichen Umständen) die Zuwachsrate der gesamtwirtschaftlichen Produktion kräftig gesteigert werden. Das ist aber in den Achtzigerjahren nicht in ausreichendem Maße gelungen. Das Produktionswachstum reichte nicht nur nicht aus, um die durch Rationalisierung* eingesparten Arbeitsplätze neu entstehen zu lassen; es war zudem auch „zu gering", um den demographisch bedingten Anstieg des Erwerbspersonenpotenzials* zu kompensieren. Die Arbeitslosigkeit in der Bundesrepublik war insoweit zu einem erheblichen Teil auch demographischer Natur. [...]

Bei der Einschätzung der künftigen Entwicklung [ist] unsicher, wie sich das Erwerbsverhalten der Frauen vollziehen wird und welche Größenordnungen die (Netto-)**Zuzüge aus dem Ausland** annehmen werden. [...]

Ungeachtet dieser Unsicherheiten kommt das IAB in einer neueren Studie (vgl. Abb. 2) zum Ergebnis, dass das Angebot an Arbeitskräften in Deutschland langfristig drastisch sinken wird. [...] Dadurch wird zwar der Arbeitsmarkt Deutschland entlastet, parallel hierzu ergeben sich jedoch gravierende Probleme bei der Finanzierung der Renten.

(Gerhard Mussel/Jürgen Pätzold, Grundfragen der Wirtschaftspolitik, Verlag Franz Vahlen, München, 7. Aufl. 2008, S. 74–81)

Abb. 2

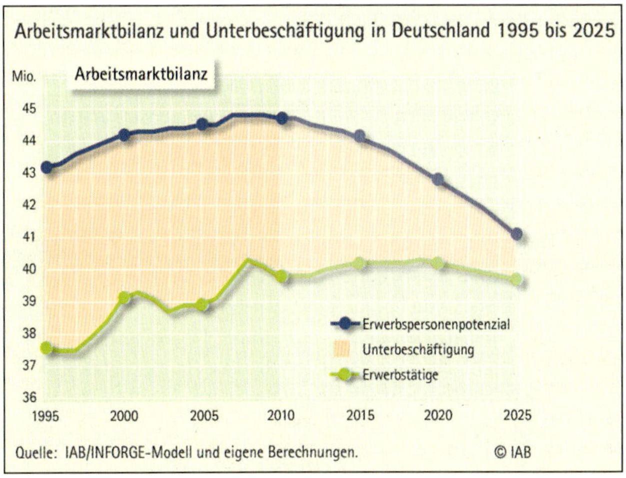

Erwerbspersonenpotenzial*: 2010: 44,7 Mio.; 2025: 41,1 Mio.; **Arbeitskräftebedarf** (Erwerbstätige): 2010: 39,8 Mio.; 2025: 39,7 Mio.

„Die Bilanz aus Erwerbspersonenpotenzial und Erwerbstätigen zeigt, dass die gesamte Unterbeschäftigung (Arbeitslosigkeit plus Stille Reserve) rein rechnerisch deutlich kleiner wird und bis 2025 auf unter 1,5 Mio. Personen sinken könnte. Dies gilt allerdings nur, wenn der künftige Arbeitskräftebedarf auch qualifikatorisch gedeckt werden kann – sonst droht Arbeitskräftemangel."

(Bundesagentur für Arbeit [Hg.], IAB-Kurzbericht 12/2010, S. 1 und 3 [Grafik]; http://doku.iab.de/kurzber/2010/kb1210.pdf)

M 48 Die internationale Finanz- und Wirtschaftskrise erschüttert die Welt

(http://www.jugend-und-bildung.de/files/332/FS_Arbeitsblatt_08_03.pdf)

- Ausgelöst wurde diese Krise durch die Vergabepraxis und mangelnde Besicherung von Hypotheken und die Verbriefung* von Krediten am Immobilienmarkt der USA (**Hypothekenkrise**; vgl. Abb.). Die Spekulation auf steigende Immobilienpreise in den USA platzte, risikoreiche Anleihepapiere verloren dramatisch an Wert. Deshalb betraf die Krise zunächst v. a. amerikanische Investmentbanken*, die zum Teil zahlungsunfähig wurden. Durch die Verflechtung der internationalen Finanzmärkte* weitete sich die Krise auch auf Banken in Europa und Deutschland aus, die am US-Immobilienmarkt engagiert waren und hohe Kreditausfälle zu verzeichnen hatten.
- Die Finanzmarktkrise entwickelte sich zu einer Liquiditätskrise, da die Vergabe von Krediten der Banken, die über freie Liquidität* verfügen, an Banken, die flüssige Mittel in Form von Krediten benötigen, trotz Senkung der Leitzinsen* durch die wichtigsten Zentralbanken auf unter 1 % nahezu zum Erliegen kamen. Dieser Interbanken-Kreditverkehr funktionierte aufgrund mangelnden Vertrauens der Banken untereinander nicht mehr. Aus der Liquiditätskrise wurde eine **Bankenkrise**.
- Funktioniert aber die gegenseitige Kreditvergabe der Banken nicht mehr, sind Auswirkungen auf die Realwirtschaft die Folge, da die Kreditversorgung für Industrie- und Dienstleistungsunternehmen und damit deren Liquidität nicht mehr gesichert ist. Die Folge einer solchen Kreditklemme können Liquiditätsengpässe und Insolvenzen von Unternehmen sein.

Ausgehend von den Finanzmärkten pflanzte sich die Krise auf die Gütermärkte fort. Es kam zu einem weltweiten Rückgang der Nachfrage, zu einer weltweiten Rezession* mit sinkender Wirtschaftsleistung gemessen am Bruttoinlandsprodukt, sinkendem Welthandel, was Deutschland als Exportweltmeister besonders trifft, steigender Arbeitslosigkeit. Die Schwere des Konjunktureinbruchs weckte Erinnerungen an die Depression* der 1930er-Jahre; man sprach auch von einer neuen Weltwirtschaftskrise*.

- Die Finanzmarktkrise und allgemeine **Wirtschaftskrise** zu bekämpfen, stellte die Regierungen vor neue Herausforderungen. Zum einen waren erhebliche *Finanzhilfen* des Staates in den wichtigsten Industrienationen erforderlich, um das Banken- und Finanzsystem zu stabilisieren, in Deutschland v. a. durch den Finanzmarktstabilisierungsfonds. [...]

Zum andern wurden in fast allen Industriestaaten umfangreiche *Konjunkturprogramme* aufgelegt, in Deutschland v. a. die beiden sogenannten Konjunkturpakete (s. Abb. 1, S. 80). Weiterhin wurden Voraussetzungen geschaffen, in Schieflage geratene Banken, Versicherungsunternehmen oder große Industrieunternehmen teilweise oder ganz zu verstaatlichen oder sich staatlicherseits vorübergehend an solchen Unternehmen zu beteiligen. Die staatlichen Maßnahmen führten allerdings zu einem sprunghaften *Anstieg der öffentlichen Schulden* (s. Abb. 2 b, S. 81).

Verstärkt wurde auch die internationale Abstimmung von Maßnahmen auf Weltwirtschafts- bzw. Weltfinanzgipfeln etwa im Rahmen der G-20-Staaten*.

(Das Lexikon der Wirtschaft, Bundeszentrale für politische Bildung, Bonn 2009, S. 223 f.)

Auf die in ihren Entstehungsursachen, ihrer Entwicklung und ihren Auswirkungen außerordentlich komplexe internationale Finanz- und Wirtschaftskrise können wir hier nur kurz eingehen. Eine ausführliche Darstellung finden Sie z. B. unter der Internetadresse http://de.wikipedia.org/wiki/Finanzkrise_ab_2007 und/oder http://www.spiegel.de/lexikon/60607394.html sowie http://www.deutschlandundeuropa.de/59_10/finanzkrise.pdf. Die Analyse von M 48 (Text und Schema) kann Ihnen ein Grundverständnis wesentlicher Züge dieser weltweiten Krise vermitteln, von der auch die Bundesrepublik schwer betroffen wurde. Achten Sie bei Ihrer Erarbeitung insbesondere darauf,

- wie es zur „Immobilienkrise" in den USA kam und wie aus den Hypothekenkrediten (Darlehen der Banken an Kunden zum Erwerb von Immobilien) „Wertpapiere*" (Wertpapierpakete) gemacht wurden („Verbriefung"*), die weiterverkauft wurden und in den weltweiten Banken-Handel gelangten;
- wie sich aus dem Wertverlust dieser „Papiere" die Bankenkrise ergab und sich daraus in einer zweiten Phase die Wirtschaftskrise mit all ihren Folgen entwickelte.

M 49 „Megatrends" als Herausforderungen für die Arbeitsmarktpolitik

Bis November 2008 sank die Zahl der Arbeitslosen unter die Drei-Millionen-Grenze. Gegenüber dem Höchststand von knapp 5,3 Millionen im Februar 2005 ging sie um rund 45 Prozent zurück. Die Erwerbstätigkeit erreichte im Jahr 2008 mit nahezu 40,3 Millionen Menschen ebenso ihr Allzeithoch wie das geleistete Arbeitsvolumen. Doch die Finanzmarktkrise hat inzwischen die Realwirtschaft voll erfasst. Allein im ersten Quartal 2009 war bei der Bundesagentur für Arbeit (BA) für rund 1,6 Millionen Beschäftigte Kurzarbeit angezeigt (vgl. M 59). Gleichzeitig wechselten 600 000 Personen mehr aus der Erwerbstätigkeit in die Arbeitslosigkeit als umgekehrt. Im Jahr 2009 lag die Arbeitslosenquote mit 8,2 Prozent wieder deutlich über dem Vorjahresniveau. [...] Dieser *konjunkturelle Einbruch* sollte indes nicht darüber hinwegtäuschen, dass auch **strukturelle Faktoren** weiterhin auf das Angebot an und die Nachfrage nach Arbeit wirken. Die mittel- bis langfristige Entwicklung des Arbeitsmarktes hängt daher auch entscheidend davon ab, wie sich Politik, Tarifparteien, Unternehmen und Beschäftigte auf die folgenden Megatrends einstellen:

Globalisierung*: Innerhalb der vergangenen 20 Jahre hat sich das weltweite Angebot an – größtenteils gering qualifizierten – Arbeitskräften vervierfacht. Trotz des erstmaligen Rückgangs des Welthandelsvolumens verlangsamt sich die zunehmende internationale Arbeitsteilung* nur vorübergehend. Auch die Liberalisierung des Welthandels und der technische Fortschritt sorgen dafür, dass Güter und Dienstleistungen nicht mehr dort produziert werden müssen, wo sie verkauft werden. Stattdessen bestimmen die Produktionskosten immer mehr die Standortwahl. Deutschland hat sich auf die Herstellung wissensintensiver Produkte und Dienstleistungen spezialisiert, während einfache Arbeiten andernorts verrichtet werden.

Tertiarisierung: Mittlerweile sind mehr als 70 Prozent der Beschäftigten in Deutschland im Dienstleistungssektor tätig, während nur 19 Prozent im Verarbeitenden Gewerbe arbeiten. Der Anteil der Dienstleistungen an der Bruttowertschöpfung liegt bei 69, jener der Industrie bei 24 Prozent. Während die Zahl der Erwerbstätigen in der Industrie seit 1991 um mehr als drei Millionen beziehungsweise rund 30 Prozent gesunken ist, gibt es im Dienstleistungssektor 5,3 Millionen beziehungsweise 23 Prozent mehr Beschäftigte.

Informatisierung: 84 Prozent aller Unternehmen in Deutschland setzen inzwischen Computer ein, mehr als die Hälfte der Beschäftigten geht täglich mit Informations- und Kommunikationstechnologien um. Ihre zunehmende Verwendung flexibilisiert Produktion und Arbeitsabläufe. Zudem wird die betriebliche Qualifikationsstruktur zugunsten hoch qualifizierter Arbeitnehmerinnen und Arbeitnehmer verändert: Seit 1991 ist die Zahl der Erwerbstätigen mit Hochschulabschluss um rund 40 Prozent gestiegen, jene ohne beruflichen Abschluss um 5 Prozent gesunken.

Demographischer Wandel: Seit 2002 schrumpft hierzulande die Bevölkerung. Im Jahr 2050 werden rund 71 Millionen Menschen in Deutschland leben – etwa 11 Millionen weniger als heute. Das Durchschnittsalter wird von derzeit 42,6 auf 51,4 Jahre steigen, das Erwerbspersonenpotenzial* von 44,7 Millionen Personen im Jahr 2010 auf 42,3 Mio. im Jahr 2025 und 31,5 Mio. beziehungsweise 35,5 Millionen Personen im Jahr 2050 sinken (bei einem unterstellten jährlichen positiven Wanderungssaldo von 100 000 bzw. 200 000 Zuwanderern und Rückkehrern). Im Jahr 2001 entfielen auf 100 ältere Akademiker 111 junge, im Jahr 2050 werden es nur noch 86 sein.

Die genannten Trends setzen vor allem weniger Qualifizierte unter Druck. Sie gehören seltener zu den Stammbelegschaften, haben ein höheres Risiko, dauerhaft erwerbslos zu sein, und schlechtere Einkommensperspektiven. Bei Geringqualifizierten weist Deutschland im OECD-Vergleich nach wie vor die höchste Arbeitslosenquote und eine der niedrigsten Erwerbstätigenquoten auf. Zudem gehört der Anteil der Langzeitarbeitslosen hierzulande zu den höchsten (s. M 44b).

(Hans Peter Klös/Benjamin Scharnagl, Arbeitsmarktpolitik seit 2003: Reformbilanz und Handlungsbedarf: In: Aus Politik und Zeitgeschichte Nr. 27/2009 v. 29.6.2009, S. 21 f.)

1. Erklären Sie, inwiefern die Folgen der Finanz- und Wirtschaftskrise (M 48) in M 49 als „konjunktureller Einbruch" (mit entsprechender „konjunktureller Arbeitslosigkeit"; vgl. M 46 b und M 60, Abb. 1 und 3) bezeichnet werden, und analysieren Sie die dargestellten „strukturellen Faktoren", die z. T. schon in den vorangehenden Materialien angesprochen wurden. Was will der Autor mit dem Begriff „Megatrends" zum Ausdruck bringen?

2. Heben Sie hervor, inwiefern sich die dargestellten Faktoren belastend für den Arbeitsmarkt auswirken, und erklären Sie, warum „die genannten Trends vor allem weniger Qualifizierte unter Druck" setzen.

3. Welche Folgerungen für eine erfolgreiche Arbeitsmarktpolitik* lassen sich aus dieser Darstellung ableiten?

5. Wirtschaftspolitische Strategien und Konzepte zur Bekämpfung der Arbeitslosigkeit

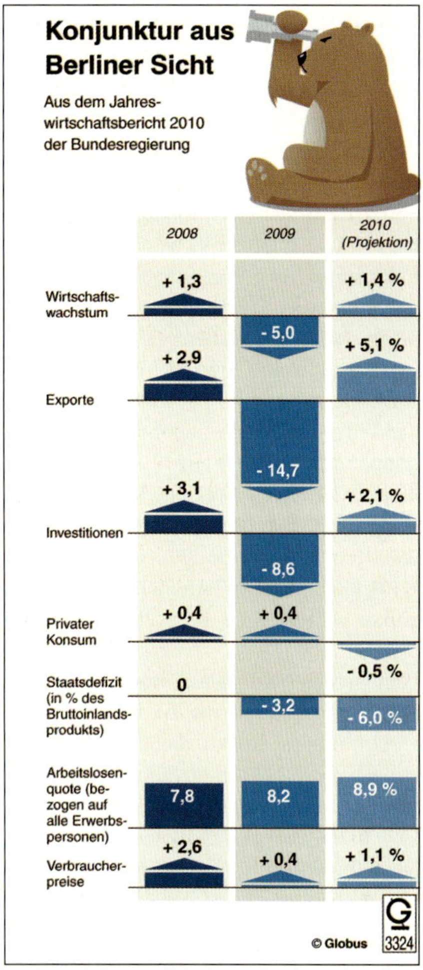

Vgl. hierzu die „Herbstprognose" der Bundesregierung für die Jahre 2010 und 2011 (s. M 60, S. 83)

In ihrem im Januar 2010 veröffentlichten „Jahreswirtschaftsbericht" (s. Grafik) zeigte die Bundesregierung mit ihrer „Zielprojektion" (vgl. M 25) nach dem schweren Einbruch der Konjunktur im Jahre 2009 verhaltenen Optimismus im Hinblick auf die Wachstumsentwicklung (hauptsächlich aufgrund einer Erholung der Exportwirtschaft), rechnete aber – als Folge der Finanz- und Wirtschaftskrise (s. M 48) – mit einem weiteren Anstieg der Arbeitslosenquote von 8,2 auf 8,9% (d. h. mit einem Arbeitslosenanstieg um rd. 320 000 auf 3,7 Mio.). Dass diese Annahme sich nicht erfüllte und die Zahl der Arbeitslosen in Deutschland nicht – wie in fast allen Industrieländern – weiter anstieg, sondern sich bis zum Juni 2010 auf die Zahl von 3,19 Mio. deutlich verringerte, wurde hier und da als kleines „deutsches Job-Wunder" charakterisiert und war zu einem guten Teil wirtschaftspolitischen Maßnahmen der Bundesregierung, insbesondere der Ausdehnung der Kurzarbeit zu verdanken (s. zu dieser Entwicklung M 58 – M 60, S. 80ff.).

In diesem Abschnitt wollen wir der Frage nachgehen, welche Strategien und Maßnahmen grundsätzlich dazu geeignet sein können, zum Abbau der Arbeitslosigkeit beizutragen und zusätzliche Beschäftigung zu erreichen.

*Wir wollen uns dabei auf drei Bereiche beschränken, die in besonderer Weise auf die Erreichung der **Ziele Wachstum und Beschäftigung** ausgerichtet sind:*

- *Maßnahmen der **Strukturpolitik** (M 50, in Hinblick auf die in M 47 und M 49 beschriebenen, strukturwandelbedingten Ursachen der Arbeitslosigkeit),*
- *grundlegende theoretische **Konzepte der Wirtschaftspolitik des Staates** (M 51 – M 56) zur Bekämpfung „konjunktureller" und „struktureller" Arbeitslosigkeit,*
- *Maßnahmen der **Konjunkturpolitik**, die im Verlauf des Jahres 2009 ergriffen wurden, um den Folgen der Finanz- und Wirtschaftskrise entgegenzuwirken (M 58 – M 60), und*
- *Maßnahmen der **Arbeitsmarktpolitik**, die unter den Stichworten „Regulierung" und „Deregulierung" kontrovers diskutiert werden: Lockerung des **Kündigungsschutzes** und Ausweitung des **Mindestlohns** (M 61 – M 63) sowie die unter dem Schlagwort „**Hartz IV**" bis heute lebhaft diskutierte Arbeitsmarktreform von 2005 (M 64).*

*Zuvor wollen wir auf einige **grundsätzliche Aspekte** hinweisen, die im Hinblick auf die Einordnung und Einschätzung aller Maßnahmen zur Bekämpfung der Arbeitslosigkeit zu bedenken sind.*

- *Die im vorangehenden Abschnitt dargestellte Vielfalt der Ursachen für Arbeitslosigkeit zeigt: Es gibt kein Patentrezept, kein Allheilmittel gegen die Krankheit der Arbeitslosigkeit. Ihre Bekämpfung muss an vielen verschiedenen Stellen ansetzen. Dabei kann unterschieden werden zwischen **„Arbeitsmarktpolitik"**, die bei den Erwerbspersonen ansetzt und deren Beschäftigungschancen zu verbessern sucht (bessere Information, Beratung und Vermittlung, Qualifizierungsmaßnahmen), und **„Beschäftigungspolitik"**, die im Wesentlichen bei den Arbeitsplätzen ansetzt und die Nachfrage nach Arbeitskräften zu steigern versucht (Maßnahmen zur Förderung der Produktion und des Wirtschaftswachstums).*

- *Während Arbeitsmarktpolitik sehr wohl staatlich organisiert und gestaltet werden kann, sind die **Möglichkeiten des Staates**, direkt auf die Beschäftigung Einfluss zu nehmen, in einer marktwirtschaftlichen Ordnung naturgemäß beschränkt. Über Einstellungen und Entlassungen entscheiden die Unternehmen; wichtige Bedingungen für die Beschäftigung (Lohnhöhe, Arbeitszeiten) werden durch die **Tarifpartner** (Arbeitgeber und Gewerkschaften) ausgehandelt. Die zentrale Aufgabe staatlicher Be-*

schäftigungspolitik liegt in der Schaffung günstiger ***Rahmenbedingungen*** *für „beschäftigungsfreundliche" Entscheidungen der Wirtschaftssubjekte. Je nach wirtschaftspolitischer „Schule", bevorzugter Konzeption (Angebots- oder Nachfrageorientierung) und Interessenlage (z. B. Arbeitgeber/Gewerkschaften) gehen die Meinungen und Vorschläge hier allerdings auseinander. Selbst die ökonomische Wissenschaft ist sich durchaus nicht darüber einig, ob die Probleme – generell gesehen – z. B. eher auf der Seite der zu geringen privaten* ***Konsumnachfrage*** *oder eher auf der Seite ungünstiger* ***Produktionsbedingungen*** *der Unternehmen (Angebotsbedingungen) zu suchen sind und damit entsprechende Maßnahmen schwerpunktmäßig entweder angebots- oder nachfrageseitig angesetzt werden sollten. Können mehr Wachstum und damit mehr Beschäftigung eher durch* ***erleichterte Produktionsbedingungen*** *für die Unternehmen (z. B. Lohnzurückhaltung, Reduzierung von Steuern und Sozialversicherungsbeiträgen, gelockerter Kündigungsschutz, weniger Bürokratie) oder eher durch* ***mehr Staatsausgaben*** *(Investitionen, Konjunkturprogramme; s. M 58) und mehr* ***Nachfrage der privaten Haushalte*** *(Lohnsteigerungen, staatliche Transferleistungen*) geschaffen werden? Und vor allem: Welche konkreten Maßnahmen sind praktikabel und politisch durchsetzbar? Denn:*

- *Konkrete Maßnahmen der Wirtschafts- und Beschäftigungspolitik sind immer eingebunden in vielfältige,* ***komplexe Zusammenhänge*** *ökonomischer und (sozial-)politischer Art. Will z. B. der Staat durch Steuersenkungen die Nachfrage der privaten Haushalte oder durch eigene Investitionen die staatliche Nachfrage steigern, wirkt sich das auf die angesichts der enormen* ***Staatsverschuldung*** *(s. M 58) ohnehin desolate Haushaltslage aus und erscheint daher kaum durchführbar.*
  Ähnliches gilt, wenn durch Senkung der Beitragssätze zu den sozialen Sicherungssystemen die Kostenbelastung der Unternehmen gesenkt und damit vermehrte Produktion und Beschäftigung angeregt werden sollen: Die u. a. aus demographischen Gründen steigenden Ausgaben der Renten-, Kranken- und Pflegeversicherung müssten aus Steuermitteln bezahlt werden.
  Muss aus Gründen des riesigen Staatsdefizits bei den Staatsausgaben gespart oder müssen gar Steuererhöhungen ins Auge gefasst werden? Wie sollen die dadurch entstehenden Belastungen für die Bevölkerung „sozial gerecht" verteilt werden? Hinzu kommt ganz generell die schwierige Frage, wie die „Herausforderungen der ***Globalisierung**** *" zu beurteilen sind und wie darauf zu reagieren ist.*

M 50 Bereiche und Maßnahmen der Strukturpolitik

Strukturpolitik umfasst wirtschaftspolitische Maßnahmen, die darauf gerichtet sind, die Veränderungen in der Wirtschaft, die durch neue Produkte und Erzeugnisse, durch den dauernden technischen Wandel und zunehmenden internationalen Wettbewerb hervorgerufen werden, abzuschwächen oder sozialverträglich zu gestalten. Weiterhin soll durch gezielte Maßnahmen die Wirtschaft in einer bestimmten Region oder Branche gestärkt werden, um den Strukturwandel besser zu verkraften. Maßnahmen der Strukturpolitik wie Subventionen* sollen also negative Auswirkungen des Strukturwandels ausgleichen sowie Anpassungen erleichtern und werden deshalb befristet eingesetzt. Im Rahmen der Strukturpolitik lassen sich Regionalpolitik und sektorale Strukturpolitik unterscheiden.
Die **regionale Strukturpolitik** [...] umfasst alle Maßnahmen mit dem Ziel, wirtschaftliche Nachteile schwächer entwickelter Gegenden (z. B. die neuen Bundesländer oder die Küstengebiete von Nord- und Ostsee) zu fördern, um der Bevölkerung überall gleiche Lebensbedingungen zu schaffen. Dazu sollen z. B. regionale Entwicklungsunterschiede abgebaut, der Strukturwandel erleichtert und in Regionen mit geringem Arbeitsplatzangebot wettbewerbsfähige Arbeitsplätze geschaffen werden. Maßnahmen der Regionalpolitik sind vor allem darauf gerichtet, Investitionen in den Fördergebieten anzuregen. [...]
In Deutschland ist die Regionalpolitik vor allem auf die neuen Bundesländer gerichtet, da dort eine flächendeckende Umstellung der Wirtschaft verkraftet werden muss. In Westdeutschland werden insbesondere ländliche, strukturschwache Gebiete gefördert, in denen ein Mangel an qualifizierten Arbeitsplätzen besteht, oder solche Gebiete, die einseitig auf spezielle Industriebereiche ausgerichtet sind und deshalb vom Strukturwandel besonders betroffen sind.

Die Regionalpolitik gehört zu den Gemeinschaftsaufgaben von Bund und Ländern, wobei jedoch die regionale Strukturpolitik der Europäischen Union, v.a. über den Europäischen Fonds für regionale Entwicklung, an Gewicht gewinnt.
Die **sektorale Strukturpolitik** umfasst wirtschaftspolitische Maßnahmen, die auf bestimmte Wirtschaftszweige (Sektoren) ausgerichtet sind. [...] Die *Erhaltung* bestehender Strukturen liegt vor allem im Interesse derer, die in tendenziell schrumpfenden Sektoren beschäftigt sind oder ihr Kapital investiert haben (z. B. Kohlebergbau, Landwirtschaft). Die *Anpassung* einzelner Sektoren an den gesamtwirtschaftlich erforderlichen Strukturwandel zu erleichtern und damit soziale Härten abzuschwächen, ist gerechtfertigt, weil vom Strukturwandel alle profitieren, aber nur ein Teil negativ betroffen wird: Wenn ein Sektor schrumpft oder stagniert (z. B. Textilindustrie, Schiffbau), dann verlieren Teile der dort Beschäftigten ihren Arbeitsplatz (strukturelle Arbeitslosigkeit). Diesen negativ Betroffenen kann durch Anpassungssubventionen geholfen werden (z. B. Umschulung oder Weiterbildung für Beschäftigte, Gründung von Beschäftigungsgesellschaften, Finanzhilfen zum Abbau von Überkapazitäten für Unternehmen). In den Bereich der Anpassungspolitik fallen aber auch Maßnahmen zur Wiederherstellung der Wettbewerbsfähigkeit gefährdeter Branchen (z. B. Investitionshilfen für Rationalisierungen). Die *Gestaltung* künftiger Strukturen wird auch als vorausschauende Strukturpolitik bezeichnet und kann z. B. in Form der Subventionierung als zukunftsträchtig geltender Branchen oder Aktivitäten (z. B. Luft- und Raumfahrt, Elektronik, Umwelt- und Energietechnik) umgesetzt werden.

(Bundeszentrale für politische Bildung, Das Lexikon der Wirtschaft, Bonn 2004, S. 148 f.)

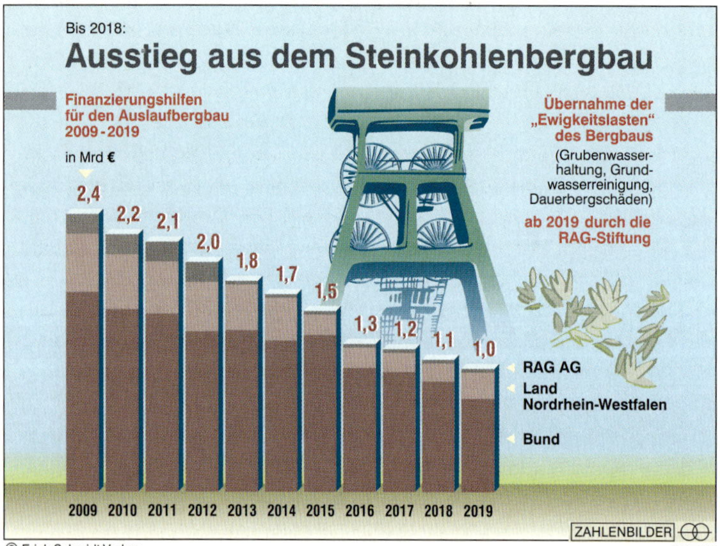

 339 125

1. Machen Sie sich – ggf. unter Rückgriff auf M 47 a – noch einmal klar, inwiefern durch wirtschaftlichen Strukturwandel „branchenspezifische" („sektorale") oder „regionale" Arbeitslosigkeit entstehen kann.
2. Beschreiben Sie, welche Ziele mit den Maßnahmen der Strukturpolitik grundsätzlich verfolgt werden, und erläutern Sie dazu, was der Begriff „Subventionen*" beinhaltet (M 50, Z. 1–9).
3. Erläutern Sie, warum sich die regionale Strukturpolitik in Deutschland vor allem auf die neuen Bundesländer erstreckt (s. Abb. 1; vgl. M 45 und M 42, Abb. 2).
4. Kennen Sie Strukturhilfe-Projekte in Niedersachsen?
5. Unterscheiden Sie im Hinblick auf die Maßnahmen der sektoralen Strukturpolitik zwischen Erhaltungs-, Anpassungs- und Gestaltungssubventionen (M 50, Z. 35 ff.).
6. Erläutern Sie das Beispiel des Steinkohlebergbaus (Abb.; vgl. M 47 a, Abb. 3).
   - Für diese Branche wurden seit vielen Jahren hohe staatliche Subventionen* (im Zeitraum 1998 – 2008 durchschnittlich jährlich über 3 Mrd. €) aufgewandt. Zu welcher Art von Subventionen können sie gerechnet werden?
   - Im Jahre 2008 beschloss die Regierung den endgültigen Ausstieg aus dem Steinkohlebergbau bis zum Jahr 2018. Zu welcher Art von Subventionen können die dazu vorgesehenen Finanzierungshilfen (s. Abb.) gerechnet werden?
7. Die über lange Jahre hin gezahlten Subventionen für den Steinkohlebergbau wurden immer wieder mit den Argumenten kritisiert, dass sie den unausweichlichen Strukturwandel behinderten und den Staatshaushalt unnötig belasteten. Welches Argument könnten die Bundes- und die Landesregierung (vor allem Nordrhein-Westfalens) dem entgegengehalten haben? Wie beurteilen Sie aus Ihrer Sicht die Subventionspolitik in diesem Bereich?

Angebots- und Nachfrageorientierung als konkurrierende Konzepte der Wachstums- und Beschäftigungspolitik

Zur Kennzeichnung gegenwärtiger, auf bestimmten theoretischen Ansätzen beruhender wirtschaftspolitischer Grundkonzeptionen werden in der wirtschaftswissenschaftlichen Literatur und in der Publizistik unterschiedliche Klassifizierungen und Begriffsabgrenzungen verwandt, auf die wir hier nicht näher eingehen können. Wir halten uns im Folgenden an die begriffliche Abgrenzung von Jörn Altmann: „Im Zentrum der Diskussion stehen zwei sich weitgehend überlagernde Begriffspaare: Nachfrage- versus Angebotstheorie und Fiskalisten versus Monetaristen." (Volkswirtschaftslehre [s. M 55], S. 177)
In beiden Konzepten wird eine zu geringe Investitionstätigkeit der Unternehmen als Hauptursache für Arbeitslosigkeit angesehen. Der Mangel an Investitionen wird aber unterschiedlich erklärt, und entsprechend unterscheiden sich die Therapievorschläge. Während die nachfrageorientierte Konzeption nach Keynes eine zu geringe Nachfrage auf den Konsumgütermärkten dafür verantwortlich macht, geht die angebotsorientierte Konzeption davon aus, dass die Bedingungen für unternehmerische Tätigkeiten ungünstig sind. Der Grund für die Meinungsunterschiede über Strategien zur Bekämpfung von Arbeitslosigkeit besteht also in einer unterschiedlichen Analyse ihrer Ursachen.

M 51 Nachfrageorientierte Wirtschaftspolitik

Die *nachfrageorientierte Wirtschaftspolitik* geht auf den englischen Ökonomen *John Maynard Keynes* zurück (s. M 53). Kennzeichnend für die keynesianische Konzeption ist die Auffassung, dass die Marktwirtschaft von sich aus kein Gleichgewicht am Arbeitsmarkt herbeiführt, jedenfalls nicht in einer angemessenen Zeit. *Arbeitslosigkeit* wird darauf zurückgeführt, dass die Nachfrage auf den Gütermärkten in der Rezession zu niedrig ist, um Vollbeschäftigung zu erreichen. Daher lautet die Politikempfehlung, dass der Staat seinerseits durch **Beschäftigungsprogramme** für Nachfrage sorgt und damit Arbeitsplätze schafft. Dafür soll er sich in der Rezession durchaus auch verschulden. Das wesentliche Mittel der Konjunkturpolitik ist die **Fiskalpolitik***, bei welcher der Staatshaushalt (Fiskus) zur Stabilisierung der Wirtschaft eingesetzt wird.

(Ökonomische Grundbegriffe, Wochenschau Sonderausgabe Dezember 2006, S. 53; Verf.: Hans Jürgen Schlösser, Michael Schuhen)

Da die Keynesianer den Bestimmungsgrößen der Nachfrage die ursächliche Bedeutung für konjunkturelle Veränderungen beimessen, soll Konjunkturschwankungen folglich durch entgegengerichtete (antizyklische) Maßnahmen begegnet werden, um die konjunkturellen Bewegungen zu dämpfen und zu verstetigen. Ein zentraler, aber kritischer Punkt ist dabei die **Finanzierung** der staatlich angeregten Nachfrage durch Schulden, denn wenn diese nicht im nächsten Konjunkturteilzyklus (Aufschwung) getilgt werden, baut sich ein Schuldenberg auf.
Das keynesianische Konzept fand Eingang in die deutsche Wirtschaftspolitik im sog. *Stabilitätsgesetz von 1967* (s. M 20). Danach ist es Aufgabe des Staates, einer sich abschwächenden privaten Nachfrage durch Maßnahmen zu begegnen, die auf den Gütermärkten die Nachfrage nach Konsum- und Investitionsgütern bzw. die Exportgüternachfrage des Auslands anregen sollen. *Indirekt* durch die *Güternachfrage*, aber auch *direkt* durch *staatliche Beschäftigungsprogramme* sollen so Beschäftigungseffekte auf dem Arbeitsmarkt ausgelöst werden: Steigende Nachfrage führt dazu, dass un(ter)ausgelastete Produktionskapazitäten stärker beansprucht werden, sodass bei anhaltender Nachfrageausweitung die Vollauslastung der Kapazitäten erreicht wird. Dies würde dann im Produktionsbereich Anreiz geben zu Neu- und Erweiterungsinvestitionen, Arbeitsplätze schaffen und über *Multiplikatorprozesse* (s. M 52) die Nachfrage weiter anregen.

(Jörn Altmann, Wirtschaftspolitik, Lucius & Lucius Verlag, Stuttgart, 8. Aufl. 2007, S. 239 f.)

M 52 Ein Unternehmen siedelt an – Beispiel eines Multiplikatoreffekts

[...] Nehmen wir an, in einer Kleinstadt siedelt sich ein neues Maschinenbauunternehmen mit 500 Beschäftigten an. Auch wenn vielleicht einige Mitarbeiter mitgebracht werden, so eröffnen sich dadurch doch neue Kooperationschancen für Arbeitsuchende in der Gegend; sie bieten ihre Arbeitskraft an und erhalten im Gegenzug vom Unternehmen Lohn, und für das Unternehmen lohnt sich das Tauschgeschäft, weil für die produzierten Maschinen zahlungsbereite Nachfrage besteht.

Das ist soweit nichts Neues. Interessant ist nun, nach weiteren *Folgewirkungen* der Ansiedlung zu fragen, deren es natürlich sehr viele gibt, und es hängt, wie immer, vom Problem ab, welche man betrachtet. Eine der Folgewirkungen, die für makroökonomische [gesamtwirtschaftliche] Fragestellungen zentral ist, betrifft die Tatsache, dass die Arbeitnehmer in dem neuen Betrieb *Einkommen* erhalten und dass daraus etwas folgt. Denn sie werden

– einen Teil dieses Einkommens als *Steuern* abführen müssen – mit der Folge, dass sich dem Staat neue Möglichkeiten der Finanzierung öffentlicher Güter eröffnen,

– einen Teil *sparen* – mit der Folge, dass jenen Akteuren, die Kredite aufnehmen möchten, hier neue Gelegenheiten erwachsen,

– und einen Teil *konsumieren* – mit der Folge, dass nun wiederum die Hersteller bzw. Verkäufer der von ihnen gekauften Güter und Dienstleistungen Einkommen erhalten und eine neue Runde in diesem Prozess beginnt.

Betrachten wir den letzten Unterpunkt noch einmal genauer: Nehmen wir an, Herr J., ein neuer Mitarbeiter des Unternehmens, hat durch seinen neu gefundenen Arbeitsplatz nun 1000 Euro im Monat mehr zur Verfügung, und er gibt davon 500 Euro für Konsumzwecke aus. Was er ausgibt, muss notwendigerweise bei anderen Akteuren als Einnahme anfallen, also als Einkommen, das sie nicht erhalten hätten, wenn Herr J. nicht seinen neuen Arbeitsplatz gefunden hätte. Nun werden diese Akteure ihrerseits das so erhaltene Einkommen für verschiedene Zwecke verwenden, und sie werden verschiedene Güter und Dienstleistungen *zusätzlich* nachfragen, die sie sonst nicht nachgefragt hätten; und ihre Tauschpartner werden dann ihrerseits neues Einkommen erhalten usw.

Nachdem also durch die Ansiedlung des Unternehmens sich in einer ersten Runde neue Kooperationschancen [Chancen der Beteiligung am Wirtschaftsprozess] für die neuen Mitarbeiter eröffneten, ergeben sich daraus wiederum, in einer *zweiten Runde*, neue Kooperationschancen für neue Interaktionspartner der Mitarbeiter, die von deren gestiegenen Möglichkeiten profitieren; sie können ein paar Brötchen, mehr Kleider, größere Autos und dergleichen mehr verkaufen, mehr Geld verdienen. In einer *dritten Runde* werden diese das so erworbene Mehreinkommen möglicherweise dazu nutzen, neue Investitionen zu tätigen und/oder neue Mitarbeiter einzustellen usw. Die so stattfindende Ausweitung von Kooperationsmöglichkeiten trägt den passenden Namen **Multiplikatoreffekt**.

Solche Prozesse – und auch ihre Umkehrung, die entsprechenden kontraktiven Entwicklungen – finden in einer Volkswirtschaft ständig statt. Man kann nun natürlich nicht all diese Einzelfälle nachzeichnen. Stattdessen werden in makroökonomischen *Modellen* solche Wirkungsketten im Aggregat [zusammengefasst] betrachtet; es wird nicht nur die Kleinstadt, sondern die gesamte Volkswirtschaft betrachtet, und dies nicht nur im Hinblick auf eine bestimmte Branche, sondern hinsichtlich aller wirtschaftlichen Tätigkeiten.

(Karl Homann/Andreas Suchanek, Ökonomik. Eine Einführung, Mohr Siebeck, Tübingen 2000, S. 307 f.)

1 Stellen Sie anhand von M 51 die zentralen Merkmale der nachfrageorientierten Wirtschaftspolitik heraus (eine vertiefende Darstellung der Keynes'schen Theorie erfolgt in M 53):
- Worin liegt in dieser Sicht die Ursache für das Entstehen von Rezessionen* und sich daraus ergebender Arbeitslosigkeit?
- Welche Rolle wird dem Staat zugesprochen? Mit welchen Maßnahmen soll er diese Rolle wahrnehmen?
- Inwiefern wird die ggf. auch durch staatliche Kreditaufnahme („deficit spending"; s. Kasten S. 76) zu erfolgende Finanzierung von „Beschäftigungsprogrammen" als „kritischer Punkt" gesehen?
- Durch welche Abläufe und Zusammenhänge soll sich die „Nachfrageausweitung" entwickeln?

2 Eine wichtige Rolle für das Funktionieren nachfrageorientierter Maßnahmen spielt der sog. „Multiplikatoreffekt" einer zusätzlichen Investition. Analysieren Sie dazu das in M 52 dargestellte Beispiel. Erstellen Sie dazu ein Pfeilschema, in dem die einzelnen Schritte des gesamten Prozesses (die „Folgewirkungen" dieser Investition) deutlich werden.

2 Der beschriebene Multiplikationsprozess läuft in der Realität i. d. R. nicht „rein" und ungestört ab. Überlegen Sie, wovon es u. a. abhängen kann, wie stark bzw. wie schwach dieser Effekt ausfallen kann (vgl. Z. 17 ff.).

VERTIEFUNG **M 53**

Grundzüge der Keynes'schen Theorie

John Maynard Keynes (1883–1946)

• Die Weltwirtschaftskrise* Anfang der 1930er-Jahre hatte in allen Industrieländern verheerende Arbeitslosigkeit und großes Elend zur Folge. Die traditionelle Wirtschaftstheorie stand diesen Tatsachen hilflos gegenüber, ihren Annahmen zufolge konnte Arbeitslosigkeit immer nur eine vorübergehende Erscheinung sein, keinesfalls ein Dauerzustand. Sollte es nämlich zu Arbeitslosigkeit kommen, dann müssten die Löhne sinken und niedrigere Lohnkosten würden für die Unternehmer wieder mehr Produktion und damit mehr Beschäftigung rentabel machen. Im Mittelpunkt der traditionellen (klassischen) Wirtschaftstheorie stand das einzelne Unternehmen und der einzelne Arbeiterhaushalt. Ein Unternehmer, so die Grundthese der klassischen Ökonomik, veranstaltet einen Produktionsprozess und bietet Arbeitsplätze an, wenn er seine Produktion a) absetzen und b) zu Preisen absetzen kann, die seine Produktionskosten – einschließlich eines „üblichen" Gewinns – decken. Nach dieser Theorie konnte Arbeitslosigkeit also nur entstehen, wenn zu hohe Lohnkosten die Produktion für den Unternehmer unrentabel machten. Wenn es zu Arbeitslosigkeit kommen sollte, dann würden die Arbeitswilligen verstärkt um die verfügbaren Arbeitsplätze konkurrieren und dadurch ihre Löhne wieder auf ein Niveau drücken, bei dem alle, die arbeiten wollten, auch Beschäftigung finden würden. Anhaltende hohe Arbeitslosigkeit war innerhalb dieses theoretischen Ansatzes also nicht möglich. Offensichtlich war sie jedoch in der Realität (der Weltwirtschaftskrise) möglich und deswegen machten sich Keynes und seine Kollegen daran, aus der Kritik der klassischen* Wirtschaftstheorie, die offensichtlich an der Realität scheiterte, eine neue Theorie zu entwickeln, die in der Lage wäre, die anhaltende Millionenarbeitslosigkeit zu erklären.

• Wenn man nur ein einzelnes Unternehmen und den einzelnen Arbeiterhaushalt betrachte, schrieb Keynes, dann seien die Hypothesen der klassischen Theorie schon richtig. Man müsse sich aber fragen, was geschehen würde, wenn **alle** Unternehmen bei bestehender Arbeitslosigkeit die Löhne herabsetzen, wie es in der Krise ja tatsächlich geschehen sei. Dann würden auch die Einkommen der privaten Haushalte sinken – und damit die **gesamtwirtschaftliche Konsumnachfrage**. Das müsste die Krise aber noch weiter verschlimmern, denn ein Unternehmer, so Keynes, stelle auch bei sinkenden Löhnen so lange keine neuen Arbeitskräfte ein, wie die Nachfrage nach seinen Produkten unzureichend oder gar rückläufig sei. Gesamtwirtschaftlich, d.h. makro-ökonomisch* betrachtet, hänge die Beschäftigung vor allem von der Gesamtnachfrage und diese wiederum vom Volkseinkommen ab. Sinkende Löhne würden das Einkommen und die wirksame gesamtwirtschaftliche Nachfrage nur noch weiter drücken und dadurch den Abschwungsprozess kumulativ verstärken.

Dies beleuchtet die Bedeutung der wissenschaftlichen Methode: Aus seiner Kritik des **mikro**ökonomischen* Ansatzes der klassischen Ökonomik entwickelte Keynes seine **makro**ökonomische*, gesamtwirtschaftliche Größen einbeziehende Theorie. Dieser Wechsel von der einzel- zur gesamtwirtschaftlichen Betrachtung lieferte Ergebnisse, die eine umwälzende Bedeutung für die Wirtschaftspolitik haben sollten. Der wichtigste Bestimmungsgrund der Beschäftigung war für Keynes die **gesamtwirtschaftliche Nachfrage**. Ein wirtschaftlicher Abschwung bedeutete für ihn nichts anderes als einen Produktionsrückgang, der auf eine unzureichende gesamtwirtschaftliche Nachfrage zurückzuführen war.

• Die **entscheidende Frage** lautete also: Wie kann man die gesamtwirtschaftliche Nachfrage wieder auf ein Niveau heben, bei dem ein hoher Beschäftigungsstand gesichert ist? Keynes analysierte die einzelnen Nachfragekomponenten: Die **Konsumnachfrage** der privaten Haushalte war zu niedrig, weil Arbeitslosigkeit vorherrschte und die Einkommen im Abschwung sanken. Sollte man also die Löhne erhöhen? Dann würden die Unternehmer nur noch mehr Arbeitskräfte auf die Straße setzen, denn für den einzelnen Unternehmer waren es ja auch die zu hohen Lohnkosten, welche die Produktion unrentabel machten. Die **Investitionsnachfrage** war zu niedrig, weil der Aufbau neuer Produktionskapazitäten bei zu hohen Kosten und ungenügender Konsumnachfrage nicht sehr aussichtsreich erschien. Wie konnte man die Investitionsnachfrage wieder anregen? Eine Senkung der Lohnkosten hätte die Konsumnachfrage noch weiter verringert; dieser Weg schied also aus. Welche Nachfragekomponenten blieben dann noch übrig? Die **Auslands-** und die **Staatsnachfrage**. Vom Ausland war nicht viel zu erwarten, denn dort herrschten auch Wirtschaftskrise und Arbeitslosigkeit vor; und der Staat hatte kaum das Geld, seine bestehenden Verpflichtungen, vor allem in der Sozialversicherung, zu erfüllen, weil die Steuereinnahmen bei sinkender Produktion und fallenden Einkommen rückläufig waren. Woher sollte also zusätzliche Nachfrage kommen? Der zentrale wirtschaftspolitische Gedanke von Keynes war nun der, **dass der Staat zusätzliche Nachfrage schaffen muss**, weil nur er es „autonom" konnte. Wenn ihm die Mittel – wegen mangelnder Steuereinnahmen – für zusätzliche Staatsausgaben fehlten, dann konnte er – und deswegen musste er – sich **durch Kreditaufnahme verschulden**. Dies war ein Aufsehen erregender Vorschlag, denn bisher hatte der Grundsatz gegolten, dass der Staatshaushalt ausgeglichen sein müsse. Wie ein ordentlicher privater Haushalt sollte auch der öffentliche Haushalt nur so viel ausgeben, wie er einnahm. Verschulden durfte sich der Staat allenfalls für

deficit spending (deutsch: Defizit-Ausgaben): In der nachfrageorientierten („keynesianischen") Wirtschaftstheorie Bezeichnung für zusätzliche (ggf. schuldenfinanzierte) staatliche Ausgaben in einer Phase wirtschaftlicher Rezession und hoher Arbeitslosigkeit. Sie sollen zur Erhöhung der gesamtwirtschaftlichen Nachfrage und der Beschäftigung führen. Das ggf. entstandene Haushaltsdefizit* soll in einer folgenden Aufschwungphase ausgeglichen werden.

(Autorentext)

Kriegszwecke – aber zur Bekämpfung der Arbeitslosigkeit? Das hatte es bisher nicht gegeben.
Genau darauf aber bestand Keynes. Wenn der Staat seine Nachfrage entsprechend seinen sinkenden Steuereinnahmen auch noch drosselt, dann wird der Abschwungsprozess noch verstärkt und die Krise wird noch auswegloser. Um das zu verhindern, muss der Staat also **vorübergehend Haushaltsdefizite* in Kauf nehmen (deficit spending;** s. Kasten). Der Wirtschaftsprozess wird dadurch wieder in Schwung gebracht und die Steuereinnahmen steigen dann auch wieder, sodass die aufgelaufenen Schulden voraussichtlich auch wieder getilgt werden können.

- Fazit: Keynes erklärte die konjunkturellen Schwankungen als zyklische Schwankungen der gesamtwirtschaftlichen Nachfrage. Abschwung und anhaltende Arbeitslosigkeit sind die Folgen unzureichender privater Nachfrage. Ein Staat, der seine Verantwortung für das Wohl der Bürger ernst nimmt, muss die gesamtwirtschaftliche Nachfrage durch *zusätzliche Staatsausgaben* wieder auf ein Niveau heben, das einen hohen Beschäftigungsstand sichert – auch wenn dadurch Haushaltsdefizite entstehen.

(Gerhard Willke, Wirtschaft – Stabilisierungspolitik und Wirtschaftsordnung. In: Dimensionen der Politik 1, Cornelsen/CVK, Frankfurt/M. 1983, S. 2/54f.).

Beschreiben Sie anhand von M 53 (vgl. auch M 51),
- vor welchem historisch-ökonomischen Hintergrund Keynes seine Theorie entwickelte,
- worin sich sein Ansatz von dem der klassischen* Theorie grundlegend unterscheidet,
- wie er ökonomische Krisen erklärt,
- welche Sonderstellung er dem Staat im Vergleich zu den übrigen Nachfragesektoren zuerkennt und
- welche Bedeutung dem staatlichen „deficit spending" zukommt.

Weitere Informationen zur Person von Keynes und zu seiner Wirtschaftstheorie finden Sie in verschiedenen Artikeln der Internet-Enzyklopädie Wikipedia (http://de.wikipedia.org/wiki/Keynes und http://de.wikipedia.org/wiki/Keynesianismus).

M 54 Angebotsorientierte Wirtschaftspolitik

Die **Angebotspolitik** versteht sich als Alternative zur Nachfragesteuerung und als Gegenentwurf zum Keynesianismus. Während die nachfrageorientierte Konjunkturpolitik kurzfristig angelegt ist und darauf abzielt, die gesamtwirtschaftliche Nachfrage auf einem hohen Niveau zu halten, ist die Angebotspolitik mittelfristig ausgerichtet. Ihr Ziel ist es, die Angebotsbedingungen der Wirtschaft zu verbessern, also günstigere Voraussetzungen dafür zu schaffen, dass neue und bessere Güter angeboten werden; dadurch können Wachstum und Beschäftigung zunehmen. Zu den Angebotsbedingungen, unter denen die Unternehmen ein Güter-Angebot auf den Markt bringen, gehören z. B. Löhne und Lohnnebenkosten, Steuern und Abgaben, sozialpolitische Auflagen und Umweltvorschriften, die für die Unternehmen mit Kosten verbunden sind (z. B. Arbeits-schutz, Kündigungsschutz, Umweltschutz, die Verpflichtung, Schwerbehinderte einzustellen, Genehmigungsverfahren bei Betriebserweiterungen usw.), ebenso das Ausbildungssystem und die Infrastruktur*. Diese Angebotsbedingungen sind im Kern gleichbedeutend mit den Produktionsbedingungen am Standort Deutschland.
Wenn die Angebotsbedingungen für die Unternehmen günstig sind, dann erhöht das ihre Rentabilität* und damit ihre Neigung zu investieren: Das ist Voraussetzung für mehr Wachstum und Beschäftigung. Zur Angebots-Politik gehören deswegen *Steuersenkungen, Verringerung der Lohnnebenkosten*, Deregulierung, Flexibilisierung* (s. Kasten), Modernisierung der Infrastruktur* und der Berufsausbildung sowie die allgemeine Verbesserung der Standortbedingungen.

(Gerhard Willke, Pocket Wirtschaft in Deutschland, Bundeszentrale für politische Bildung, Bonn 2003, S. 6)

Deregulierung: Rücknahme staatlicher Eingriffe in einen Markt, Freigabe eines staatlich beherrschten Marktes. Ziel der Deregulierungspolitik ist eine *Zurückdrängung der Rolle des Staates in einer Volkswirtschaft* durch den weitgehenden Verzicht auf Vorschriften, Genehmigungen und Kontrollen. Auf den Arbeitsmarkt bezogen richtet sich die von den Arbeitgebern erhobene Forderung nach Deregulierung auf eine Reduzierung gesetzlicher Regelungen (z. B. für den Kündigungsschutz, die Teilzeitarbeit usw.), die als zu weitgehend und die Einstellung von Arbeitskräften behindernd betrachtet werden.
Flexibilisierung: Auf den Arbeitsmarkt bezogen: Lockerung starrer gesetzlicher Regelungen (z. B. Kündigungsschutz, Flächentarife, Mindestlöhne) und verstärkte Arbeitszeitflexibilisierung (Teilzeitarbeit, Schichtarbeit, Gleitzeitarbeit, befristete Arbeitsverträge). (Autorentext)

Verlautbarung des Bundesverbandes der deutschen Industrie (BDI)

Wenn man die Ursachen unserer anhaltenden Wachstumsschwäche nüchtern analysiert, stellt man fest: Sie liegen ganz überwiegenden Teils auf der Angebotsseite. Schwächelnde Binnennachfrage ist häufig nur Ausfluss unzureichender Angebotsbedingungen: zu hohe Steuerbelastung, überbordende Sozialabgaben, überhöhte Arbeitskosten, gemessen an der Produktivität, erdrückendes Regulierungsniveau, insbesondere auf dem Arbeitsmarkt, um nur die wichtigsten zu nennen. Hier muss eine wertschöpfungs- und beschäftigungsorientierte Wirtschaftspolitik ansetzen, und dies heißt Angebotspolitik. Eine konsequente angebotsorientierte Strategie ist gleichzeitig die beste Antwort auf die Herausforderungen der Globalisierung. Gerade die Globalisierung legt die Schwächen einer nachfrageorientierten Politik offen. Denn die einzelnen Volkswirtschaften müssen sich heute mehr denn je dem internationalen Standortwettbewerb stellen. Und die Wettbewerbsparameter dieser Standortkonkurrenz sind nun einmal die Angebotsbedingungen.

(Quelle: BDI 2005: Investieren und Produzieren in Deutschland. Für mehr Wertschöpfung am Standort Deutschland, Berlin, S. 12 f.)

1. Stellen Sie heraus, worin – auch im Unterschied zur nachfrageorientierten Konzeption – die zentralen Merkmale der angebotsorientierten Wirtschaftspolitik bestehen:
   - Worin werden die Ursachen eines wirtschaftlichen Ungleichgewichts (Rezession, Arbeitslosigkeit) gesehen?
   - Worin soll dementsprechend die Rolle des Staates (nicht) bestehen?
   - Erläutern Sie im Einzelnen die angesprochenen „Angebotsbedingungen“ (Z. 6 ff.) und die staatlichen Maßnahmen, die zu ihrer Verbesserung führen sollen (Z. 18 ff. und Kasten S. 76).
2. Vergleichen Sie dazu die Stellungnahme des Bundesverbandes der Deutschen Industrie (s. Kasten oben).

VERTIEFUNG M 55 „Fiskalismus“ und „Monetarismus“ als wirtschaftspolitische Instrumentarien

Neben der Strategiedebatte gibt es auch im Hinblick auf das Instrumentarium [die konkreten Maßnahmen] der Wirtschaftspolitik einen grundsätzlichen Meinungsstreit, der sich mit der Angebots-Nachfrage-Debatte überschneidet.

- Auf der einen Seite stehen wiederum keynesianische „**Fiskalisten**“, da sie dem Staatshaushalt (Fiskus) eine zentrale instrumentelle Bedeutung beimessen. Sie setzen auf die **Fiskalpolitik**: alle Maßnahmen des Staates, die geeignet sind, die öffentlichen Einnahmen und die öffentlichen Ausgaben (öffentlicher Haushalt) gezielt zu gestalten und damit die volkswirtschaftliche Gesamtnachfrage zu beeinflussen. Die Gegenposition vertreten die **Monetaristen** (von lat. monetum – Geld), nach deren Meinung die *Geldmenge* die entscheidende Steuerungsgröße der wirtschaftlichen Entwicklung ist. Sie setzen folglich auf die **Geldpolitik***: Gesamtheit der Maßnahmen zur Steuerung des Geldumlaufs und der Kreditversorgung in einer Volkswirtschaft. Wichtigster Träger der Geldpolitik ist die *Zentralbank** (s. Kasten). Laut Gesetz ist sie gehalten, zu einer ausreichenden Geldversorgung der Wirtschaft beizutragen, die Kreditversorgung der Wirtschaft zu regeln und insbesondere die Währung zu sichern (s. M 32).
- Angebotstheorie und Monetarismus auf der einen Seite und Nachfragetheorie und Fiskalismus auf der anderen überschneiden sich offensichtlich in der Einschätzung der **Rolle des Staates**. Monetaristen und Angebotstheoretiker betonen die „Selbstheilungskräfte des Marktes“ und sehen im Staat eher einen Störfaktor als einen Stabilisator, während Keynesianer und Fiskalisten staatlichen

Milton Friedman

Monetarismus ist eine auf den amerikanischen Volkswirtschaftler Milton Friedman (1912–2006) zurückgehende volkswirtschaftliche Lehrauffassung, nach der die **Geldmenge** der wichtigste Faktor zur Steuerung des Wirtschaftsablaufs ist. [...] Danach soll die Geldmenge durch die **Zentralbanken** so gesteuert werden, dass sie möglichst ohne Schwankungen mit dem Wachstum der volkswirtschaftlichen Produktion (reales Sozialprodukt) ausgeweitet wird. Ausschläge der Konjunktur sollen damit verhindert und eine stetige Wirtschaftsentwicklung gesichert werden.

Staatliche Eingriffe in die Wirtschaft, z. B. antizyklische* Maßnahmen der Wirtschaftspolitik zur Steuerung der Konjunktur, wie vom Keynesianismus gefordert, lehnen die Monetaristen grundsätzlich ab. [...] Je weniger der Staat also zur Steuerung der Konjunktur in die Wirtschaft eingreift, desto besser. Die Grundlage für eine stetige Aufwärtsentwicklung der Wirtschaft sehen die Monetaristen somit in der Selbstregelungskraft des Marktes über Angebot und Nachfrage und in der an der volkswirtschaftlichen Produktion orientierten *Steuerung der Geldmenge durch die Zentralbank**.

(Das Lexikon der Wirtschaft, Bibliographisches Institut & Fa. Brockhaus AG, Mannheim, 2. Aufl. 2004, Lizenzausgabe für die Bundeszentrale für politische Bildung, Bonn 2004, S. 158)

Maßnahmen eine stabilisierende Funktion zusprechen. Die unterschiedlichen Positionen sind also weniger ein Streit um Zweck-Mittel-Relationen als eine ordnungspolitische **Auseinandersetzung über die Funktion des Staates im Wirtschaftsablauf** und somit um staatliche Wirtschaftspolitik.

(Jörn Altmann, Volkswirtschaftslehre, Lucius & Lucius Verlag, Stuttgart, 8. Aufl. 2007, S. 245, 248)

1 Erläutern Sie die Unterschiede der beiden in M 55 beschriebenen Ansätze des „Fiskalismus" und des „Monetarismus" und der sich daraus ergebenden wirtschaftlichen Konzepte (Fiskalpolitik und Geldpolitik).

2 Wie verhalten sich die beiden Ansätze zu den in M 54 beschriebenen (Nachfrage- und Angebotsorientierung)?

3 Erörtern Sie die Beurteilung, dass es sich bei dem Streit um die beiden Grundkonzeptionen hauptsächlich um eine „ordnungspolitische Auseinandersetzung über die Funktion des Staates im Wirtschaftsablauf" handele (letzter Satz).

M 56 a Kritikpunkte zur Nachfragetheorie

Eine aktive Nachfragepolitik des Staates zur Glättung der Konjunkturzyklen bzw. Bekämpfung einer Rezession birgt zahlreiche Schwierigkeiten in sich.

Erstens ist es für die staatlichen Entscheidungsträger schwer, im richtigen Moment und im korrekten Ausmaß die öffentliche Nachfrage auszudehnen bzw. einzuschränken. Normalerweise bestehen erhebliche *Verzögerungen zwischen dem Auftreten und dem Erkennen* eines konjunkturellen Einbruchs, zwischen dem *Erkennen und dem Veranlassen* der staatlichen Mehrnachfrage sowie zwischen der tatsächlichen Nachfrageausdehnung und der gewünschten Wirkung auf den Gütermärkten und dem Arbeitsmarkt.

Zweitens liegt ein Problem darin, dass öffentliche Haushalte sich offenbar leichter darin tun, Ausgaben zu erhöhen, als Ausgaben zu senken. Selbst in Zeiten konjunktureller Besserung erwies es sich als schwierig, öffentliche Ausgaben zurückzuschrauben, um derart entweder die Mehrausgaben vergangener Jahre zu kompensieren oder aber Rücklagen für den nächsten Abschwung zu bilden. Entsprechend schwer fällt es einer Regierung dann natürlich, in schlechteren Jahren zu sparen.

Drittens fällt es dem Staat schwer, mit Nachfragepolitik auf *Strukturveränderungen* zu reagieren. Absatzprobleme einzelner Industriezweige sind oft ein Indiz für sich wandelnde weltwirtschaftliche Strukturen. Neue Anbieter treten auf die Märkte und bedrängen etablierte Produzenten. Diese müssen in der Lage sein, flexibel auf die Herausforderung zu reagieren, indem die Unternehmen sich neue Produkte oder die Arbeitnehmer neue Arbeitsplätze suchen. Wird der Staat allerdings aktiv, indem er die Nachfrage nach den Gütern der Branche, die unter Wettbewerbsdruck geraten ist, ausweitet, nimmt er den Anreiz zur Anpassung.

Die Überbetonung der Nachfrageseite verleitet obendrein dazu, die Angebotsbedingungen der Unternehmen zu vernachlässigen. Die sogenannte **Kaufkrafttheorie der Löhne** etwa, nach der eine Erhöhung der Löhne die Konsumnachfrage stärke und damit Arbeitsplätze schaffe, resultiert aus dieser einseitigen Betrachtungsweise, da sie die *Kostenseite der Unternehmen* vollkommen übersieht. In den meisten Fällen, vor allem bei unterausgelasteten Produktionskapazitäten, würden die von ihr empfohlenen Maßnahmen zum weiteren Abbau von Arbeitsplätzen beitragen und folglich kontraproduktiv wirken.

(Bundesverband Deutscher Banken [Hg.], Wirtschaft, Materialien für den Unterricht, Berlin 2006, S. 33)

M 56 b Kritikpunkte zur Angebotstheorie

- Eine Verbesserung der Gewinnsituation der Unternehmen erhöht zwar deren Investitionsfähigkeit, nicht jedoch zwangsläufig deren *Investitionsbereitschaft*. Investitionen werden nur bei genügend guten Ertragserwartungen vorgenommen.
- Entscheidend für den Ertrag von Investitionen ist das Preis-Kosten-Verhältnis. Die angebotsorientierte Wirtschaftspolitik betont bei der Investitionsbereitschaft einseitig die Kosten der Investitionen. Ein angemessener Preis für das Produkt ist aber nur zu erzielen, wenn eine entsprechend große Nachfrage vorhanden ist. Investitionen lohnen sich nur, wenn auch *Absatzchancen für die Produkte* vorhanden sind.
- Bei mangelnder Kapazitätsauslastung bzw. zu geringer Nachfrage ist die Neigung, Erweiterungsinvestitionen vorzunehmen, gering. Investitionsförderungen führen in dieser Situation dazu, dass die Unternehmen Rationalisierungs- statt Erweiterungsinvestitionen durchführen und dadurch die Arbeitsplätze nicht vermehren, sondern vermindern.
- *Löhne* sind nicht nur ein Kostenfaktor, sondern auch ein Nachfragefaktor. Steigende Löhne bewirken nicht nur steigende Kosten, sondern auch steigende Nachfrage.
- Bei vorhandener Unterbeschäftigung führt eine Reduzierung der Staatsausgaben nicht zu sinkender, sondern zu steigender Arbeitslosigkeit.

(Hans Jürgen Albers [Hrsg.], Volkswirtschaftslehre, Verlag Europa-Lehrmittel, Haan-Gruiten, 6. Aufl. 2005, S. 407)

1 Aufgrund Ihrer Erarbeitung der vorangehenden Materialien wird es Ihnen nicht schwerfallen, die jeweiligen Kritikpunkte an den beiden konkurrierenden wirtschaftspolitischen Konzepten zu verstehen und ggf. mit eigenen Worten zu verdeutlichen (M 56 a/b). Stellen Sie dabei vor allem die gegensätzlichen Einschätzungen zur Bedeutung staatlicher Ausgaben und Eingriffe, zu den Anreizen für Unternehmensinvestitionen und zur Bedeutung der Arbeitskosten, insbesondere der Löhne heraus.

2 Wie erklären Sie sich die Tatsache, dass angesichts der Folgen der Finanz- und Wirtschaftskrise in den Jahren 2008/2009 die keynesianische Nachfragepolitik über Parteigrenzen hinweg eine „neue Renaissance" erlebt hat, nachdem zuvor die Kritik an ihr in Politik und Wissenschaft überwog?

METHODE M 57 Visualisierung

Unter Visualisierung versteht man die Nutzung und Anwendung optischer Elemente aller Art mit dem Ziel, die Konzentration und Aufmerksamkeit einer Gruppe – z. B. bei einer Präsentation oder einem Vortrag (Referat) – zu steigern und die Merkfähigkeit zu stärken. Man geht davon aus, dass das, was man hört, bespricht oder – z. B. im Unterricht – erarbeitet hat, besser im Gedächtnis haften bleibt. In einer Veröffentlichung von Ilona Boettger heißt es dazu:

„*Ziele der Visualisierung:*

- Die Aufmerksamkeit der Teilnehmer/innen fokussieren,
- Informationen leichter erfassbar machen,
- Orientierung und Übersicht geben,
- Wesentliches herausstellen können,
- Transparenz herstellen,
- den Behaltensgrad steigern.

Vorteile der Visualisierung:

- Die Visualisierung zentraler Thesen, Gesprächsbeiträge und Ideen erhöht die Chance, alle Anwesenden auf einen gemeinsamen Punkt zu konzentrieren.
- Die Visualisierung zwingt die Darstellenden zu einer Selektion zwischen wesentlichen und unwesentlichen Informationen.
- Visualisierung macht Gedanken anderer nachvollziehbar.
- Durch Visualisierung bleiben zentrale Informationen stichwortartig präsent. Dadurch wird die Aufnahmebereitschaft und -kapazität einer Gruppe erhöht.

Die optische Darstellung soll die Sprache nicht ersetzen, sie soll diese lediglich ergänzen.

[...] Visualisierungen sind gut vorzubereiten. Es ist zu überlegen, welche Inhalte dargestellt werden sollen, welches Ziel mit der Darstellung verfolgt wird, welche Darstellungselemente verwendet werden sollen und welche Medien der Visualisierung genutzt werden sollen.

Bei der optischen Darstellung ist darauf zu achten, dass die Visualisierungselemente übersichtlich angeordnet werden. Die Inhalte sind auf zentrale Aspekte zu reduzieren und es sollte eine Strukturierung vorgenommen werden. So können beispielsweise Überschriften oder Oberbegriffe durch Farbe, Form und/oder Schriftgröße betont werden. Neben der Schrift können auch andere Visualisierungselemente genutzt werden, z. B. Karten in verschiedenen Farben und Formen, Linien, Pfeile oder Punkte."

(Ilona Boettger; http://www.sowi-online.de/methoden/lexikon/visualisierung-boettger.htm)

Zur Ergebnissicherung Ihrer Erarbeitung der vorangehenden Materialien zu den wirtschaftspolitischen Konzeptionen schlagen wir Ihnen vor, einen übersichtlichen Vergleich (Synopse) zwischen den beiden Konzeptionen der Angebots- und Nachfragepolitik zu erstellen und sich dabei der methodischen Mittel der „Visualisierung" (M 57) zu bedienen (in diesem Fall könnte es sich um eine geordnete stichwortartige Gegenüberstellung handeln). Sie könnten dieses Produkt natürlich gemeinsam im Kursgespräch erarbeiten, vielleicht hat jedoch eine Erarbeitung in zwei oder drei Gruppen Vorteile: Die Kommunikation und Diskussion könnten intensiver erfolgen, die Entscheidungsfindung über die Gestaltungselemente usw. könnte leichter und schneller vonstatten gehen und: Ein Vergleich mehrerer Ergebnisse (Welche Gruppe hat die beste Lösung gefunden?) wäre reizvoll.

M 57 gibt Ihnen einige wichtige Hinweise darauf, was bei der Arbeit zu beachten ist. In diesem Fall wird es – diesen Tipp wollen wir Ihnen geben – zunächst vor allem darauf ankommen, die Gegenüberstellung nach einigen übergeordneten Gesichtspunkten (z. B. allgemeinen Grundannahmen, Ansatzpunkten, konkreten Maßnahmen und Problemen) zu gliedern und dann die einzelnen Merkmale dazu aus den Materialien M 51 – M 55 „herauszufiltern". Vielleicht können Sie auch Elemente aus M 56 einbeziehen.

Überlegen Sie auch, ob es sinnvoll ist, sich über die Art der Präsentation (z. B. mit einer Folie o. Ä.) vorab – ggf. auch zwischen den Gruppen – zu einigen.

Mit Keynes aus der Krise?

M 58 „Keynes wird neu entdeckt“ – Die Bundesregierung beschließt Konjunkturprogramme im Sinne von Keynes

Die Welt entdeckt derzeit den Krisenökonomen John Maynard Keynes und seine Theorien (vgl. M 51, M 53) im Eiltempo wieder. […] Begonnen hat das „Revival der Nachfragepolitik“ (s. M 51) mit der Pleite der Investmentbank Lehman Brothers im September 2008. Danach brach die Konjunktur zusammen – schlagartig und weltweit. Alle Industrienationen haben […] gigantische Konjunkturprogramme aufgelegt. In Rekordzeit, in Rekordvolumen. […]

Drei der vier Komponenten der gesamtwirtschaftlichen Nachfrage – der private Konsum, die Investitionen und Exportüberschüsse – fallen (*in einer solchen Krisensituation*) als Wachstumsbringer aus (vgl. M 53, Z. 71 ff.). […] Ökonomen sprechen von einer „keynesianischen Situation“, in der direkte, schuldenfinanzierte Konjunkturprogramme (s. u.) gefragt sind. […]

Aus Keynes' Theorie lassen sich zwei Verbote und drei Gebote für die Wirtschaftspolitik herausdestillieren, schreibt Gerhard Willke, Professor für Wirtschaftspolitik an der Fachhochschule Nürtingen: […] Tabu sei in der Krise eine Senkung der Löhne und der Staatsausgaben. Geboten seien niedrige Zinsen. Zudem sollte der Staat versuchen, die Nachfrage zu stützen – einerseits direkt über schuldenfinanzierte Investitionen, andererseits indirekt durch die Umverteilung von Einkommen hin zu Verbrauchern mit wenig Geld und hoher Konsumneigung.

(Anja Müller, Im Rausch von Keynes, in: Handelsblatt vom 28.4.2009, S. 9)

Ohne ausschweifende ideologische Diskussionen (vgl. Kasten) wurden 2008 in vielen Ländern Konjunkturprogramme im Sinne einer keynesianischen antizyklischen Haushaltspolitik (vgl. M 53) auf den Weg gebracht, um von staatlicher Seite her die gesamtwirtschaftliche Nachfrage zu stützen. Dabei wurde die zusätzliche Verschuldung des Staates (deficit spending*) bewusst in Kauf genommen (vgl. Abb. 2 a/b). […]

In Deutschland wurden Ende 2008 und Anfang 2009 zwei Konjunkturprogramme beschlossen (s. Abb. 1). Mit dem *Konjunkturpaket I* wurden nach Angaben der Bundesregierung 32 Milliarden Euro aus den öffentlichen Haushalten zur Verfügung gestellt, um die Konjunktur zu stützen. Die Mittel verteilen sich auf die Jahre 2009 und 2010. Das Maßnahmenpaket sah vor: Kreditvergünstigungen und Verbesserungen steuerlicher Abschreibungen für die Wirtschaft, zusätzliche Förderung von CO_2-Gebäudesanierung, Infrastrukturausgaben, Verlängerung der maximalen Bezugsdauer des Kurzarbeitergeldes (s. M 59) von 6 auf 18 Monate (später auf 24 Monate). Die meisten Maßnahmen setzen auf indirekte Förderung der gesamtwirtschaftlichen Nachfrage. Nur zu einem geringen Teil wird direkt zusätzliche staatliche Nachfrage ausgeübt.

Im Februar 2009 wurde das *Konjunkturpaket II* beschlossen, für das ein Gesamtvolumen von etwa 50 Milliarden Euro angegeben wurde. Gut ein Drittel davon war für öffentliche Investitionen in Bildung und Infrastruktur* vorgesehen. Diese Ausgaben bedeuten großenteils zusätzliche direkte gesamtwirtschaftliche Nachfrage, zumal hier bereits ausgearbeitete Planungen insbesondere bei den Kommunen kurzfristig realisiert werden können. Bei diesen Maßnahmen ist der konjunkturstützende Impuls am größten. Die weiteren Teile des Konjunkturpakets bestehen vor allem aus staatlichem Einnahmenverzicht durch Entlastungen bei Steuern

„Herr Brüderle, hat die Krise einen Keynesianer aus Ihnen gemacht?
Wir brauchen eine vernünftige Mischung aus Angebots- und Nachfragepolitik. Was viele selbst ernannte Keynesianer immer vergessen: Wenn sich die volkswirtschaftlichen Bedingungen wieder stabilisieren, brauchen wir einen Konsolidierungskurs. Aber wenn Sie nicht genügend Nachfrage haben, muss der Staat durchaus auch eine gewisse Zeit Nachfrage stimulieren. Es gibt hierzu verschiedene Wege, aber dieser Grundsatz ist unwiderlegbar.“

(Der für seine wirtschaftsliberale Grundeinstellung bekannte Wirtschaftsminister Rainer Brüderle [FDP] in einem Interview mit dem „Tagesspiegel“ am 4.1.2010)

Abb. 1

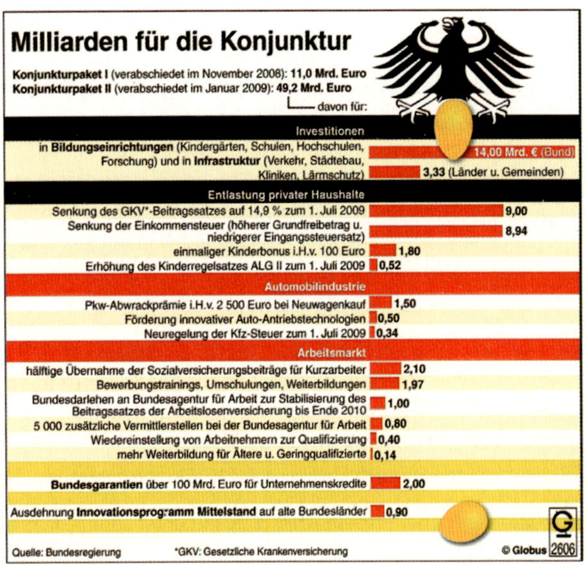

Abb. 2 a

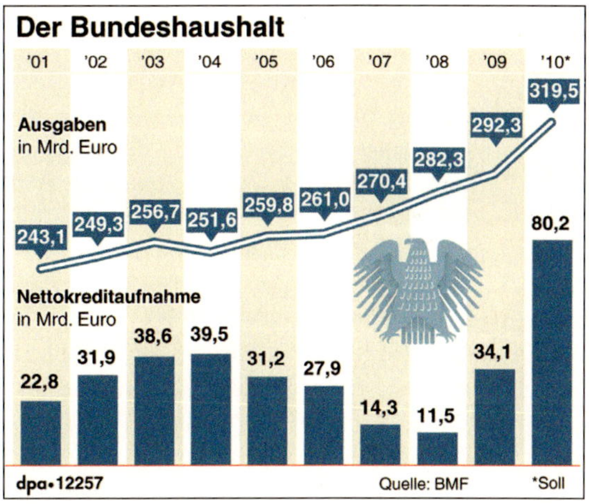

Abb. 2 b

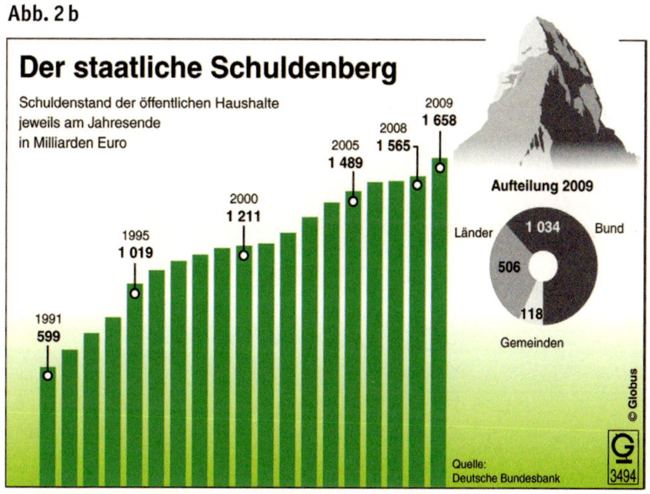

U. a. wegen der durch die günstige Konjunkturentwicklung (vgl. M 59) erhöhten Steuereinnahmen zeichnete sich im November 2010 eine Verringerung der Nettokreditaufnahme des Bundes für 2010 um rd. 15 Mrd. auf rd. 65 Mrd. Euro ab.

und anderen Abgaben. Mit diesen Maßnahmen hofft man die private Nachfrage zu stimulieren. Sie wirken indirekt auf die gesamtwirtschaftliche Nachfrage. Die Konjunkturprogramme sehen auch Finanzmittel vor, um den sogenannten Deutschlandfonds mitzufinanzieren. Dieser ist mit 115 Milliarden Euro ausgestattet für Kredite und Bürgschaften, die von Unternehmen der Realwirtschaft zur Überbrückung von Liquiditätsengpässen beantragt werden können. Insgesamt bestehen die beiden Konjunkturprogramme außerdem aus einer Vielzahl einzelner Maßnahmen wie Abwrackprämie für Autos, Absenkung der Krankenkassenbeiträge, Kinderzuschlag, Unterstützung von Qualifizierungsmaßnahmen bei Kurzarbeit.

(Egmont Hass, Stabilitätspolitik in der sozialen Marktwirtschaft. Eine ökonomische Einführung. Wochenschau Verlag, Schwalbach/Ts. 2010, S. 131 f.)

1. Erläutern Sie, inwiefern in der Folge der internationalen Finanz- und Wirtschaftskrise 2008/2009 (s. M 48) in den Industrieländern die Theorie von Keynes „wiederentdeckt" wurde (M 58, Z. 1 ff.). Ziehen Sie zur Erklärung der „keynesianischen Situation" und der dafür von Keynes empfohlenen Nachfragepolitik ggf. M 51 und M 53 (Z. 71 ff.) heran.

2. Untersuchen Sie anhand des Textes und der Abb. 1 einzelne Maßnahmen im Hinblick auf ihre unterschiedlichen nachfragepolitischen Ansatzpunkte und erklären Sie, inwiefern nach Keynes öffentliche (staatliche) Investitionen den größten „konjunkturstützenden Impuls" auslösen können. Welche Maßnahmen werden i. d. R. nur „indirekt" wirksam? – Zur besonderen Bedeutung der Kurzarbeit für die Beschäftigungsentwicklung s. M 59.

3. Beschreiben Sie anhand von Abb. 2a/b, wie sich das keynesianische „deficit spending" (vgl. M 53, Z. 95 ff.) in der Entwicklung der Staatsverschuldung widerspiegelt. Erkunden Sie den endgültigen Stand der Nettokreditaufnahme und der Staatsverschuldung für das Jahr 2010 (www.bundesfinanz ministerium.de).

4. Das „Konsolidierungsprogramm" („Sparpaket") der Bundesregierung (vgl. den Hinweis des Bundeswirtschaftsministers; s. Kasten) wurde im Juni 2010 auf den Gesetzgebungsweg gebracht. Erkunden Sie ggf. die endgültige Gesetzesfassung im Hinblick auf den Umfang, die Art und die Verteilung der Sparmaßnahmen.

M 59 Die Bedeutung der Kurzarbeit für die Entwicklung der Beschäftigungssituation in der Krise

Das Kurzarbeitergeld ist neben anderen betrieblichen Flexibilisierungsinstrumenten – wie dem Abbau von Arbeitszeitkonten und Überstunden – ein wesentliches Instrument für Unternehmen, qualifizierte und eingearbeitete Mitarbeiterinnen und Mitarbeiter zu halten und das Arbeitsvolumen kurzfristig an eine sich verbessernde Auftragslage anzupassen. Im Jahresdurchschnitt haben 2009 rund 1,1 Millionen Menschen „kurz" gearbeitet. Diese Zahl hatte sich bis Juli 2010 auf rd. 288 000 reduziert (vgl. Abb. S. 82 o.).

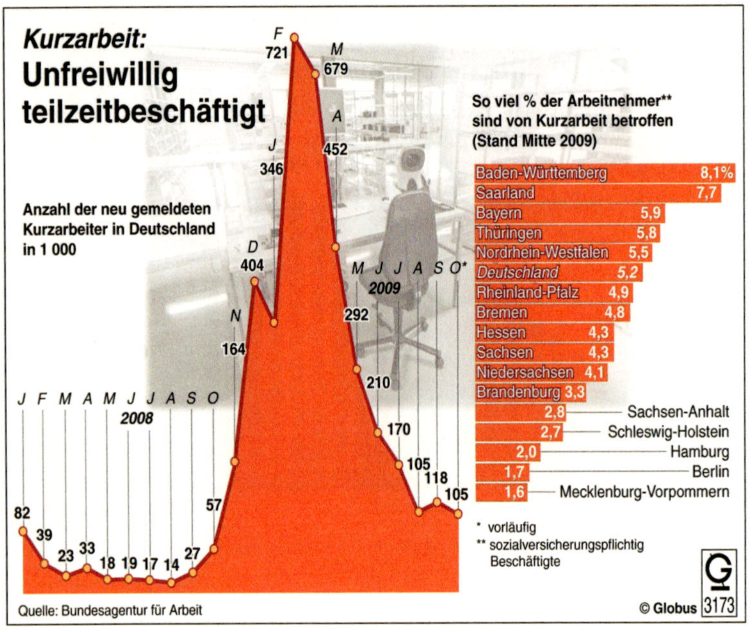

Im Juli 2010 waren noch rd. 288 000 Arbeitnehmer in Kurzarbeit beschäftigt. Gegenüber dem Höhepunkt vom Mai 2009 hatte sich damit die konjunkturelle Kurzarbeit um fast vier Fünftel reduziert.

Grund für Kurzarbeit ist meist eine schlechte Auftragslage wie 2009 in der Autoindustrie. Durch Kurzarbeit können die Firmen Kündigungen vermeiden, weil die Bundesagentur für Arbeit für einen Teil der Verdienstausfälle aufkommt, die durch die verkürzte Arbeitszeit verursacht werden. Wird beispielsweise die Arbeitszeit um die Hälfte verringert, dann erhalten die Beschäftigten auch nur die Hälfte des Lohns vom Arbeitgeber. Für die andere Hälfte kommt die Bundesagentur* auf, aber nur zum Teil. Sie zahlt auf diese Hälfte das Kurzarbeitergeld, das bei Arbeitnehmern mit Kindern 67 Prozent des letzten Nettoeinkommens ausmacht, ansonsten 60 Prozent. Weil die Bundesagentur einen Teil des Verdienstausfalls ausgleicht, müssen die Firmen Kurzarbeit bei ihr beantragen. Die Bezugsdauer beträgt grundsätzlich sechs Monate. Um Massenentlassungen im Zuge der Finanz- und Wirtschaftskrise seit 2008 zu verhindern, wurde die Bezugsdauer 2009 auf zunächst 18 und später 24 Monate verlängert, sofern der Anspruch bis 31.12.2009 entsteht.

Die Beiträge zur Sozialversicherung* werden den Arbeitgebern in den ersten 6 Monaten der Kurzarbeit zu 50 %, ab dem 7. Monat zu 100 % von den Agenturen für Arbeit erstattet. Kurzarbeitergeld können Unternehmen jeder Größe und jeder Branche beantragen. Voraussetzung ist, dass der Betriebsrat der Kurzarbeit zustimmt oder sich alle betroffenen Mitarbeiterinnen und Mitarbeiter damit einverstanden erklären.

(Autorentext nach verschiedenen Veröffentlichungen)

M 60 Ein deutsches „Job-Wunder"? Die Wirtschaftsentwicklung in Deutschland 2009/10

„Kurzarbeit beendet!" Mehr und mehr Firmen vermelden seit Jahresanfang 2010 erfreut diese Botschaft. […]

Zum Teil hatten die Unternehmen anderthalb Jahre Auftragsflaute zu überbrücken. Nun füllen sich die Auftragsbücher wieder. Die Nachfrage beispielsweise nach deutschen Autos oder Maschinen steigt im In- wie im Ausland. Firmen fahren wieder Sonderschichten. Deutschland ist auf einem guten Weg aus der Krise – gerade auch im internationalen Vergleich. Während das Wirtschaftswachstum im vergangenen Jahr um fast fünf Prozent abnahm (s. M 27), bewegen sich die Prognosen für 2010 um plus 3,4 Prozent (Stand Oktober 2010).

Davon profitiert auch der Arbeitsmarkt: Die Zahl der Arbeitslosen ist in Deutschland deutlich gesunken und erreicht mit gut drei Millionen den Stand vor der Krise 2008. Im Vergleich zum letzten Jahr gibt es aktuell rund 270 000 Arbeitslose weniger. In den Monaten Mai, Juni und Juli lag die Arbeitslosigkeit zuletzt 1992 niedriger. Durch die deutliche wirtschaftliche Belebung kann die

Abb. 1

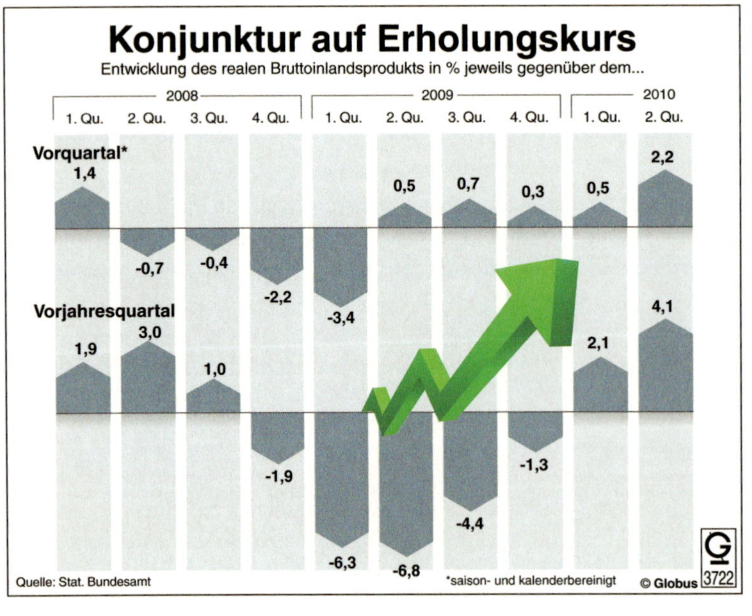

Zahl der Arbeitslosen bis Jahresende wieder unter die Marke von drei Millionen sinken. In Ostdeutschland fiel die Arbeitslosigkeit das erste Mal seit Jahren unter die Millionen-Grenze.
Im Ausland wird mitunter von „Germany's job miracle", vom deutschen Jobwunder, gesprochen. Entscheidend dazu beigetragen hat, dass der Arbeitsmarkt hierzulande deutlich flexibler geworden ist. Dazu gehören Arbeitszeitkonten, betriebliche Bündnisse vor Ort, die Zeitarbeit und die verbesserten Bedingungen zur Nutzung der Kurzarbeit.
Im internationalen Vergleich steht Deutschland mit einer Arbeitslosenquote von 7,0 Prozent deutlich besser da als etwa die USA mit 9,7 Prozent oder der Euroraum mit durchschnittlich 10,0 Prozent. Über das letzte Jahr betrachtet ging die Arbeitslosigkeit laut Eurostat nirgendwo so stark zurück wie in Österreich (von 4,9 auf 4,0 Prozent) und Deutschland (von 7,6 auf 7,0 Prozent). Lediglich fünf der 27 EU-Mitgliedsländer konnten im Vergleich zum Mai 2009 ihre Arbeitslosenquoten senken.

(Bundesregierung, Magazin für Wirtschaft und Finanzen Nr. 85 und 90, 08/2010; http://www.bundesregierung.de/Content/DE/Magazine/MagazinWirtschaftFinanzen/085/tl-wachstumsprognosen-angehoben.html)

Abb. 2

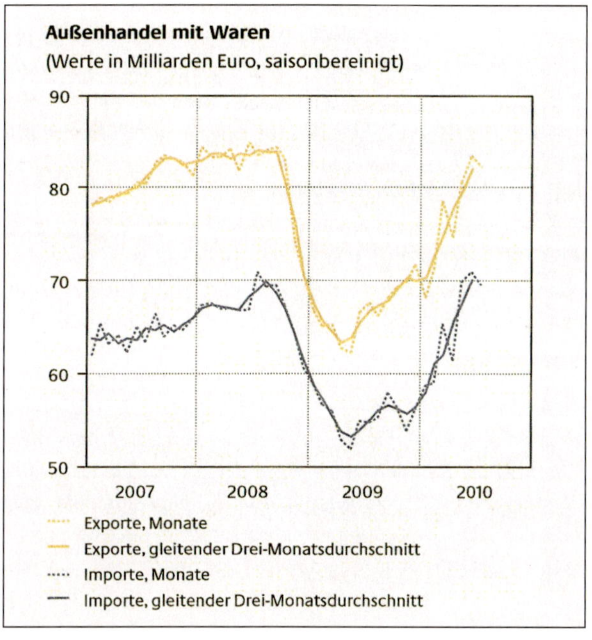

Abb. 3

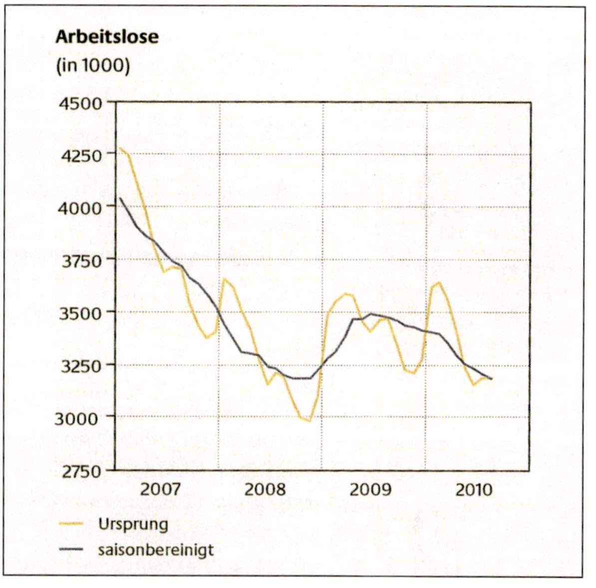

(**Abb. aus**: Bundeswirtschaftsministerium, Schlaglichter der Wirtschaftspolitik, Monatsbericht 10/2010, S. 38 und 41)

In ihrer „Herbstprognose" (Oktober 2010) ging die Bundesregierung von folgenden jahresdurchschnittlichen Werten (gegenüber dem Vorjahr) aus: 2010: *Wachstum* 3,4 % (2011: 1,8 %), *Arbeitslosenzahl* 3,2 Mio. (2011: 2,9 Mio.), *Exportsteigerung* 15 % (2011: 8 %). Für den *Preisanstieg* prognostizierten die Wirtschaftsforschungsinstitute eine Inflationsrate von 1,1 % für 2010 und 1,6 % für 2011.

1. In der Diskussion über die beschäftigungspolitischen Maßnahmen und ihrer Wirkungen in der Wirtschaftskrise hat der Einsatz der Kurzarbeit eine besondere Rolle gespielt. Erläutern Sie anhand von M 59 ihre Merkmale, ihre Zielsetzung und ihren Einsatz in der Zeit zwischen Oktober 2008 und 2009. Näheres zur Bedeutung der Kurzarbeit: http://www.bmas.de/portal/31222/

2. Beschreiben Sie anhand der Abbildungen 1–3 in M 60 etwas genauer die im Text skizzierte wirtschaftliche Entwicklung in Deutschland in den Bereichen Wachstum, Außenhandel und Arbeitslosigkeit im jeweils dargestellten Zeitraum und interpretieren Sie sie auf dem Hintergrund Ihrer Kenntnisse aus M 48 und M 58/M 59.

3. Im Herbst 2010 wurde von manchen Beobachtern die Besorgnis zum Ausdruck gebracht, dass die Krise noch nicht endgültig bewältigt sein könnte und es zu Rückschlägen in der Wirtschaftsentwicklung (Konjunktur, Beschäftigung) kommen könne. Erkunden Sie, ob bzw. inwieweit sich diese Befürchtungen bewahrheitet haben.

Der Begriff **Regulierung** steht für die Summe der Regeln – Gesetze, Verordnungen und sonstige Bestimmungen –, mit denen der Staat steuernd ins Wirtschaftsgeschehen und in das Verhalten der Marktteilnehmer eingreift. Ziel dieser Regulierung ist zum einen die Beeinflussung des Wettbewerbs zwischen den Marktteilnehmern, um unerwünschte Ergebnisse zu verhindern. [...]. Zum anderen versucht der Staat, mit Regulierungsmaßnahmen soziale Ziele durchzusetzen. Diesem Zweck dienen z. B. die Arbeitsmarktregulierung und die Sozialgesetzgebung.

(http://www.wirtschaftundschule.de/Lexikon/R/Regulierung.html)

Kündigungsschutz und Mindestlohn als „Jobkiller"? Regulierung und Deregulierung auf dem Arbeitsmarkt

Arbeitsmarktpolitik im umfassenden Sinne hat zum Ziel, einen Ausgleich von Angebot (von Arbeitskraft durch die Arbeitnehmer) und Nachfrage (nach Arbeitskräften durch die Arbeitgeber) am Arbeitsmarkt (s. M 38) herbeizuführen. In diesem Sinne gehören zur Arbeitsmarktpolitik alle Maßnahmen der Wirtschaftspolitik, die darauf ausgerichtet sind, Wachstum und Beschäftigung in einer Volkswirtschaft zu sichern und zu fördern.

„Unter Arbeitsmarktpolitik im engeren Sinne versteht man heute die Aktivitäten der Bundesagentur für Arbeit. Ihr steht ein Katalog von Instrumenten zur Verfügung, zu denen zum Beispiel Arbeitsbeschaffungsmaßnahmen, Lohnsubventionen, Mobilitätsbeihilfen und weitere Instrumente gehören, die über die traditionelle Vermittlung und Beratung weit hinausgehen. Die Grundlinie der zeitgenössischen Arbeitsmarktpolitik besteht im Konzept des ‚Förderns und Forderns'.

Zur Arbeitsmarktpolitik wird darüber hinaus die Arbeitsmarktordnungspolitik gezählt. Ihr wichtigstes Element ist die Tarifautonomie, die im Grundgesetz (Art. 9, Abs. 3) abgesichert ist. Hinzu treten zahlreiche Regulierungen auf dem Arbeitsmarkt, die in der Regel dem Schutz der Arbeitnehmer dienen: Kündigungsschutz, Jugendarbeitsschutz, Frauenarbeitsschutz und Arbeitszeitgesetz stellen Beispiele dafür dar." (Ökonomische Grundbegriffe, Wochenschau Sonderausgabe Dezember 2006, S. 57: Verf.: Hans Jürgen Schlösser, Michael Schuhen)*

Im Folgenden wollen wir zunächst einen kurzen Überblick über bestehende Arbeitsmarktregulierungen in Deutschland geben (M 61) und dann ein Stück weit den Fragen nachgehen,

- *welche grundsätzliche Kritik es an einem zu hohen Maß an Regulierung gibt und*
- *wie unter dem Gesichtspunkt möglicher Auswirkungen auf die Beschäftigung zum einen die Lockerung des* **Kündigungsschutzes** *(M 62 a/b) und zum anderen die Ausweitung von* **Mindestlöhnen** *(M 63 a/b) eingeschätzt werden.*

M 61 Arbeitsmarktregulierungen in Deutschland

Die Regulierungen des deutschen Arbeitsmarktes sind sehr umfangreich und vielschichtig. Zu unterscheiden sind hierbei insbesondere Regelungen und Gesetze, die für den einzelnen Arbeitsplatz bzw. Arbeitnehmer gelten, und solche, die für die Schaffung der Rahmenbedingungen des Arbeitsmarktes verantwortlich sind. Zu ersteren zählen dabei die Regelungen zur Arbeitszeit, zum Kündigungsschutz, aber auch zum Arbeitsschutz. In den zweiten Bereich fallen Bestimmungen zum Tarifrecht und zur betrieblichen Mitbestimmung. Einen kurzen Überblick der individuellen und kollektiven Regelungen liefert die folgende Grafik:

Abb.: Regulierungen auf individueller und kollektiver Basis

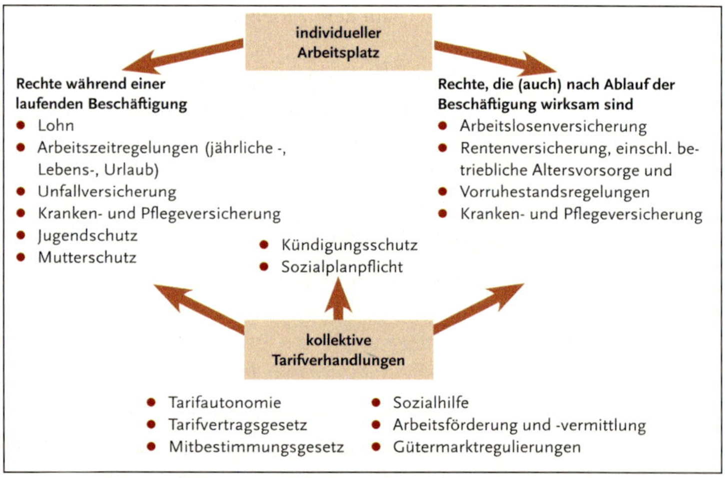

(Aus: Dr. Jürgen Jerger: Arbeitsmarktregulierung und Beschäftigung. Zu den Effekten staatlich zugeteilter Verfügungsrechte an Arbeitsplätzen, in: Thomas Apolte und Uwe Vollmer [Hg.]: Arbeitsmärkte und soziale Sicherungssysteme unter Reformdruck, Lucius-Verlag, 2002, S. 144)

1 Erläutern Sie mit eigenen Worten die begrifflichen Abgrenzungen zur „Arbeitsmarktpolitik" (Einleitungstext zu M 61).

2 Verschaffen Sie sich einen Überblick über die Arten von Regulierungen auf dem Arbeitsmarkt (M 61). Welche beiden Gruppen lassen sich grundsätzlich unterscheiden?

3 Sie brauchen an dieser Stelle nicht alle in der obigen Übersicht aufgeführten Regulierungen im Einzelnen zu erläutern. Wählen Sie aus den während der Beschäftigung geltenden „individuellen" und den „kollektiven" Regelungen einige aus, die Sie aus Ihrer Kenntnis heraus konkreter erläutern können.

M 62 a „Die steigende Zahl befristeter Arbeitsverhältnisse ist das Ventil eines überregulierten Arbeitsmarktes"

Heute gehören befristete Arbeitsverhältnisse zum deutschen Alltag, sie werden immer mehr. Mittlerweile sind 2,7 Millionen Arbeitnehmer oder knapp neun Prozent aller Erwerbstätigen betroffen, also jeder elfte Arbeitnehmer.

Nimmt man weitere neuartige Instrumente hinzu, Minijobs (2,6 Mio.), Teilzeitarbeit (4,9 Mio.), Zeitarbeit (0,6 Mio.), dann kommt man auf etliche Millionen früher kaum gekannter Jobs. Die Experten sprechen von „atypischen", Kritiker von „prekären" Arbeitsverhältnissen. Beides ist irreführend.

Atypisch sind diese Arbeitsverhältnisse nur, solange die unbefristete Dauertätigkeit normal ist. Diese gute alte Zeit geht langsam, aber sicher zu Ende. Deutschland verändert sich, die einst mächtige Industrienation ächzt unter dem Strukturwandel, kämpft im internationalen Wettbewerb und sucht noch den Weg in die Dienstleistungsgesellschaft. In diesen Zeiten verliert das Wort „Normalität" an Aussagekraft. Schüler kennen keinen vorgefertigten Karriereweg mehr, Abiturienten haben den Studienplatz keinesfalls in der Tasche, Absolventen bewerben sich vergeblich um Jobs. Wer dann unterkommt bei Siemens, BMW oder im Mittelstand, ist anders als früher nicht mehr sicher fürs Leben. Die Ungewissheit wird Alltag, und dies prekär zu nennen, hieße die Herausforderung bestenfalls zähneknirschend anzunehmen; prekär steht für kritisch, misslich, schwierig. Die neuen Arbeitsverhältnisse aber sind nicht nur Problem, sondern auch Chance. Sie ermöglichen häufig Arbeit, wo andernfalls keine mehr wäre.

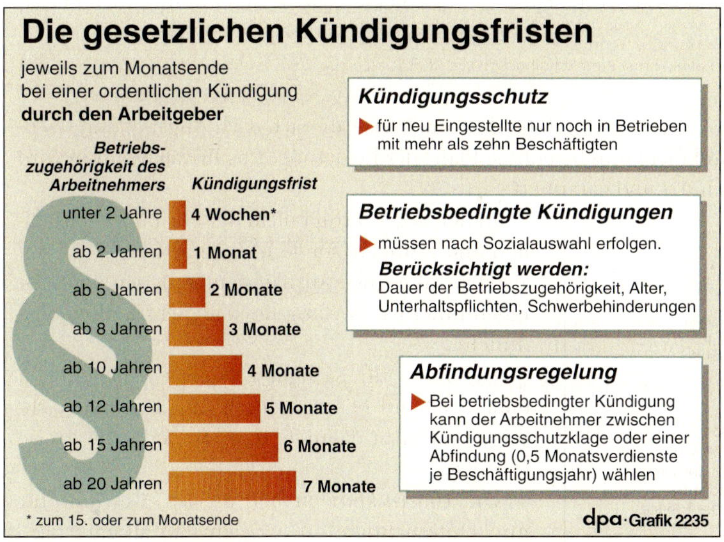

Dabei ist die neue Vielfalt der Beschäftigung keineswegs zwingend, andere Weichenstellungen wären möglich, alle aber haben mit Flexibilität zu tun. Im respektablen Sozialstaat Dänemark ist – für viele Deutsche eine Horrorvorstellung – der Kündigungsschutz weitgehend abgeschafft, entsprechend gering ist die Bedeutung anderer Jobmodelle. Hierzulande sind namentlich die Befristungen ein Ventil des hoch regulierten Arbeitsmarktes, in dem Unternehmen sich von ihren Mitarbeitern selbst in der Krise nur mit guten Argumenten und allen Ungewissheiten des Arbeitsgerichtsverfahrens trennen können. Nur wer das Normalarbeitsverhältnis flexibilisiert, kann den Trend zur Befristung umkehren.

(Süddeutsche Zeitung v. 17.3.2010, S. 4; Verf.: Marc Beise)

M 62 b „Ein hohes Maß an Regulierung hat auch positive Effekte"

Neben den ständig wiederholten Behauptungen, wonach die Deregulierung des Arbeitsmarktes mehr Beschäftigung und den Abbau von Arbeitslosigkeit brächte, werden Studien, die das Gegenteil und die Vorteile von Regulierungen belegen, nicht zur Kenntnis genommen und in den Medien allenfalls am Rande erwähnt. So ergeht es offenbar auch einer Studie der Internationalen Arbeitsorganisation (ILO), einer Sonderorganisation der Vereinten Nationen.

Die „Deregulierer" stellen die Vorteile von dauerhaften Anstellungen und „rigiden" Regeln auf dem Arbeitsmarkt infrage und behaupten, dass angesichts der heutigen globalisierten Märkte unelastische Festschreibungen von Löhnen und von Anstellungen bei ökonomischen Schocks zu einer Einschränkung von Produktivitätswachstum (und Beschäftigung etc.) führten.
Solche Botschaften würden etwa im „World Economic Outlook" des IWF*, oft von der OECD* oder von der Weltbank* vertreten, heißt es in der ILO-Studie. (In der in Deutschland vorherrschenden ökonomischen Lehre kann man diese Behauptungen fast durchgängig wiederfinden.)
Die Autoren der Studie stützen sich nicht auf ökonomische Modellannahmen, sondern auf empirische Forschungsergebnisse. Sie zeigen, dass „rigide" Arbeitsmarktregulierungen auch positive ökonomische Effekte mit sich bringen.
Das Ergebnis der Studie lässt sich wie folgt zusammenfassen:
Der Einfluss von Arbeitsmarktregulierungen auf das Wachstum der Arbeitsproduktivität ist ambivalent: Auf der einen Seite erhöhen Regulierungen die Anpassungskosten des Faktors Arbeit, was die Produktivität* negativ beeinflussen kann, aber auf der anderen Seite erhöhen Regulierungen (wie Kündigungsschutz, Flächentarife, soziale Standards) aus verschiedenen Gründen die Arbeitsmotivation und den Arbeitseinsatz, und die (tarifliche) Koordination von Lohnverhandlungen stimuliert vor allem arbeitssparenden technischen Fortschritt und dadurch einen Anstieg der Produktivität. Die Studie stellt empirische Befunde aus einem Querschnitt von 20 OECD-Ländern (1984–1997) dar, die belegen, dass relativ „rigide" (z. B. regulierte oder koordinierte) Arbeitsmärkte das langfristige Wachstum der Arbeitsproduktivität steigern.

Die ILO erhofft sich, dass die Ergebnisse dieser Studie einen Einfluss auf die allgemeine ökonomische Diskussion über den Einfluss von Arbeitsmarktregulierungen, auf die Wirtschaft haben.

(http://www.nachdenkseiten.de/?p=2715)

1 Beschreiben Sie, was sich im Hinblick auf die Art der Arbeitsverhältnisse gegenüber der „guten alten Zeit", der bisherigen „Normalität" geändert hat und welche Entwicklungen diesen Wandel bewirkt haben (M 62 a).

2 Anfang 2010 wurde insbesondere der hohe Anteil befristeter Arbeitsverhältnisse (rd. 45 %) in Deutschland lebhaft diskutiert. Inwiefern sieht der Autor darin unter den gegebenen Verhältnissen auch eine Chance? Warum kann aus seiner Sicht nur die Lockerung des Kündigungsschutzes den Trend zur Befristung stoppen? Zum Begriff der Flexibilisierung (als Gegensatzbegriff zur Regulierung) s. M 54, Kasten S. 76 u.
Eine Aufstellung von Argumenten für und gegen eine Lockerung des – zwischen Gewerkschaften und Arbeitgebern umstrittenen – Kündigungsschutzes finden Sie auf der Internetseite http://de.wikipedia.org/wiki/Kündigungsschutz.

3 Erläutern Sie, unter welchen Gesichtspunkten nach einer Studie der Internationalen Arbeitsorganisation (ILO) starke Arbeitsmarktregulierungen „auch positive ökonomische Effekte mit sich bringen" (M 62 b).

4 Nehmen Sie auf dem Hintergrund von M 62 a und b aus Ihrer Sicht Stellung zu der Diskussion über die Bedeutung des bestehenden Kündigungsschutzes.

M 63 a „Kein Lohn unter 7,50 Euro!" – Die Forderung der Gewerkschaften nach einem gesetzlichen Mindestlohn

Die Gewerkschaften standen einem gesetzlichen Mindestlohn lange skeptisch gegenüber. Grund dafür war, dass die Tarifautonomie* nicht ausgehebelt werden sollte. Außerdem sollte verhindert werden, dass es durch einen gesetzlichen Mindestlohn Druck auf die Löhne nach unten gibt – in Richtung dieses Mindestlohnes. Inzwischen hat sich die Lage in Deutschland verschärft. Die Arbeitslosigkeit ist gestiegen. Die EU-Erweiterung hat zu mehr Lohndumping* durch Billiganbieter geführt. Seit den Hartz-IV-Gesetzen müssen Arbeitslose fast jeden Job annehmen. Die Lohnuntergrenze ist nur die Sittenwidrigkeit*. Dazu kommt, dass immer mehr Unternehmen Druck auf die Löhne ausüben. Die Alternative heißt immer häufiger: schlechtere Arbeitsbedingungen und sinkende Löhne oder Betriebsverlagerung. Und das selbst in profitablen Betrieben. Das alles hat zur Folge, dass viele Menschen zu unwürdigen Löhnen arbeiten. Nach einer Studie des Instituts für Arbeit und Qualifikation (IAQ) arbeiteten 2006 in Deutschland 5,5 Millionen Beschäftigte für

Abb. 1: Werbekampagne des Deutschen Gewerkschaftsbundes in Berlin Dezember 2007

Abb. 2

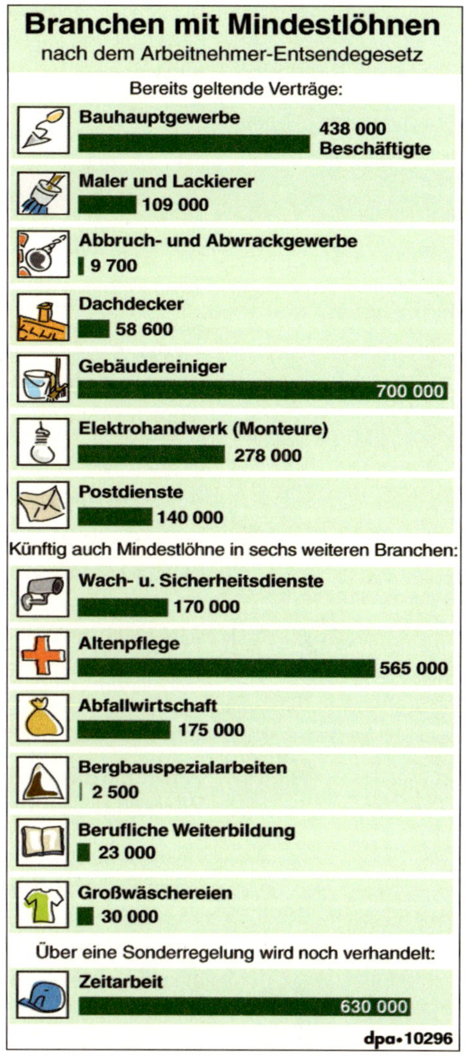

Die Mindestlöhne liegen zwischen 6,36 € (Ost) bzw. 7,51 € (West) in den Großwäschereien und 12,41 € (Ost/West) bei Bergbauspezialarbeiten (Baugewerbe: 10,80/9,25 €). Übersicht unter http://de.wikipedia.org/wiki/Mindestlohn

Das **Arbeitnehmer-Entsendegesetz** (AEntG) vom 26. Februar 1996 ist ein Gesetz, auf dessen Grundlage in Deutschland in bestimmten Branchen Mindeststandards für Arbeitsbedingungen festgelegt werden können. Ursprüngliches Ziel des Gesetzes war die Festschreibung zwingender Arbeitsbedingungen für Arbeitnehmer, die von im Ausland ansässigen Arbeitgebern zur grenzüberschreitenden Erbringung von Dienstleistungen, insbesondere im Bauhaupt- und Baunebengewerbe, nach Deutschland entsandt werden. Daneben bietet das Gesetz aber auch eine rechtliche Möglichkeit, über die Gruppe der aus dem Ausland entsandten Arbeitnehmer hinaus auch für alle im Inland tätigen Arbeitnehmer Mindestarbeitsbedingungen zur Geltung zu bringen. Sehr niedrige Tarifvergütungen gelten (Stand Anfang 2007) z.B. im Friseurhandwerk (West 4,93 €/Ost 3,06 €), im Bewachungsgewerbe (5,25 €/4,15 €), im Hotel- und Gaststättenbereich (5,26 €/4,61 €), in der Floristik (5,94 €/4,35 €) und im Bäckerhandwerk(6,38 €/4,41 €).

(Autorentext)

Bruttostundenlöhne unter 7,50 Euro. All das lässt eine gesetzliche Auffanglinie bei den Löhnen und Gehältern als unabdingbar erscheinen, um die Würde der arbeitenden Menschen zu gewährleisten.

- Vorrangig sollen **Tarifverträge** den Beschäftigten ihren gerechten Anteil am Wohlstand sichern und sie vor Lohndumping schützen. Gewerkschaften können sich aber nicht immer mit ihren Lohnforderungen durchsetzen. So zum Beispiel, weil sie aufgrund eines zu geringen Organisationsgrades zu wenig Druck ausüben können. Außerdem gibt es Unternehmen, die nicht im Arbeitgeberverband sind oder ausgetreten sind. Gewerkschaften haben dann keinen Tarifpartner, mit dem sie Tarifverträge abschließen könnten.
- Deshalb setzt sich der DGB dafür ein, dass das **Arbeitnehmer-Entsendegesetz** (s. Kasten) ausgeweitet wird, das bislang nur für die Baubranche (Bauhauptgewerbe, Maler- und Lackiererhandwerk, Abbruch- und Abwrackgewerbe, Dachdecker- und Elektrohandwerk) sowie das Gebäudereinigerhandwerk und den Bereich Briefdienstleistungen galt. Anfang 2009 wurden sechs weitere Branchen in das Gesetz aufgenommen: Bergbauspezialarbeiten, Großwäschereien, Entsorgungswirtschaft, Wachdienste, Aus- und Weiterbildung sowie Pflegedienste (s. Abb. 2). Das Entsendegesetz ermöglicht, dass tariflich vereinbarte Mindestlöhne durch eine Rechtsverordnung zwingend für alle in Deutschland Beschäftigten der Branche gelten. Diese Mindestlöhne erfassen auch vom Ausland nach Deutschland entsandte Beschäftigte. Der Vorteil dieser Lösung ist, dass die Tarifparteien die Mindestlöhne vereinbaren, nicht der Gesetzgeber. In der **Baubranche** hat sich diese Lösung bewährt. [...]

- Für den Fall, dass sich die Tarifparteien nicht auf branchenbezogene Mindestlöhne einigen können, muss es möglich sein, **die Tarifentgelte der untersten Entgeltgruppe** für alle Beschäftigten der jeweiligen Branche **für verbindlich zu erklären**.
- Aber auch das wird vielfach nicht ausreichen, um allen Beschäftigten einen Lohn von mindestens 7,50 Euro zu garantieren. Deshalb brauchen wir einen **gesetzlichen Mindestlohn**[1], der nicht unterschritten werden darf. (http://www.dgb.de/themen/++co++a6d9b4ae-366e-11df-5e49-00188b4dc422/@@dossier.html)

[1] *Gesetzlicher Mindestlohn:* allgemeiner, von Tarifvereinbarungen unabhängiger, gesetzlich festgelegter, für alle Branchen geltender („flächendeckender") Mindestlohn.

1 Erläutern Sie, wie in Deutschland die Höhe der Löhne vereinbart wird und worin der Unterschied zwischen „Tariflöhnen" und „gesetzlichen Mindestlöhnen" liegt.

2 Warum standen die Gewerkschaften gesetzlichen Mindestlöhnen lange Zeit ablehnend gegenüber? Was hat sie dazu bewogen, ihre Position zu ändern? Welche Rolle hat dabei auch die schwächere Stellung der Gewerkschaften (Mitgliederverlust) gespielt, wie sie sich in den letzten Jahren ergeben hat? (M 63 a, Z. 1–23)

3 Erläutern Sie mit eigenen Worten, was es mit dem „Entsendegesetz" auf sich hat und auf welche Weise damit in bestimmten Bereichen „Mindestlöhne" zustande gekommen sind. Worin lag das Neue dieser Lohnfestsetzungen im Vergleich zu den bisherigen Ergebnissen von Tarifabschlüssen?

4 Die Darstellung in M 60 a macht deutlich, dass der *allgemeine, für alle Branchen gleichermaßen geltende* („flächendeckende") *gesetzliche Mindestlohn* für die Gewerkschaften die letzte Stufe ihrer lohnpolitischen Forderungen darstellt. Ziehen Sie zur aktuellen Position der Gewerkschaften (ihre Forderung sieht inzwischen 8,50 € vor) ggf. die Internetseite http://www.dgb.de/themen?k:list=Arbeit&k:list=Mindestlohn heran. (Z. 24 ff.)

M 63 b „Mindestlohn – Konzept für mehr Arbeitslosigkeit" – Das Institut der deutschen Wirtschaft lehnt Mindestlöhne ab

Die Befürworter eines Mindestlohns gehen offenbar davon aus, dass jeder Arbeitgeber die höheren Löhne für seine Mitarbeiter problemlos über höhere Preise an die Kunden weitergibt. Klappt das allerdings nicht, stehen Jobs auf der Kippe, und zwar gerade solche, von denen es ohnehin nicht genügend gibt: die für Menschen ohne Berufsausbildung und Personen mit Handikap. Wenn sie die geforderten 7,50 Euro nicht erwirtschaften, ist für sie Schicht [Schluss]. Dieser Personenkreis profitiert von der Erholung auf dem Arbeitsmarkt schon jetzt kaum – von den 141 000 Arbeitslosen, die im April eine Stelle antraten, waren nur 21 000 ALG-II-Empfänger. Mit einem Mindestlohn legt man diesen Menschen weitere Steine in den Weg. Dabei müsste man – umgekehrt – eigentlich Löhne von unter 7,50 Euro fördern. Viele einfache Dienstleistungen würden sicher verstärkt nachgefragt, wenn sie billiger wären. Das würde *neue Jobs für Geringqualifizierte* schaffen. Der Bedarf an Niedriglohnjobs ist hierzulande erheblich größer als anderswo: In Deutschland ist jeder Fünfte ohne abgeschlossene Berufsausbildung arbeitslos – in Frankreich und Großbritannien nur jeder Achte.

- Die Gegner eines Mindestlohns sehen durchaus, dass man von Minilöhnen allein nicht leben kann. In der Tat sind die Stundenentgelte in einigen Branchen zum Teil recht niedrig. Laut Deutschem Institut für Wirtschaftsforschung (DIW) arbeiten 11 Prozent aller Arbeitnehmer für weniger als 7,50 Euro in der Stunde. Die meisten Kleinverdiener müssen allerdings – anders als es Gewerkschafter unterstellen – nicht von diesen Löhnen existieren; mancher verdient sich nur ein paar Euro hinzu. Indiz: Nur 4 Prozent der Arbeitnehmer

Kombilohn: Kombination von (geringem) Arbeitslohn und staatlicher Unterstützung (Lohnzuschüsse aus Steuermitteln) zur Erzielung eines ausreichenden Einkommens. Die Gruppe der „Geringverdiener" unter den Hartz-IV-Empfängern, deren Lohn durch Hartz-IV-Leistungen „aufgestockt" wird, erhalten im Prinzip einen solchen „Kombilohn". Dem Konzept des Kombilohns liegt folgende Überlegung zugrunde: Menschen mit geringer Qualifikation finden unter Marktbedingungen schwer eine Arbeit, mit der sich ein für den Lebensunterhalt ausreichender Lohn verdienen lässt. Zugleich aber sind geeignete Einfachjobs bei höheren Löhnen aus Sicht der Unternehmen unrentabel. Also will man diese Kluft durch eine Kombination von Arbeitslohn und staatlichem Zuschuss überbrücken. Geht der Zuschuss an den Arbeitnehmer, kann dieser auch mit einem Arbeitslohn unter dem Arbeitslosengeld-II-Niveau ein ausreichendes Einkommen erzielen. Zahlt man das Geld an den Arbeitgeber, kann der auch für einfache Arbeit einen höheren Lohn bieten. Als Hauptproblem des Kombilohns wird der sog. „Mitnahmeeffekt" diskutiert: Unternehmen zahlen bewusst niedrige Löhne, weil sie damit rechnen können, dass der Staat diese Löhne durch Zuschüsse „aufstockt". (Autorentext) mit einem Stundenlohn von weniger als 7,50 Euro leben in einem Haushalt, der über keine weiteren Erwerbseinkommen und keine staatlichen Zuschüsse verfügt. „Arm trotz Arbeit" ist also eher die Ausnahme als die Regel. Insofern wäre es sinnvoll, diese wenigen Menschen gezielt über Steuerzuschüsse – eben einen **Kombilohn** – auf ein akzeptables Einkommensniveau zu hieven. Die Bereitschaft, für weniger Geld zu arbeiten, würde dadurch gefördert.

(iwd – Informationsdienst des Instituts der deutschen Wirtschaft Köln, Nr. 19/2007, © Deutscher Instituts-Verlag GmbH, Köln)

1 Erläutern Sie die Argumente, die das Institut der deutschen Wirtschaft gegen die Einführung flächendeckender Mindestlöhne anführt (M 63 b).
- Welche Folgen ergeben sich danach für die Arbeitnehmer im Niedriglohnbereich, wenn es den betreffenden Unternehmen (Arbeitgebern) nicht gelingt, die durch Mindestlöhne entstehenden höheren Kosten auf die Preise aufzuschlagen?
- Was muss nach dieser Darstellung im Hinblick auf das Argument „Armut trotz Arbeit vermeiden" bedacht werden (vgl. M 64)?
- Was ist mit dem vom Institut (wie auch von anderer Seite) vorgeschlagenen „Kombilohn" als Alternative zum Mindestlohn gemeint? Welches Ziel könnte damit in der Sicht seiner Befürworter erreicht, welcher Nachteil vermieden werden?

2 Informieren Sie sich über den aktuellen Stand der Debatte ggf. im Internet (z. B.: http://www.welt.de/wirtschaft/article7029963/Wirtschaftsforscher-warnen-vor-Mindestloehnen.html) und nehmen Sie auf dem Hintergrund der Informationen in M 62 und M 63 aus Ihrer Sicht Stellung zur Forderung der Gewerkschaften nach Einführung eines gesetzlichen Mindestlohns.

M 64 „Armut per Gesetz?" – Die „Hartz IV"-Reform verunsichert die Menschen

Mit dem Inkrafttreten der sog. „Hartz IV"-Reform* (2005) wurde für alle Personen, die bisher Leistungen der *Arbeitslosenhilfe** erhielten, und alle erwerbsfähigen Personen, die bisher Anspruch auf Sozialhilfe* hatten, als einheitliche Unterstützungsleistung die *„Grundsicherung für Arbeitsuchende"* geschaffen. Die Leistungen dieser Grundsicherung für die Arbeitsuchenden selbst heißen *„Arbeitslosengeld II"*, die für ihre im gleichen Haushalt lebenden Angehörigen *„Sozialgeld"* (nicht zu verwechseln mit der weiterhin bestehenden, nun aber nur noch für relativ wenige Personen infrage kommenden „Sozialhilfe*"; vgl. Glossar). Absicht der Reform war im Wesentlichen, *allen* arbeitsfähigen Langzeitarbeitslosen die gleiche bedarfsabhängige Unterstützungsleistung zukommen zu lassen, zugleich aber – nach dem Prinzip „Fördern und Fordern" – auf Langzeitarbeitslose stärker als bisher einen gewissen Druck zur Aufnahme einer Tätigkeit auszuüben.

- Das Arbeitslosengeld II ist *keine Versicherungsleistung* und orientiert sich, anders als die Arbeitslosenhilfe*, nicht am früheren Arbeitseinkommen, sondern am *Bedarf* des Betroffenen und der mit ihm im Haushalt lebenden Angehörigen bzw. Lebenspartner („Bedarfsgemeinschaft"). Seit Juli 2009 gibt es im Anschluss an den Bezug von Arbeitslosengeld I* und nach einer zweijährigen Übergangsfrist, in der der Regelsatz um rd. 500 € (1. Jahr) und rd. 400 € (2. Jahr) aufgestockt wird, 359 Euro Regelleistung für Bezieher des Arbeitslosengeldes II (ALG II) (zu den Beträgen für weitere Familienangehörige und zu den sich ergebenden Beträgen für einzelne Haushaltstypen s. Abb. 2 und 3). Dieser Betrag soll die Grundbedürfnisse abdecken. Zusätzlich zahlt die Bundesagentur für Arbeit oder die Arbeitsgemeinschaft aus Stadt und Arbeitsagentur („Arge") die *Unterkunft* und die *Heizkosten*. Dabei müssen die Arbeitslosen allerdings nachweisen, dass der Wohnraum „angemessen" ist. Angemessen sind für Singles bis 50 Quadratmeter, für Paare bis 60 Quadratmeter und für Familien mit einem Kind bis 75 Quadratmeter Wohnfläche. Hinzu kommen bestimmte Beträge bei Mehrbedarf (für Schwangere, Alleinerziehende und Schwerbehinderte) und einmalige Leistungen (z. B. für die Erstausstattung einer Wohnung). Auch die *Beiträge für Kranken-, Pflege- und Rentenversicherung* übernimmt der Staat.

Abb. 1

Abb. 2

Vgl. hierzu Text, Z. 82 ff.

Abb. 3

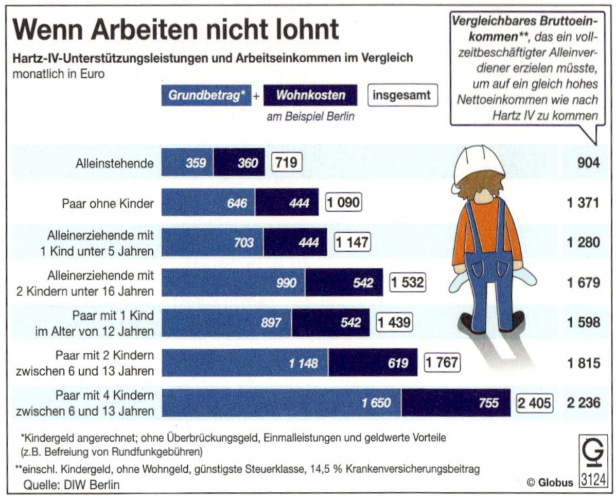

Die in Abb. 3 angegebenen Beträge für die Bruttoeinkommen gelten für den Fall, dass die betr. Haushalte keinen Kinderzuschlag und kein Wohngeld* beantragen und beziehen. Rechnet man diese Sozialleistungen hinzu, ergibt sich nach einer Berechnung des Deutschen Paritätischen Wohlfahrtsverbandes* z. B. bei einem Bruttoeinkommen von 1583 € ein „Lohnabstand" gegenüber Hartz IV zwischen 280 € (Ehepaar ohne Kind) und 368 € (Ehepaar mit 2 Kindern).

Abb. 4

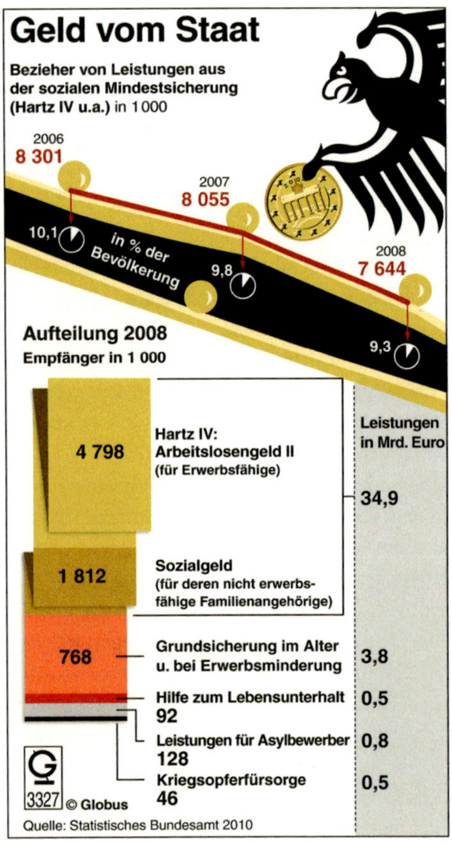

Zahl der „Hartz IV"-Empfänger:

2006: Arbeitslosengeld II*: 5 392 Tsd.
Sozialgeld*: 1 955 Tsd.

2009: Arbeitslosengeld II: 4 908 Tsd.
Sozialgeld: 1 817 Tsd.

Stand September 2010:
Arbeitslosengeld II: 4 832 Tsd.
Sozialgeld: 1 800 Tsd.

(Quelle: Bundesagentur für Arbeit)

- Zum Verständnis der erheblichen Unruhe und Verunsicherung, zu der die Hartz-IV-Reform geführt hat, muss man wissen, dass im Zusammenhang damit auch die Bezugsdauer für das Arbeitslosengeld I* (Leistungen aus der Arbeitslosenversicherung: 60 % des bisherigen Netto-Verdienstes, 67 % für Arbeitslose mit Kindern; je nach Dauer der vorangehenden Beschäftigung bis zu 36 Monate) auf 12 Monate bzw. 18 Monate (für über 55-Jährige) verkürzt wurde. Diese von vielen als besonders ungerecht empfundene Regelung wurde inzwischen entschärft (seit Anfang 2008 gilt eine bis maximal auf 24 Monate verlängerte Bezugsdauer).

Verlierer und Gewinner

- Im Unterschied zu der bisherigen Arbeitslosenhilfe*, für deren Höhe das letzte Netto-Einkommen zugrunde gelegt wurde (53 % bzw. 57 % für Arbeitslose mit Kindern) und auf die Langzeitarbeitslose einen zeitlich unbegrenzten Anspruch hatten, orientiert sich das Arbeitslosengeld II streng an der **Bedürftigkeit** des Empfängers. Dies kann vielleicht als die gravierendste Systemänderung bezeichnet werden. Wer z. B. als alleinstehender Beschäftigter einen Netto-Verdienst von 2500 € hatte, erhält nach Ablauf der Bezugsdauer von Arbeitslosengeld I (60 % = 1500 €) und einer zweijährigen Übergangszeit statt der früheren Arbeitslosenhilfe (53 % = 1325 €) nunmehr die Hartz-IV-Regelleistung von 359 € plus 360 € für die Warmmiete, also insgesamt 719 € – ebenso viel wie jemand, der zuvor einen Nettoverdienst von 1000 € hatte. Das Nürnberger Institut für Arbeitsmarkt- und Berufsforschung (IAB) belegt in einer Studie, dass sich für mehr als jeden zweiten Bezieher des neuen Arbeitslosengeldes II (57 Prozent) die Einkommenssituation verschlechtert hat. Darunter sind vor allem ältere Menschen, die lange gearbeitet und zuletzt gut verdient haben und somit einen hohen Anspruch bei der Arbeitslosenhilfe hatten. Solche „Verliererhaushalte" mussten im Schnitt Einbußen in Höhe von 20 Prozent hinnehmen. Knapp 17 % der ehemaligen Bezieher von Arbeitslosenhilfe bekommen seit Jahresanfang 2005 überhaupt kein Geld mehr. Dabei handelt es sich in aller Regel um Menschen, die in Beziehungen (in einer Bedarfsgemeinschaft) leben und deren Partner nach den neuen Regeln „zu viel“ verdient.

- Auf der anderen Seite profitieren 43 Prozent der ALG-II-Bezieher von Hartz IV: Sie bekommen heute mehr Geld vom Staat als zuvor. Dabei handelt es sich vor allem um Menschen, die zuvor Sozialhilfe* bezogen oder deren ehemalige Arbeitslosenhilfe unter dem Niveau der Sozialhilfe lag. Auch wird häufig darauf hingewiesen, dass der sog. „Lohnabstand“ (der Unterschied zwischen dem „Hartz IV“-Einkommen und dem Einkommen eines vollzeitbeschäftigten Erwerbstätigen) in vielen Fällen zu gering bzw. kaum vorhanden sei, um „Hartz IV“-Bezieher zur Aufnahme einer Beschäftigung zu motivieren (vgl. dazu Abb. 3).
- Die Bundesagentur für Arbeit kam in einem Bilanzbericht im Dezember 2009 zu einer insgesamt eher positiven Einschätzung des Systems (http://doku.iab.de/kurzber/2009/kb2909.pdf), auch im Hinblick darauf, dass es die Entwicklung auf dem Arbeitsmarkt günstig beeinflusst (die Arbeitslosenzahl sank von 4,86 Mio. im Jahr 2005 auf 3,27 Mio. im Jahr 2008) und die Zahl der Empfänger sich verringert habe (s. Abb. 4). Der Deutsche Paritätische Wohlfahrtsverband* dagegen kritisierte das „Hartz IV“-System als im Sinne einer ausreichenden sozialen Mindestsicherung völlig unzureichend; die Diskussion über den fehlenden „Lohnabstand“ erklärte er für gegenstandslos (s. Anmerkung zu Abb. 3); die Studie des Verbandes dazu steht im Internet zur Verfügung: http://www.der-paritaetische.de/fileadmin/dokumente/2010_lohnabstand/expertise_lohnabstand_web.pdf

Anfang 2010 entschied das Bundesverfassungsgericht, dass die Berechnung der „Regelleistungen“, insbesondere die für Kinder (s. Abb. 2), überprüft und ggf. korrigiert werden müsse. Auf dem Hintergrund dieser Entscheidung entwickelte sich eine z. T. lebhafte und kontroverse öffentliche Diskussion, in der es u. a. um die Frage des „Lohnabstandsgebots“ (s. Abb. 3) und um die Höhe der Sozialleistungen (das Verständnis von „Sozialstaat“) insgesamt ging. Ende Oktober 2010 wurde eine entsprechende Gesetzesvorlage vom Bundeskabinett beschlossen und in den Gesetzgebungsprozess eingebracht mit dem Ziel, das Gesetz bis zum Ende des Jahres zu verabschieden.

- Der Anteil der erwerbsfähigen „Hartz IV“-Bezieher an der Bevölkerung (im Alter von 15 bis unter 65 Jahren) ist in den Bundesländern sehr unterschiedlich. In Bayern und Baden-Württemberg liegt er bei 4 bzw. 5 %, in Sachsen-Anhalt und Mecklenburg-Vorpommern bei 17 % (NRW: 10 %; Deutschland im Durchschnitt: 9 %). Der auf die Kinder (unter 15 Jahren) in „Hartz IV“-Haushalten bezogene Anteil liegt in Bayern und Baden-Württemberg bei 8 bzw. 9 %, in Sachsen-Anhalt und Mecklenburg-Vorpommern bei 32 % (NRW: 18 %; Deutschland im Durchschnitt: 16 %).

(Autorentext)

1 Die 2005 in Kraft getretene sog. „Hartz IV“-Reform beinhaltet unter dem offiziellen Leitsatz „Fördern und Fordern“ ein im Einzelnen sehr differenziertes und kompliziertes Regelwerk, dessen Auswirkungen pauschal nur schwer zu beurteilen sind. Anhand von M 64 können Sie sich über die wichtigsten Regelungen und Konsequenzen informieren, wobei allerdings der Bereich der Beratung und Arbeitsvermittlung („Fördern“) und eine Reihe weiterer Aspekte ausgespart bleiben. Für weitere Klärungen stehen im Internet vielfältige Informationsangebote zur Verfügung (z. B. unter www.arbeitsmarktreform.de oder http://de.wikipedia.org/wiki/Arbeitslosengeld_2).

2 Klären sollten Sie auf jeden Fall,
- wodurch sich das „Arbeitslosengeld II“ von der früheren Arbeitslosenhilfe* unterscheidet,
- wie sich die in Abb. 3 angegebenen Haushaltseinkommen im Einzelnen zusammensetzen (ggf. sollten Sie einzelne Beispiele anhand von Abb. 2 nachberechnen),
- worum es in der Diskussion über den „Lohnabstand“ geht,
- welche Beziehergruppen zu den „Verlierern“ bzw. zu den „Gewinnern“ gehören,
- welche unterschiedlichen Gruppen die Gesamtzahl der Leistungsempfänger bilden: Welche Mitglieder der Bedarfsgemeinschaften erhalten „ALG II“, welche „Sozialgeld“ (nicht zu verwechseln mit „Sozialhilfe“*)?

3 Stellen Sie aus Ihrer Sicht heraus, wo Sie besondere Probleme, positive und negative Aspekte der Reform sehen, und verfolgen Sie in den Tageszeitungen ggf. Berichte über die weitere Diskussion dazu. Wenn Sie sich einen konkreten Einblick in die Probleme verschaffen wollen, die mit der Anwendung der „Hartz IV“-Regelungen in der Praxis entstehen, sollten Sie ggf. einen Mitarbeiter der örtlichen Stelle der Arbeitsagentur* zu einer **Expertenbefragung** (s. methodische Hinweise S. 97) einladen.

Methodischer Anhang

Operatoren für das Fach Politik-Wirtschaft

Operatoren sind Handlungsanweisungen in Form von Verben, die zeigen, welche Tätigkeiten beim Bearbeiten von Prüfungsaufgaben erwartet werden. Sie werden in der folgenden Übersicht den drei Anforderungsbereichen zugeordnet.

Operator	Beschreibung der erwarteten Leistung
	Anforderungsbereich I (Reproduktion)
beschreiben	strukturiert und fachsprachlich angemessen Materialien vorstellen und/oder Sachverhalte darlegen
gliedern	einen Raum, eine Zeit oder einen Sachverhalt nach selbst gewählten oder vorgegebenen Kriterien systematisierend ordnen
wiedergeben	Kenntnisse (Sachverhalte, Fachbegriffe, Daten, Fakten, Modelle) und/oder (Teil-)Aussagen mit eigenen Worten sprachlich distanziert, strukturiert und damit unkommentiert darstellen
zusammenfassen	Sachverhalte auf wesentliche Aspekte reduzieren und sprachlich distanziert, strukturiert und unkommentiert wiedergeben
	Anforderungsbereich II (Reorganisation und Transfer)
analysieren	Materialien, Sachverhalte oder Räume kriterienorientiert oder aspektgeleitet erschließen und strukturiert darstellen
charakterisieren	Sachverhalte in ihren Eigenarten beschreiben, typische Merkmale kennzeichnen und diese dann gegebenenfalls unter einem oder mehreren bestimmten Gesichtspunkten zusammenführen
einordnen	begründet eine Position/Material zuordnen oder einen Sachverhalt begründet in einen Zusammenhang stellen
erklären	Sachverhalte so darstellen – gegebenenfalls mit Theorien und Modellen –, dass Bedingungen, Ursachen, Gesetzmäßigkeiten und/oder Funktionszusammenhänge verständlich werden
erläutern	Sachverhalte in ihren komplexen Beziehungen an Beispielen und/oder Theorien verdeutlichen (auf Grundlage von Kenntnissen bzw. Materialanalyse)
herausarbeiten	Materialien auf bestimmte, explizit nicht unbedingt genannte Sachverhalte hin untersuchen und Zusammenhänge zwischen den Sachverhalten herstellen
vergleichen	Gemeinsamkeiten, Ähnlichkeiten und Unterschiede von Sachverhalten kriterienorientiert darlegen
	Anforderungsbereich III (Reflexion und Problemlösung)
beurteilen	den Stellenwert von Sachverhalten oder Prozessen in einem Zusammenhang überprüfen, um kriterienorientiert zu einem begründeten Sachurteil zu gelangen
entwickeln	zu einem Sachverhalt oder zu einer Problemstellung eine Einschätzung, ein konkretes Lösungsmodell, eine Gegenposition oder ein Lösungskonzept inhaltlich weiterführend und/oder zukunftsorientiert darlegen
erörtern	zu einer vorgegebenen Problemstellung eine reflektierte, abwägende Auseinandersetzung führen und zu einem begründeten Sach- und/oder Werturteil kommen
Stellung nehmen	Beurteilung mit zusätzlicher Reflexion individueller, sachbezogener und/oder politischer Wertmaßstäbe, die Pluralität gewährleistet und zu einem begründeten eigenen Werturteil führt
überprüfen	Inhalte, Sachverhalte, Vermutungen oder Hypothesen auf der Grundlage eigener Kenntnisse oder mithilfe zusätzlicher Materialien auf ihre sachliche Richtigkeit bzw. auf ihre innere Logik hin untersuchen

(Niedersächsisches Kultusministerium, Kerncurriculum für die gymnasiale Oberstufe, Stand 29.11.2009)

Hinweise zur Analyse von Statistiken

Statistische Daten spielen im sozialwissenschaftlichen Unterricht bei der Behandlung vieler Themen eine wichtige Rolle. Das ist schon deshalb so, weil man zur Beurteilung einzelner konkreter Fälle und Fakten wissen muss, wie es „im Ganzen" oder „im Durchschnitt" aussieht. Statistiken sind in einer „Sprache" abgefasst, die sich auf wenige Begriffe, auf Zahlen und grafische Zeichen beschränkt, um auf diese Weise eine Vielzahl und eine Vielfalt von Fakten unter ganz bestimmten (vom Verfasser der Statistik ausgewählten) Gesichtspunkten zusammenzufassen, zu ordnen und überschaubar zu machen. Wenn man diese „Sprache" richtig verstehen und „übersetzen" will, muss man sie ein Stück weit erlernen. Das geht am besten, wenn man beim „Lesen" der Statistik bestimmte Regeln beachtet und sich an bestimmten Leitfragen orientiert (s. u., B.). Das ist auch deshalb wichtig, weil man nur auf diese Weise auf Unklarheiten, Mängel und Fehler aufmerksam wird, die nicht selten in Statistiken enthalten sind. Denn: Statistische Darstellungen erwecken zumeist den Anschein vollkommener Objektivität und unbezweifelbarer Richtigkeit, obwohl sie oft – absichtlich oder unabsichtlich, vermeidbar oder unvermeidbar – wesentliche Informationen verschweigen oder gar das Urteil des Lesers über die dargestellten Sachverhalte in einer bestimmten Richtung beeinflussen.

„Wie leicht doch bildet man sich eine falsche Meinung, geblendet von dem Glanz der äußeren Erscheinung."
(Molière)

A. Arten von Statistiken

Statistiken (statistische Daten) lassen sich grob unterteilen in **Tabellen** (zahlenmäßige Übersichten) und **Grafiken** (Veranschaulichung von Zahlenwerten und Größenverhältnissen mithilfe grafischer Elemente). Grafische Darstellungen gibt es in vielfältiger Form. Neben *Schaubildern*, die durch die Verwendung figürlicher Darstellungen gekennzeichnet sind, sind *Diagramme* aller Art sehr gebräuchlich. Die häufigste Form stellen aber wohl *Tabellen* dar. Deshalb sei ihr Aufbau hier kurz erläutert.

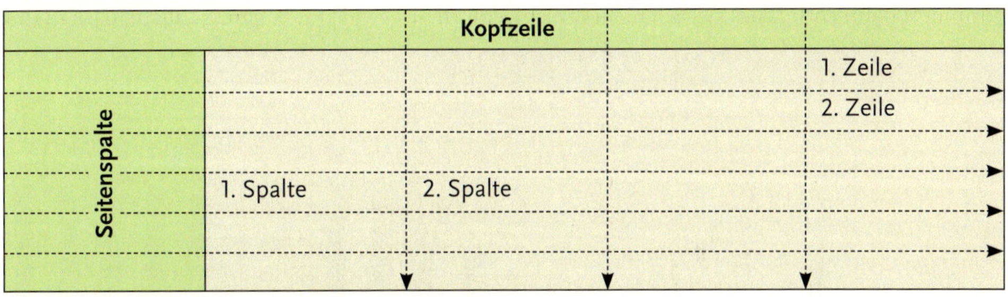

Parteien / Wahljahr	CDU/CSU	SPD	FDP	Die Grünen[1]	PDS[2]
1972	44,9	45,8	8,4	–	–
1976	48,6	42,6	7,9	–	–
1980	44,5	42,9	10,6	1,5	–
1983	48,8	38,2	7,0	5,6	–
1987	44,3	37,0	9,1	8,3	–
1990	43,8	33,5	11,0	5,0	2,4
1994	41,4	36,4	6,9	7,3	4,4
1998	35,2	40,9	6,2	6,7	5,1
2002	38,5	38,5	7,4	8,6	4,0
2005	35,2	34,2	9,8	8,1	8,7
2009	33,8	23,0	14,6	10,7	11,9

[1] Seit 1990: Bündnis 90/Die Grünen
[2] 2005: Die Linke.PDS, 2009: Die Linke

Die tabellarische Anordnung beruht im Allgemeinen darauf, dass *zwei Aspekte* (Kategorien) eines (in der Überschrift genannten) Sachbereichs *miteinander in Beziehung* gesetzt werden. Das geschieht in der Weise, dass der eine Aspekt im Kopf der Tabelle (*Kopfzeile*) bezeichnet wird, der andere in der *Seitenspalte* (Vorspalte). Auf diese Weise ergeben sich in einer Tabelle (horizontale) *Zeilen* und (vertikale) *Spalten*, die dann mit Zahlenwerten gefüllt werden können.

Wenn eine Tabelle etwa – um ein einfaches Beispiel zu wählen – **die Stimmenanteile der im Bundestag vertretenen Parteien** bei den Bundestagswahlen darstellen will, kann sie in der Kopfzeile die Namen dieser Parteien auflisten und in der Seitenspalte die Wahljahre. Die Stimmenanteile werden *in Prozent der abgegebenen gültigen Stimmen* angegeben (s. Abb.).

Diese Form der tabellarischen Anordnung ermöglicht es in unserem Beispiel, sozusagen „auf einen Blick“ nicht nur die *Anteile* der Parteien im jeweiligen Wahljahr miteinander zu vergleichen (in den Zeilen), sondern auch die *Entwicklung* der Anteile für jede einzelne Partei über viele Jahre hin zu überblicken (in den *Spalten*).

Neben „einfachen“ **Diagrammen**, in denen unterschiedliche Größen vergleichend nebeneinander gestellt werden, sind vor allem Diagramme verbreitet, die auf einem „Koordinatensystem“ beruhen: Auf der (senkrechten) y-Achse (Ordinate) wird die (zahlen- oder preismäßige) Größe/Höhe einer bestimmten Einheit erfasst; auf der waagerechten x-Achse (Abszisse) wird die zeitliche Entwicklung wiedergegeben („Zeitachse“). Die Wahl der Abstände zwischen den Maßeinheiten auf beiden Achsen ist ganz entscheidend für den optischen Eindruck, den ein Diagramm (insbesondere ein Kurvendiagramm) von der dargestellten Entwicklung vermittelt.

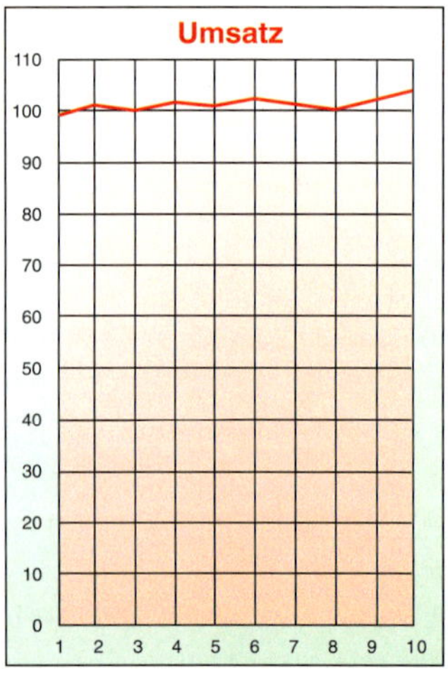

Die drei hier abgebildeten Kurvendiagramme zeigen dieselbe Umsatzentwicklung eines Unternehmens (von 100 auf 105 Mio Euro in 10 Monaten). Die beiden Säulendiagramme darunter basieren ebenfalls auf identischen Daten (Entwicklung einer Geldanlage von 10 000 auf 21 000 Euro durch Zinseinnahmen über 10 Jahre).

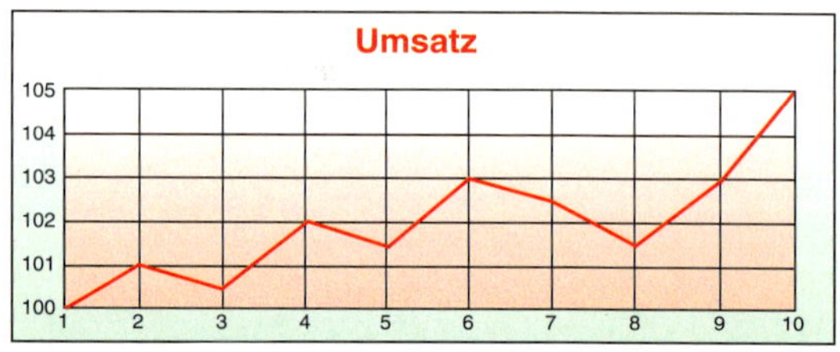

(Walter Krämer, So lügt man mit Statistik, Campus Verlag, Frankfurt/New York 1995, S. 31 – 34)

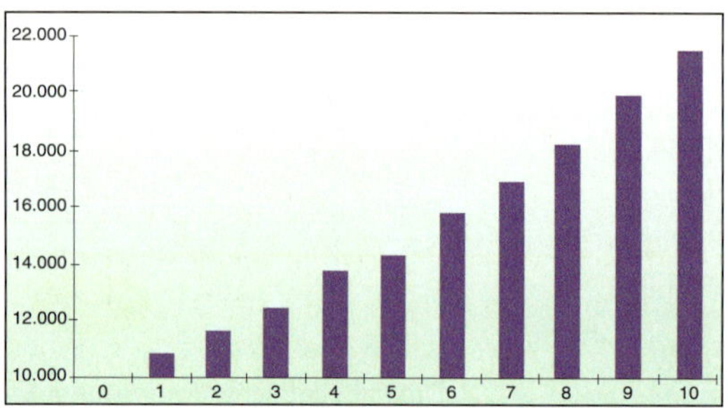

(Computer + Unterricht 16/1994, Friedrich Verlag, Seelze 1994, S. 48 f.)

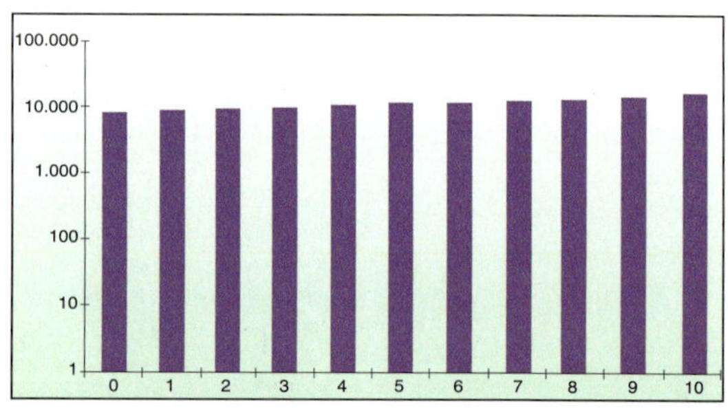

B. Arbeitsschritte bei der Analyse von Statistiken

Um eine exakte Erarbeitung zu gewährleisten, ist es notwendig, *Beschreibung* und *Interpretation* (Auswertung und kritische Beurteilung) deutlich zu trennen und dabei bestimmte **Leitfragen** zu beachten (nicht alle Fragen des folgenden Katalogs sind für jede einzelne Statistik von Bedeutung).

1. Beschreibung

a) Aussagebereich und Quelle (Überschrift und Quellenangabe)

- Wozu soll die Statistik etwas sagen? Welche Frage will sie beantworten?
- Für welche Zeit und für welchen Raum soll sie gelten?
- Wer hat die Statistik verfasst (verfassen lassen)? Auf welchen Quellen beruht sie?
- Bei Befragungsergebnissen: Auf welche Frage hatten die Befragten zu antworten? Welche Antwortmöglichkeiten hatten sie?

b) Darstellungsform, Kategorien und Zahlen

- Welche Form der Darstellung wurde gewählt?
- Welche Kategorien (Begriffe) werden miteinander in Beziehung gesetzt? (z. B. bei Tabellen: Was steht in der Kopfzeile/Tabellenkopf, was in der Seitenspalte/Vorspalte?) Was bedeuten diese Begriffe genau?

- Welche Zahlenarten (absolute Zahlen, Prozentzahlen, Index*-Zahlen) werden verwendet? Auf welche Gesamtzahl beziehen sich ggf. die Prozentzahlen?
- Welche Informationen lassen sich der Statistik entnehmen? (Was bedeutet z. B. eine bestimmte Zahl in der Tabelle, ein bestimmter Punkt auf der Kurve des Diagrammes usw.?)

„Zehn von hundert Menschen haben Ahnung vom Prozentrechnen. Das sind über 17 Prozent."
(aus einem Zeitungskommentar)

Hinweis: Insbesondere bei Vergleichen zwischen **Prozentzahlen** muss man darauf achten, ob die Gesamtzahl angegeben ist. So kann z. B. der Vergleich zweier Zeitungsverlage, von denen der eine seine Auflage von 500 000 auf 1 Million (also um 100 %) gesteigert, der andere seine Auflage von 2 Millionen auf 3 Millionen (also um 50 %) erhöht hat, einen ganz unterschiedlichen Eindruck hervorrufen, je nachdem, ob man diesen Vergleich in absoluten Zahlen (500 000 im Vergleich zu 1 Million) oder in Prozentzahlen (100 % im Vergleich zu 50 %) formuliert.
Auch der Unterschied zwischen einer Veränderung in *Prozent* und in *Prozentpunkten* ist bei der Beschreibung zu beachten.

2. Interpretation

a) Auswertung
- Welche Aussagen (Antworten auf die Fragestellung) lassen sich formulieren?
- Welche Aussagen (Beziehungen, Entwicklungen) sind besonders wichtig? Lassen sich bestimmte Schwerpunkte (Maxima, Minima), regelhafte Verläufe, besondere Verhältnisse und Entsprechungen feststellen?
- Wie lässt sich die Aussage zusammenfassend formulieren?

b) Kritik
- Gibt es Unklarheiten im Hinblick auf die Angaben zur Quelle, zur Fragestellung, zum Zeitpunkt usw.? – Enthält die Statistik offensichtliche Mängel und Fehler (z. B. in der Berechnung, Benennung, grafischen Anlage usw.)?
- Zu welchem Bereich der Fragestellung macht die Statistik keine Angaben? Was müsste man wissen, um die Daten und ihren Stellenwert im größeren Zusammenhang beurteilen zu können?
- Lässt sich ein bestimmtes Interesse an der Veröffentlichung erkennen? Könnte sie jemandem nutzen oder schaden?

„Mit der ganzen Algebra ist man oftmals nur ein Narr, wenn man nicht noch etwas anderes weiß."
(Friedrich der Große)

(Autorentext)

Hinweise zur Analyse von Texten

1. Klarstellung des inhaltlichen Zusammenhangs

In den meisten Fällen ist ein bestimmtes Vorwissen schon vorhanden, oder der Text ist ein Glied in einer Reihe schon erarbeiteter Materialien. Sich diese Zusammenhänge klarzumachen, erleichtert das Verständnis und die Einordnung der neuen Informationen; es hilft, gezielt und wirksam zu lesen. In diesen Zusammenhang gehört es auch, sich einer vorgegebenen Aufgabenstellung genau zu vergewissern. In den Arbeitshinweisen dieses Buches finden sich viele solcher Erschließungshilfen.

2. Schritte der Texterschließung

2.1 Jede Texterschließung sollte damit beginnen, die äußeren *Textmerkmale* festzustellen:

- Was ist laut der Überschrift der *Gegenstand* des Textes?
- Wer ist der *Verfasser* (z. B. Politiker/in einer bestimmten Richtung, Fachwissenschaftler/in, Vertreter/in von Interessengruppen)?
- Wer ist oder war ursprünglich der *Adressat* (z. B. eine breite Öffentlichkeit bei Zeitungsartikeln, ein bestimmtes Publikum bei einer Rede, Fachleute auf einem bestimmten Gebiet bei einem wissenschaftlichen Text)? Wird der Entstehungsanlass genannt?
- Wann und wo ist der Text ursprünglich *veröffentlicht* worden? Wie aktuell ist er?

Die Beantwortung dieser Fragen erleichtert in vielen Fällen das Verständnis des Textes und seine spätere Einschätzung.

2.2 Zunächst sollte der Text zur Orientierung überflogen werden. Für eine genaue Erschließung muss er dann sorgfältig gelesen und auf den gedanklichen Ablauf und seine Hauptaussagen hin untersucht werden. Dabei ist es eine gute Hilfe, auf zentrale Begriffe („Signalwörter") zu achten. Verbindungswörter („außerdem", „und", „denn, weil", „allerdings", „obwohl", „andererseits", „zunächst", „schließlich") helfen bei der richtigen Erfassung des Gedankenvorganges.

Zur besseren Erfassung der Textaussagen kann man sich verschiedener Techniken bedienen (s. aber den kursiv gesetzten Hinweis unten):

- *Unterstreichen* oder farbiges *Markieren* von Kernaussagen und zentralen Begriffen, bei längeren Sätzen oder Abschnitten unter Umständen auch am Rand.
- *Randvermerke* in Form von Zeichen, z. B.: ? = Verständnislücke, Unklarheit z. B. bei Fremdwörtern und Fachbegriffen, ! = (vorläufige) Zustimmung, ?! = Zweifel, (vorläufige) Kritik. In Verbindung mit solchen Zeichen, aber auch ohne sie können kurze Randbemerkungen die Zielrichtung oder Begründung der Zustimmung oder der Kritik kennzeichnen.
- Randvermerke in Form einer *Zusammenfassung* von Absätzen in kurzen, prägnanten Formulierungen, auch in der Form von Überschriften.

Auf diese Weise kann, falls der Originaltext eine solche Gliederung z. B. durch Zwischenüberschriften nicht schon enthält, auch eine *inhaltliche Gliederung* des Textes entstehen. Wichtig ist jedoch, dass eine solche Gliederung erst im Verlauf und nach einer genauen Textlektüre entstehen kann und nicht am Anfang der Texterfassung steht.

- Im Verlauf oder am Ende der Lektüre müssen unbekannte Fremdwörter und Fachbegriffe mit dafür geeigneten Hilfsmitteln (Fremdwörterlexikon, Fachwörterbuch, Internet oder mit einem Glossar wie in diesem Buch) so weit wie möglich abgeklärt werden. Kurze Erklärungen können vermerkt werden.

Alle Mittel zur Kennzeichnung des Textes müssen jedoch so sparsam verwendet werden, dass sie ihre Funktion, Wichtiges hervorzuheben, erfüllen.

Da man die beschriebene Kennzeichnung von Texten direkt in Schulbüchern (Schulbuchausleihe) nicht vornehmen kann, kann man sich z. B. mit entsprechenden Notizen in einem Heft oder auf Zetteln helfen, die man in das Buch einlegt (mit Angabe, zu welchem Text der Zettel gehört).

3. Fragen zu einer genaueren Untersuchung des sachlichen Gehaltes und der Argumentationsstruktur

- Wie kommt der Autor zu seinen Erkenntnissen? Woher bezieht er seine Informationen?
- Wie begründet der Autor seine Aussage, seine These, die Position, für die er wirbt?
- Von welchen expliziten (ausdrücklich genannten) bzw. impliziten (nicht ausdrücklich genannten) Voraussetzungen geht der Autor aus?
- Auf welche Zusammenhänge nimmt der Autor ausdrücklich oder indirekt Bezug?
- Zu welchen Ergebnissen kommt der Autor? Inwieweit sind die Argumente sachlich richtig, widerspruchsfrei, vollständig? Welche Lücken und Unklarheiten bleiben? Welche Fragen lässt der Autor offen?

4. Texterörterung und -bewertung

Bei diesem Schritt geht der Leser über die Erfassung des Textinhaltes und seine genauere Untersuchung und Kommentierung hinaus und bestimmt sein Verhältnis zum Text. Auch wenn Bewertungen bei den vorhergehenden Schritten immer schon „mitgeschwungen“ sind, müssen sie am Ende der Arbeit mit einem Text genau formuliert und begründet werden. Eine gut begründete Textbewertung resultiert gedanklich aus einer Texterörterung, in der Aussagen des Textes, ausgehend von bestimmten Gesichtspunkten, abgewogen und Pro- und Kontra-Argumente entwickelt werden. Die daran anschließende *persönliche Stellungnahme* sollte sich nicht in einer pauschalen Zustimmung oder Ablehnung erschöpfen, sondern die eigene Position – wenn möglich – differenziert begründen. Wichtig ist dabei, sich der *eigenen Beurteilungskriterien und Wertmaßstäbe* bewusst zu sein und diese auch deutlich zu machen. Die Gesamtbewertung muss nicht unbedingt in einer vollständigen Zustimmung oder Ablehnung enden. Auch eine teilweise Übereinstimmung oder die Feststellung offener Fragen z. B. aufgrund fehlender Informationen kann am Ende stehen.

(Autorentext)

Hinweise zur Unterrichtsmethode der Expertenbefragung

Ein Experte/eine Expertin ist ein Sachverständiger, also eine Person, die über einen bestimmten Sachverhalt aus eigenem Erleben und/oder intensiver Beschäftigung genaue Kenntnisse hat. Ein Experte kann häufig Sachverhalte genauer und anschaulicher darstellen, als das z. B. in Texten möglich ist; er hat zudem häufig Informationen, die in Büchern (noch) nicht vorhanden sind.

Hauptzweck von Expertenvortrag und Expertenbefragung ist die *Informationsgewinnung*. Der Unterschied zu einer politischen Diskussion, in der es zentral um Meinungsbildung, Meinungsaustausch und ggf. Entscheidungsfindung geht, darf nicht verwischt werden. Das schließt nicht aus, dass eine Expertenbefragung nach einer gewissen Zeit in eine politische Diskussion übergeht. Jeder Experte hat aber neben Kenntnissen auch *Meinungen* zu den Gegenständen oder Sachverhalten, mit denen er sich beschäftigt. Wertungen und Meinungen, die sich ein Experte bei der Auseinandersetzung mit dem Gegenstand gebildet hat, können eine wertvolle Anregung für die eigene Meinungsbildung sein. Voraussetzung dafür ist jedoch, dass der Experte und seine Zuhörer zwischen Informationen und Wertungen so weit wie möglich trennen. Der Experte ist dann nicht mehr sachliche Autorität, sondern grundsätzlich gleichberechtigter Gesprächspartner.

Eine *Expertenbefragung* hat gegenüber einem Experten*vortrag* den Vorzug, dass die zu übermittelnden Informationen genau auf die Bedürfnisse der Zuhörer abgestimmt werden können und dass die Zuhörer Verlauf und Ergebnis der Veranstaltung aktiv mitgestalten können. Deshalb konzentrieren sich die folgenden Hinweise auf die Experten*befragung*. Bei der Vorbereitung und Durchführung einer solchen Befragung sollte Folgendes beachtet werden:

1. Auswahl des Themas für eine Expertenbefragung

Nicht jedes Thema eignet sich für eine Expertenbefragung. Da eine Expertenbefragung einen nicht unerheblichen *Aufwand* für den Experten und seine Zuhörer bedeutet, sollte sie nur veranstaltet werden, wenn die gewünschten Informationen nicht oder nur erheblich schlechter auf anderem Weg beschafft werden können.

2. Auswahl des Experten

Der Experte muss so ausgewählt werden, dass er für das gewählte Thema über den bisherigen Kenntnisstand der Zuhörer hinaus tatsächlich Neues vermitteln kann. Das muss vorher eventuell durch ein *Vorgespräch* mit dem Experten ermittelt werden.

3. Organisatorische und inhaltliche Vorbereitung

Ort, Zeitpunkt und Dauer der Befragung sollten frühzeitig vereinbart, Sitzordnung, Gesprächsleitung und die Form des Festhaltens der Ergebnisse (Protokollführung) vorher abgeklärt werden. Gezieltes Fragen setzt eine gewisse Kenntnis des Gegenstandes voraus. Die Zuhörer müssen also bereits in das Thema der Befragung eingearbeitet sein. Fragenbereiche und Einzelfragen sollten auf der Grundlage der bisherigen Beschäftigung mit dem Gegenstand genau *vorbereitet* sein. Im Regelfall sind auch vorherige Vereinbarungen darüber, wer welche Fragen zu welchem Zeitpunkt stellt, unumgänglich. Der Experte sollte rechtzeitig über die an ihn gerichteten Erwartungen informiert werden, damit er sich – falls notwendig – gezielt auf die Befragung vorbereiten kann.

4. Durchführung der Befragung

Eine Expertenbefragung kann nur gelingen, wenn alle Beteiligten (Experte, Frager und Zuhörer, Gesprächsleiter) sich an die am Anfang formulierten *Regeln* halten. In besonderer Weise ist dafür der Gesprächsleiter verantwortlich. Er muss z. B. darauf achten, dass die vorbereiteten Themenbereiche zur Sprache kommen, dass der Experte und die Fragenden nicht abschweifen, dass der Unterschied zu einer politischen Diskussion erhalten bleibt bzw. der Übergang zu einer solchen Diskussion deutlich markiert wird.

5. Auswertung der Befragung

Jede Expertenbefragung sollte zu einem späteren Zeitpunkt ohne den Experten *ausgewertet* werden. Der sachliche Ertrag sollte klar bestimmt werden. Dieses Ergebnis sollte daraufhin überprüft werden, welche neuen Informationen gewonnen wurden und inwieweit das Ziel der Befragung erreicht wurde. Auch Vorbereitung, Organisation und das Verfahren sollten im Hinblick auf weitere Befragungen kritisch überprüft werden.

(Autorentext)

Hinweise zur Vorbereitung eines Kurzreferates

Ein Referat ist ein mündlicher Vortrag über ein deutlich markiertes Thema. Es dient dazu, einer Zuhörerschaft neue Informationen über ein bestimmtes Thema zu vermitteln, die sie ohne erheblichen Aufwand sonst nicht bekommen würde. Für den Referenten/die Referentin gibt es die Möglichkeit, sich darin zu üben, Sachverhalte in zusammenhängender, geordneter Form vorzutragen.
Für die **Vorbereitung** ist Folgendes zu beachten:
- Das *Thema* muss klar bezeichnet und eingegrenzt werden. Eine solche klare Fragestellung hilft bei der Stofferarbeitung und erleichtert später beim Vortrag das Zuhören.
- Das in der Vorbereitung zu erarbeitende *Material* sollte – eventuell nach einer Phase der Materialsuche – genau eingegrenzt werden. Unüberschaubares Material führt zur Verzettelung und oberflächlichen Bearbeitung.
- Der Referent sollte sich bei der Vorbereitung an einen Arbeitsplan mit folgenden *Arbeitsphasen* halten:
  - Materialsuche (falls nicht vorgegeben),
  - Auswertung des Materials (Lesen, Unterstreichen, Notizenmachen),
  - Erstellung einer Gliederung,
  - Ausarbeitung des Referates in Stichworten (kein Aufsatz),
  - Vorbereitung von unterstützenden Materialien für den Vortrag (evtl. Folie oder vervielfältigte Übersicht).

Für die **Durchführung** des Referates sollten folgende Grundsätze beachtet werden:

- Ein Referat sollte *klar gegliedert* sein. Nach einer Einleitung, die das Thema sowie die Materialgrundlage nennt und versucht, die Zuhörer für das Thema zu interessieren, folgt ein unter Umständen noch einmal unterteilter Hauptteil mit den Informationen und Gedanken, die der Referent vermitteln will. Am Ende steht eine knappe Zusammenfassung, in der unter Umständen auch offene Fragen und Möglichkeiten der Weiterarbeit benannt werden.
- Ein Referat soll auf die Fähigkeit der Zuhörer, konzentriert zuzuhören, ausgerichtet sein. Die *Länge* des Referates muss deshalb genau überlegt werden.
- Ein Referat sollte nach Stichworten *frei vorgetragen* und nicht abgelesen werden, da der Vortrag so lebendiger wird.
- Der Referent sollte den Zuhörern zu Beginn mitteilen, wie er sich *Rückfragen* vorstellt (Zwischenfragen während des Referates oder Fragen nach der Beendigung des Vortrags). Solche vereinbarten Regeln geben Referent und Zuhörer Sicherheit.
- In vielen Fällen ist es sinnvoll, den mündlichen Vortrag durch kurze Skizzen, Schemata und Zusammenfassungen zu unterstützen. Ihre Präsentation auf einer *Folie*, auf die der Referent laufend Bezug nimmt, konzentriert die Aufmerksamkeit der Zuhörer auf den Vortrag. Schriftliche Zusammenfassungen in vervielfältigter Form sollten deshalb im Regelfall erst am Ende des Vortrags ausgegeben werden.

Für ein aktives und wirksames *Zuhören* bei Referaten sollte Folgendes beachtet werden:

- Wichtiger als die Erfassung aller Einzelheiten ist es, den „roten Faden" des Referenten zu verfolgen. Dabei ist es hilfreich, auf Einleitungssätze, Überleitungen und Zusammenfassungen besonders zu achten.
- Ein Versuch, möglichst viel möglichst genau mitzuschreiben, behindert eher bei der Aufnahme der Informationen. Insbesondere, wenn eine schriftliche Zusammenfassung angekündigt wird, ist es besser, sich nur die grobe Struktur des Vortrags und ggf. Stichworte zu Rückfragen oder Diskussionsbeiträgen zu notieren.

(Autorentext)

Hinweis: Eine *umfassende Übersicht* (mit Beschreibungen und Beispielen) über die Vielfalt der für den sozialwissenschaftlichen Unterricht relevanten Methoden findet sich auf der Internetseite www.sowi-online.de/methoden/methoden-ol.hml (zu Tabellen und Grafiken s. auch www.thomasgransow.de/Fachmethoden/Statistik.html).

Glossar

Akzeptanz. Bereitschaft, etwas anzunehmen; die Chance, für bestimmte Meinungen, Maßnahmen, Vorschläge und Entscheidungen bei bestimmten Personengruppen auf ausdrückliche oder stillschweigende Zustimmung zu treffen, ist eine Grundvoraussetzung sozialen und politischen Handelns.

Allokation. Verteilung der (knappen) → Produktionsfaktoren einer Volkswirtschaft auf die jeweiligen Verwendungszwecke, sodass die bestmögliche Nutzung erreicht wird.

Angestellte. Angestellte sind – wie → Arbeiter – abhängig Beschäftigte (Arbeitnehmer), d.h., sie stellen ihre Arbeitskraft für Lohn einem Arbeitgeber zur Verfügung; Unterschiede bestehen u.a. im Hinblick auf Urlaubs- und Entlohnungsregelungen (Angestellte beziehen z.B. ein festes Monatsgehalt). Im Durchschnitt, nicht in jedem Einzelfall, werden Angestellte besser bezahlt als Arbeiter und haben einen höheren Bildungsstand. Als „leitende Angestellte" haben sie führende Positionen in den Betrieben.

Arbeiter. Arbeiter und → Angestellte sind zwei unterschiedliche Gruppen von Arbeitnehmern. Traditionell werden Arbeiter überwiegend in der Produktion mit körperlicher Arbeit beschäftigt, Angestellte dagegen überwiegend im Dienstleistungsbereich (z.B. Banken, Verwaltung) und im technisch-wissenschaftlichen Bereich.

Arbeitslosengeld (auch: **Arbeitslosengeld I**). Leistungen aus der beitragsfinanzierten Arbeitslosenversicherung in Höhe von 60%, für Arbeitslose mit Kindern 67% des früheren Nettoarbeitsentgelts. Anspruch haben Arbeitslose, die während der letzten zwei Jahre mindestens 360 Tage versicherungspflichtig beschäftigt waren, sich persönlich arbeitslos gemeldet haben und Arbeit suchen. Die Anspruchsdauer beträgt seit dem 1.1.2008 je nach Alter und Dauer der versicherungspflichtigen Beschäftigung maximal 24 Monate (50- bis 54-Jährige: 15 Monate; 55- bis 57-Jährige: 18 Monate; 58-Jährige und Ältere: 24 Monate).

Arbeitslosengeld II. Im Rahmen des → „Hartz IV"-Gesetzes wurde für alle erwerbsfähigen bisherigen → Arbeitslosenhilfe- und → Sozialhilfeempfänger eine einheitliche „Grundsicherung für Arbeitsuchende" („Arbeitslosengeld II") geschaffen, deren Leistungen – im Unterschied zur bisherigen → Arbeitslosenhilfe – nur bei Bedürftigkeit gewährt werden. Einbezogen sind auch die nicht erwerbstätigen Ehepartner der Leistungsbezieher und die Kinder („Sozialgeld").

Arbeitslosenhilfe. Bis Ende 2004 geltendes, aus dem Bundeshaushalt finanziertes Leistungssystem für Arbeitslose (53%, für Arbeitslose mit Kindern 57% des früheren Nettoarbeitsentgelts), deren Anspruch auf → Arbeitslosengeld abgelaufen war. Der Anspruch war unbefristet. Ab 1.1.2005 wurde die Arbeitslosenhilfe durch das neue → Arbeitslosengeld II ersetzt.

Arbeitsmarkt. Markt (Angebot und Nachfrage) für Arbeitskräfte, auf dem die Arbeitnehmer eine Beschäftigung, einen Arbeitsplatz suchen (ihre Arbeitskraft anbieten), die Arbeitgeber Arbeitsplätze anbieten (Arbeitskraft nachfragen). Wenn weniger Arbeitsplätze angeboten als gesucht werden, herrscht Arbeitslosigkeit. – Da die Arbeitsleistung untrennbar mit der Person verbunden ist, bestimmt der Arbeitsmarkt in starkem Maße die Lebensverhältnisse der Arbeitnehmer. Der gesamte Arbeitsmarkt gliedert sich in regionale und sektorale Teilmärkte sowie in bestimmte Berufe, Qualifikationen und Personengruppen. Der durch → Arbeitsmarktpolitik beeinflusste Bereich des Arbeitsmarktes wird gelegentlich auch als „2. Arbeitsmarkt" bezeichnet.

Arbeitsmarktpolitik. Während der Begriff der Beschäftigungspolitik sich auf gesamtwirtschaftliche Maßnahmen zur Sicherung eines hohen Beschäftigungsstandes bezieht, richtet sich die Arbeitsmarktpolitik auf den Ausgleich von Angebot und Nachfrage auf Teilarbeitsmärkten (z.B. für Regionen, Qualifikationen, Problemgruppen) und verfolgt auch soziale Ziele. Mittel dieser Politik sind u.a. Berufsberatung, Arbeitsvermittlung, Maßnahmen zur Steigerung der Arbeitskräftemobilität und zur Förderung beruflicher Bildung, Arbeitsbeschaffungsmaßnahmen, Lohnersatzzahlungen (bei Arbeitslosigkeit). Hauptträger der Arbeitsmarktpolitik ist die → Bundesagentur für Arbeit.

Arbeitsteilung. Aufteilung der Arbeitsleistung in Teilprozesse. Man kann unterscheiden zwischen der Aufteilung auf verschiedene Wirtschaftseinheiten (berufliche Arbeitsteilung), Verteilung auf Produktionsstufen (territoriale Arbeitsteilung) und der Zerlegung des Arbeitsprozesses selbst (Zerlegung einer Arbeitsaufgabe in mehrere Teilaufgaben, z.B. bei der Arbeit am Fließband). Von internationaler Arbeitsteilung spricht man, wenn Unternehmen die Produktion von Gütern in zwei oder mehr Ländern durchführen.

Beamter. Angehöriger des öffentlichen Dienstes (einer Gemeinde, des Landes, des Bundes), der in einem besonderen Dienstverhältnis zum Staat steht. Bestimmten Pflichten des Beamten (besondere Treuepflicht, Dienstverschwiegenheit, Gehorsam gegenüber den Vorgesetzten, Streikverbot) steht eine besondere Fürsorge und Schutzpflicht des Staates gegenüber (Anstellung auf Lebenszeit, angemessene Besoldung und Altersversorgung, Beihilfe in Krankheitsfällen). Im Durchschnitt, nicht in jedem Einzelfall, werden Beamte besser bezahlt als → Arbeiter und → Angestellte.

Bruttoinlandsprodukt (BIP). Wertmaßstab für die gesamte wirtschaftliche Leistung einer Volkswirtschaft in einem bestimmten Zeitraum (Inlandskonzept). Dabei werden alle innerhalb der geografischen Grenzen einer Volkswirtschaft in einer Periode erstellten und zu Marktpreisen bewerteten Güter und Dienstleistungen abzüglich der Vorleistungen (Güter, die in den inländischen Produktionsprozess eingehen) einbezogen.

Bundesagentur für Arbeit. Zentrale Bundesbehörde für Arbeitsvermittlung, Abwicklung der Arbeitslosenversicherung,

Berufsberatung und Fortbildung (bis 2003: Bundesanstalt für Arbeit). Als „Arge" wird die mit der Einführung des → Arbeitslosengeldes II (→ „Hartz IV") neu eingerichtete örtliche „Arbeitsgemeinschaft der Agentur für Arbeit und der Kommunalverwaltung" bezeichnet, die mit der Betreuung von Langzeitarbeitslosen, ihrer Vermittlung in Arbeitsplätze und der Auszahlung des Arbeitslosengeldes II beauftragt ist (auch unter der Bezeichnung „Job-Center").

DDR. Deutsche Demokratische Republik. 1949 gegründeter „zweiter" deutscher Staat, der nach den Prinzipien des → Sozialismus aufgebaut und von der → SED gelenkt wurde; Teil des „Ostblocks" (Zusammenschluss → kommunistischer Staaten unter der Führung der → Sowjetunion). 1989/90 brach das DDR-System aufgrund der friedlichen Revolution des Volkes zusammen. Am 3.10.1990 erfolgte die Vereinigung mit der Bundesrepublik Deutschland.

demographisch. Als demographische Entwicklung wird die Entwicklung der Bevölkerung bezeichnet, die Zu- und Abnahme der Bevölkerung, die Zu- und Abnahme älterer und jüngerer Jahrgänge, der Geburtenzahlen usw. Weil in Deutschland zu wenig Kinder geboren werden, um die Zahl der Sterbenden auszugleichen und den Bevölkerungsstand zu erhalten, nimmt die Bevölkerung in den nächsten Jahrzehnten stark ab.

deficit spending. (deutsch: Defizit-Ausgaben) In der nachfrageorientierten („keynesianischen") Wirtschaftstheorie Bezeichnung für zusätzliche (ggf. schuldenfinanzierte) staatliche Ausgaben in einer Phase wirtschaftlicher → Rezession und hoher Arbeitslosigkeit. Sie sollen zur Erhöhung der gesamtwirtschaftlichen Nachfrage und der Beschäftigung führen. Das ggf. entstandene → Haushaltsdefizit soll in einer folgenden Aufschwungphase ausgeglichen werden.

Demoskopie. Meinungs- und Umfrageforschung; zentraler Bereich der → empirischen Sozialforschung.

demoskopisch. s. → Demoskopie.

Depression. Tiefpunkt eines wirtschaftlichen Abschwungs; tiefgreifende Wirtschaftskrise mit hoher Massenarbeitslosigkeit, Einkommensverlusten der privaten Haushalte und Gewinneinbußen der Unternehmen.

Deutscher Paritätischer Wohlfahrtsverband. Neben u. a. dem Caritas-Verband, dem Deutschen Roten Kreuz und dem Diakonischen Werk einer der Spitzenverbände der Freien Wohlfahrtspflege mit zahlreichen privaten Wohlfahrtseinrichtungen als Mitgliedern.

Einkommensteuer. Steuer, die vom Einkommen (Lohn, Gehalt, sonstige Einnahmen, z. B. Zinsen aus Sparanlagen) eines Steuerpflichtigen erhoben wird. Sie wird im Allgemeinen als Lohnsteuer vom Lohn/Gehalt abgezogen. Steuerpflichtige, deren Einkommen bestimmte Grenzen überschreitet, die mehrere Einkommen beziehen oder eine Wohnung/ein Haus besitzen, müssen zusätzlich für das zurückliegende Jahr eine Einkommensteuererklärung abgeben.

Elterngeld. Staatliche Geldleistung an Eltern, die ihr Berufsleben unterbrechen, um sich der Erziehung und Pflege eines Neugeborenen zu widmen. Seit 1.1.2007 erhält der das Kind erziehende Elternteil bei der Geburt eines Kindes zwölf Monate lang 67% seines letzten monatlichen Nettoeinkommens, höchstens aber 1800 €. Zwei weitere Monate stehen dem Partner zu, wenn er in dieser Zeit seine Erwerbstätigkeit für die Kindererziehung einschränkt. Ist das Einkommen geringer als 1000 € monatlich, kann das Elterngeld bis zu 100% des monatlichen Nettoeinkommens betragen. Ein Sockelbetrag von 300 € steht allen Eltern zu, dieser wird auch nicht auf andere → Sozialleistungen angerechnet.

Emanzipation. Befreiung aus einem rechtlichen, sozialen oder politischen Abhängigkeitsverhältnis und damit das Erreichen von Selbstständigkeit und Mündigkeit (bezogen z. B. auf Kinder und Jugendliche, Frauen, benachteiligte gesellschaftliche Minderheiten und Schichten).

Emissionen. (von lat. emittere – aussenden) Ausstoß von Schadstoffen, die die Luft verunreinigen. Unter Pro-Kopf-Emissionen versteht man die Gesamtmenge der ausgestoßenen Schadstoffe in einem Land geteilt durch die Bevölkerungszahl. Für den Klimawandel sind vor allem Kohlendioxid (CO_2)-Emissionen verantwortlich.

empirisch. Auf die Wirklichkeit, die Erfahrung bezogen (im Unterschied zu „theoretisch", d. h. auf Überlegung und gedanklicher Verknüpfung beruhend); die Wirklichkeit durch Verfahren und Methoden erschließend, die nachvollziehbar und nachprüfbar sind und somit das Ergebnis von der Subjektivität des Forschers unabhängig machen.

Erwerbspersonenpotenzial (Arbeitskräftepotenzial). Die Gesamtheit aller Erwerbspersonen einschließlich einer geschätzten „Stillen Reserve" aus beim Arbeitsamt nicht registrierten Personen, die auf dem Arbeitsmarkt zur Verfügung stehen können. Zum Erwerbspersonenpotenzial zählen somit alle Personen, die bei einer günstigen Arbeitsmarktsituation bereit, geeignet und nach den persönlichen Voraussetzungen wie Gesundheitszustand oder Ausbildung in der Lage sind, eine entsprechende Beschäftigung auszuüben.

Erziehungsgeld. Finanzielle Leistung des Staates für Mütter und Väter, die sich der Betreuung und Erziehung ihres Kindes widmen und daher nicht oder nur teilweise erwerbstätig sind. An die Stelle des Erziehungsgeldes ist seit 2007 das einkommensabhängige → *Elterngeld* getreten.

Finanzmärkte. Oberbegriff für alle Märkte, auf denen zwischen Gläubigern (Anbietern von Finanzierungsmitteln) und Schuldnern (Nachfragern nach Finanzierungsmitteln) Finanzierungen vereinbart und Kreditverträge abgeschlossen werden. An internationalen Finanzmärkten können die Marktteilnehmer aus verschiedenen Ländern stammen und in verschiedenen Währungen handeln. Gehandelt werden u. a. Devisen (Devisenmarkt), kurzfristige (Geldmarkt) und langfristige (Kapitalmarkt) → Wertpapiere. Finanzmärkte können nach genau festgelegten Regeln funktionieren, wie etwa die Börsen, oder sich aber aufgrund von Handelsgewohnheiten herausbilden, wie z. B. der Telefonhandel zwischen Banken.

fiskalisch. Auf den Staatshaushalt, die Einnahmen- und Ausgabenpolitik bezogen.

Fiskalpolitik. Alle Maßnahmen des Staates, die geeignet sind, die öffentlichen Einnahmen und die öffentlichen Ausgaben (öffentlicher Haushalt) gezielt zu gestalten und damit die volkswirtschaftliche Gesamtnachfrage zu beeinflussen. Sie wird hauptsächlich im Rahmen der Konjunkturpolitik eingesetzt.

Flexibilisierung. Auf den Arbeitsmarkt bezogen: Lockerung starrer gesetzlicher Regelungen (z. B. Kündigungsschutz, Flächentarife, Mindestlöhne) und verstärkte Arbeitszeitflexibilisierung (Teilzeitarbeit, Schichtarbeit, Gleitzeitarbeit, befristete Arbeitsverträge).

Föderalismus. (von lat. foedus – Bündnis) Staatsaufbau aus mehr oder minder selbstständigen Gliedstaaten (in Deutschland: Bundesländer) und dem durch ihren Zusammenschluss gebildeten Gesamtstaat (in Deutschland: Bund). Im Gegensatz zu einem Zentralstaat (Einheitsstaat) gibt es die wichtigsten staatlichen Strukturelemente (Legislative, Exekutive, Verwaltung, Gerichtsbarkeit) auch auf der Ebene der Länder. Oberste Ziele des Föderalismus sind u. a. die Aufgliederung der Macht („vertikale" Gewaltenteilung) und die Integration unterschiedlicher Gesellschaften bei relativer Autonomie oder gesicherten Mitwirkungsrechten der Gliedstaaten.

Fusion. Zusammenschluss von zuvor eigenständigen Unternehmen zu einem wirtschaftlich und rechtlich einheitlichen Unternehmen. Im Unterschied zum → Konzern geben die Fusionäre ihre vorherige Eigenständigkeit auf. In Deutschland unterliegen Fusionen von Unternehmen den Bestimmungen des Gesetzes gegen Wettbewerbsbeschränkungen (GWB, Kartellgesetz) und damit der Fusionskontrolle (Zusammenschlusskontrolle) durch das Bundeskartellamt. Grenzüberschreitende Unternehmenszusammenschlüsse in der EU werden von der → Europäischen Kommission kontrolliert.

Geldpolitik. Alle Maßnahmen, mit denen v. a. die → Zentralbank den Geldumlauf und die Geld- und Kreditversorgung der Wirtschaft steuert. Wichtigstes Ziel ist dabei die Sicherung der Währung, also die Erhaltung des Geldwerts innerhalb der Volkswirtschaft (Preisniveaustabilität) und die Stabilität der Kaufkraft nach außen. Das erfordert v. a. die Steuerung der umlaufenden Geldmenge, da Geld einerseits so knapp sein muss, dass der Geldwert nicht leidet, andererseits aber eine ausreichende Versorgung der Wirtschaft mit Geld gewährleistet sein muss, um sämtliche Geldgeschäfte abwickeln zu können. Die Steuerung der Geldmenge erfolgt über Maßnahmen zur Beeinflussung der Zinssätze (Leitzinsen) und über die Beeinflussung der Bankenliquidität (→ Liquidität).

Globalisierung. Seit Beginn der 1990er-Jahre immer häufiger gebrauchter Begriff für den Prozess zunehmender internationaler Verflechtung vor allem im Bereich der Wirtschaft, aber auch der Politik und der Kultur, dessen Chancen und Gefahren unterschiedlich beurteilt werden. Kennzeichen und Dimensionen dieser Entwicklung sind u. a.: stärkeres Wachstum des Welthandels im Vergleich zur Produktion (vor allem auch bei den Dienstleistungen), starkes Anwachsen der Direktinvestitionen im Ausland, starke Zunahme der Bedeutung transnationaler Unternehmen (Global Players), enorme Zunahme und Intensivierung des internationalen Finanzhandels. Antriebskräfte der Globalisierung sind neben dem technologischen Fortschritt der Informations- und Kommunikationstechnik die → Liberalisierung der Märkte für Güter, Dienstleistungen und Kapital sowie das Ende des → Kommunismus und die Verbreitung marktwirtschaftlicher Systeme über die ganze Welt. Die Globalisierung eröffnet den einzelnen Ländern nicht nur Chancen; die verschärfte internationale Wettbewerbssituation stellt die Länder auch vor erhebliche Probleme der → Anpassung (z. B. in der → Arbeitsmarkt- und Sozialpolitik).

Grunderwerbssteuer. Steuer, die beim Kauf eines Grundstücks zu leisten ist.

Grundsteuer. Sie wird von jedem Besitzer eines Grundstückes erhoben.

G-20-Staaten. Forum für die Weiterentwicklung des internationalen Wirtschafts- und Finanzsystems. Es wurde 1999 auf Betreiben der USA gegründet. Neben den G-8-Staaten und der EU gehören ihm Australien und die Schwellenländer Argentinien, Brasilien, China, Indien, Indonesien, Mexiko, Saudi-Arabien, Südafrika, Süd-Korea, Türkei an. Teilnehmer der Gespräche sind auch Vertreter der → Weltbank, des → Internationalen Währungsfonds und der → Europäischen Zentralbank. Die G-20-Staaten gewannen 2008 als Gremium zur Koordinierung der Bekämpfung der Finanzmarkt- und Wirtschaftskrise unter der Bezeichnung *Weltfinanzgipfel* eine neue Bedeutung.

Hartz IV. Bezeichnung für die gesetzlichen Neuregelungen zur Arbeitsmarktreform, die Teil eines von der sog. Hartz-Kommission (unter Leitung des Personalvorstandes der Volkswagen AG, Dr. Peter Hartz) vorgeschlagenen Reformmaßnahmen-Katalogs sind. Die aus diesem Katalog realisierten Maßnahmen wurden in vier Gesetze aufgeteilt: Hartz I: Schaffung von „Personal-Service-Agenturen" zur Schaffung neuer Beschäftigungsmöglichkeiten durch Leih- und Zeitarbeit; Hartz II: Gesetz zur Förderung von „Minijobs" und von „Ich-AGs" sowie zur Einrichtung von „Job-Centern"; Hartz III: organisatorischer Umbau der bisherigen Bundesanstalt für Arbeit zu einer → Bundesagentur für Arbeit mit stärkerem Akzent auf der Arbeitsvermittlung.

Haushaltsdefizit. Fehlbetrag in den öffentlichen Haushalten (Bund, Länder, Gemeinden), der sich ergibt, wenn die Ausgaben höher sind als die Einnahmen durch Steuern und Abgaben; die Deckung des Fehlbetrags durch die Aufnahme von Krediten führt zum Anwachsen des Schuldenstands (Staatsverschuldung).

homo oeconomicus. Modellartige Bezeichnung für den ausschließlich „wirtschaftlich" denkenden und handelnden Menschen; Hauptmerkmale: Rationalität und Orientierung an der Steigerung des eigenen Nutzens.

Hyper-Inflation. Inflation mit höchster Geschwindigkeit (galoppierende Inflation) mit monatlichen Preisniveausteigerungen von z. B. 50 % in Deutschland in den Jahren nach dem 1. Weltkrieg (1918 – 1923; im Oktober 1923 reichte z. B. der Tageslohn eines qualifizierten Facharbeiters gerade noch für z. B. ein halbes Pfund Butter).

Hypothese. (griech.) „Unterstellung", Vermutung; Aussage, mit der versucht wird, etwas Beobachtetes im Hinblick auf seine Entstehung, seine Ursache oder Wirkung oder seinen Zusammenhang mit anderen Phänomenen zu erklären. Eine Hypothese ist eine vorläufige, ungesicherte Aussage, die bewiesen oder widerlegt werden kann.

Input. „Eingang" von → Ressourcen (Gütern, Dienstleistungen, Informationen) in einen Systemzusammenhang (z. B. einen Produktionsprozess). Vom Input ist der Output (Ergebnis, Leistung, Wirkung) des betreffenden Systems abhängig.

Indikator (von lat. indicare – anzeigen). „Anzeiger" oder „Kennziffer" für bestimmte Sachverhalte, die zahlenmäßig erfasst und gemessen werden sollen. Der Indikator ist eine Größe, bei der das Vorhandensein an sich (Schimmel im Brot) oder das Überschreiten eines bestimmten Zahlenwertes (2 % Preisniveausteigerung) das Vorhandensein eines weiter gefassten Begriffs „anzeigt" (verdorbenes Brot, Inflation). Der Indikator steht also für eine andere Sache, die unmittelbar nicht beobachtet oder gemessen werden kann, ist nicht diese selbst.

Infrastruktur. Wirtschaftlicher und organisatorischer Unterbau: Gesamtheit der Einrichtungen, die die wirtschaftliche Entwicklung eines Landes wesentlich bestimmen. Neben der „materiellen" Infrastruktur (Verkehrs-, Nachrichten- und Gesundheitswesen, Wasser- und Energieversorgung, Bildungseinrichtungen) werden z. B. auch die Rechts- und Berufsordnung und der Bestand an Arbeitskräften zur Infrastruktur gezählt.

Innovation (lat.). Neuerung, die im Unterschied zur Erfindung (Invention) praktisch durchgeführt wird. Die Erzeugung und Umsetzung von neuen, verbilligten und verbesserten Gütern und Diensten und die Anwendung neuer oder effizienterer Produktionsverfahren.

Institution. Einrichtung zur Erfüllung bestimmter (öffentlicher oder privater) Zwecke. Im alltagssprachlichen Gebrauch werden die unterschiedlichsten Einrichtungen als Institutionen bezeichnet, z. B. die Ehe oder bestimmte Organisationen und Ämter. In der Soziologie gelten als Institutionen alle sozialen Gebilde, Organisationen und Prinzipien, die als Träger öffentlicher Ordnung anerkannt und garantiert sind. Da die menschlichen Beziehungen in Institutionen bestimmten Mustern folgen und eine beständige Form besitzen, erleichtern Institutionen die zwischenmenschlichen Beziehungen und die Orientierung in der sozialen Umwelt.

Intervention (aus dem Lat. wörtlich: Dazwischengehen, Sich-Einschalten). Allgemein: Begriff für Eingriffe aller Art in einen laufenden Prozess, eine Entwicklung, eine Meinungsbildung usw.; häufig für Eingriffe des Staates in den Wirtschaftsprozess.

Interventionismus. Wirtschaftspolitische Einstellung, die umfangreiche Eingriffe des Staates in den Wirtschaftsprozess und die Wirtschaftsstruktur befürwortet.

Investition. Langfristige Anlage von → Kapital zur Erhaltung und Vermehrung der Produktionsmittel in Form von Maschinen, Gebäuden usw. Man kann Ersatzinvestitionen (Ersatz abgenutzter Anlagen), Erweiterungsinvestitionen (zur Vergrößerung der betrieblichen Kapazität) und Rationalisierungsinvestitionen (zur Verbesserung der Poduktivität, d. h. des Verhältnisses zwischen Kosten und Ertrag) unterscheiden; öffentliche Investitionen sind Investitionen des Staates (Bund, Länder, Gemeinden), z. B. im Bereich der → Infrastruktur. Investitionsgüter sind also nicht für den Konsum bestimmt, sondern werden zur Herstellung von Gütern (Sachgütern und Dienstleistungen) verwendet. Umgangssprachlich (aber nicht korrekt) wird das Wort investieren auch allgemein für die Geldausgabe zur Anschaffung von Gütern verwendet.

Investmentbank. Sparte des Bankgeschäfts, die sich mit Instrumenten zur Kapitalmarktfinanzierung von Unternehmen beschäftigt. Die Hauptaufgabe des Investmentbankings besteht in der Vorbereitung, Betreuung und Durchführung von Emissionen (Herausgabe von → Wertpapieren), der Entwicklung neuer Wertpapierformen, dem Handel mit Wertpapieren und Finanzinnovationen sowie der Vermögensverwaltung.

IWF, Internationaler Währungsfonds (engl. *International Monetary Fund,* Abk. IMF). Sonderorganisation der UN, die 1944 aufgrund des Abkommens von Bretton Woods zur Überwachung des internationalen Währungssystems gegründet wurde, mit 185 Mitgliedern (2008), Sitz: Washington D. C.; Hauptziele des IWF sind: 1) Bereitstellung von Krediten für Mitgliedstaaten mit Zahlungsbilanzstörungen; 2) Einrichtung eines multilateralen Zahlungsverkehrs und Beseitigung von Devisenbeschränkungen; 3) Stärkung des Welthandels.

Kapital. Geld- und Sachwerte (Geldkapital und Sachkapital), die eingesetzt werden, um weiteren Nutzen zu erwirtschaften (Güter herzustellen oder Zinsen zu erbringen). Als → Produktionsfaktor versteht man unter Kapital alle Mittel, mit denen Güter hergestellt werden: Maschinen, Werkzeuge, Fabrikanlagen usw.

Kapitalgesellschaft. Unternehmensform, die eine Kapitalbeteiligung der Gesellschafter zur Voraussetzung hat. Die Gesellschafter haften im Unterschied zu einer Personengesellschaft nicht mit ihrem ganzen Vermögen für die Schulden der Gesellschaft. Beispiele: Aktiengesellschaft (AG), Gesellschaft mit beschränkter Haftung (GmbH).

Kapitalismus. Schlagwortartige Bezeichnung für ein Wirtschafts- und Gesellschaftssystem, in dem die Produktionsmittel – im Gegensatz zum → Sozialismus – privaten Eigentümern (Kapitaleigentümern) gehören und zu dem Zweck der Gewinnerzielung eingesetzt werden. Der Markt dient als Steuerungselement für Produktion (Art und Umfang), für Höhe und Verteilung der Einkommen und deren Verwendung (Verbrauch und Investition); der Wettbewerb soll der ständigen Verbesserung der wirtschaftlichen Leistung dienen.

Kindergeld. Finanzielle staatliche Leistung an Familien zur Verringerung der finanziellen Belastungen, die Familien mit Kindern auch für die Fortentwicklung der Gesellschaft tragen („Familienlastenausgleich"). Das Kindergeld beträgt zurzeit (2010) monatlich je 184 € für das erste und zweite, 190 € für das dritte und 215 € für das vierte und jedes weitere Kind.

Klassiker. Als Klassik wird in den Wirtschaftswissenschaften die im 18. und 19. Jahrhundert von englischen Volkswirtschaftsgelehrten begründete Lehre bezeichnet, die sich gegen die Lenkung der Wirtschaft durch den Staat wandte und davon ausging, dass in einer „freien" Wirtschaft durch die Verfolgung der Privatinteressen, durch die menschliche Arbeit und die → Arbeitsteilung der gesamtgesellschaftliche Wohlstand am besten gefördert werde. Voraussetzung dafür ist ein funktionierender Marktmechanismus. Die bekanntesten „Klassiker" waren Adam Smith (1723 – 1790) und David Ricardo (1772 – 1823).

Koalition. Bündnis unabhängiger Partner, die ein gemeinsames Ziel verfolgen; insbesondere das Bündnis von zwei oder mehr Fraktionen (Fraktion = Gruppe der Abgeordneten einer Partei) zum Zwecke der Bildung einer gemeinsamen Regierung (Regierungskoalition). Mit „Großer Koalition" wird das Bündnis der beiden großen Volksparteien SPD und CDU/CSU bezeichnet.

Kommunismus. Höchste Stufe des → Sozialismus, auf der die völlige Gleichheit aller Gesellschaftsmitglieder hergestellt sein soll.

kommunistisch. Sich an der Zielvorstellung des → Sozialismus und → Kommunismus orientierend; Bezeichnung für politische Systeme, die durch die Alleinherrschaft einer an der Ideologie des → Marxismus orientierten Partei gekennzeichnet sind (China, Nordkorea, Kuba).

Konjunktur. Der Begriff bezeichnet die Gesamtsituation einer Volkswirtschaft, die sich aus dem Zusammenhang (lat. coniungere – zusammenfügen) verschiedener Teilentwicklungen ergibt. Typisch für die „konjunkturelle Entwicklung" sind wellenförmige Schwankungen des wirtschaftlichen Wachstums (Konjunkturzyklen), das an der Entwicklung des → Bruttoinlandsprodukts gemessen wird.

Konjunkturprogramm. Bezeichnung für staatliche Ausgaben (Zuschüsse, Fördermittel, Steuererleichterungen, Investitionshilfen), mit denen der Staat versucht, die Entwicklung des wirtschaftlichen Wachstums (Konjunktur) „anzukurbeln". Kritiker solcher Programme weisen darauf hin, dass damit zumeist nur kurzfristige Wirkungen erzielt werden (Strohfeuer) und die Staatsverschuldung vergrößert wird, wenn der Staat zur Finanzierung Kredite aufnimmt.

konservativ [von lat. conservare „bewahren"]. Politische Haltung, welche die bestehende politische, wirtschaftliche und soziale Ordnung grundsätzlich zu erhalten strebt. Der Konservatismus wendet sich daher gegen radikale Reformen des Bestehenden; Billigung finden nur Veränderungen, mit deren Hilfe die bestehende Ordnung zum Wohle von Staat und Gesellschaft weiterentwickelt werden kann.

Konzern. Zusammenschluss von rechtlich selbstständigen Unternehmen, die ihre wirtschaftliche Selbstständigkeit aufgeben und sich einer einheitlichen Leitung unterstellen. Die im Konzern zusammengeschlossenen Unternehmen können der gleichen Produktions- oder Handelsstufe angehören (horizontaler Zusammenschluss), aufeinanderfolgenden Produktions- oder Handelsstufen angehören (vertikaler Zusammenschluss) oder aus sehr unterschiedlichen Wirtschaftszweigen kommen (anorganischer oder konglomerater Zusammenschluss).

Kurzarbeit. Zur Erläuterung s. M 59.

Leitzinsen. Zinssätze, die eine → Zentralbank im Rahmen ihres geldpolitischen Instrumentariums festsetzt, um damit die Zinsverhältnisse am Geldmarkt und darüber auch die allgemeine Zinsentwicklung in einer Volkswirtschaft maßgeblich zu beeinflussen bzw. zu „leiten". Sie signalisieren den von der Notenbank angestrebten geldpolitischen Kurs. So soll die Anhebung (Senkung) eines Leitzinses eine restriktivere (expansivere) Geldpolitik anzeigen.

liberal. → Liberalismus

Liberalisierung. Die Beseitigung von Regelungen, die den freien Austausch von Waren, Dienstleistungen und Kapital behindern. Im nationalen Bereich spricht man auch von Deregulierung. Die Liberalisierung des internationalen Warenhandels führt zum Freihandel.

Liberalismus. Weltanschauung und politische Bewegung seit dem 18. Jh., die eine Kontrolle der einzelnen Person durch den Staat oder andere Institutionen zu verringern und die freie Entfaltungsmöglichkeit der Individuen zu fördern trachtet, sowohl im politischen wie im wirtschaftlichen Bereich. Der ökonomische Liberalismus setzte im Kern auf die Freiheit des Unternehmers, die sich auf privates Eigentum stützt, durch Innovationskraft und rationelles Gewinnstreben die → Produktivität steigert, den Wettbewerb fördert und zu einem freien Spiel der Kräfte im arbeitsteiligen Wirtschaftsleben beiträgt.

Liquidität. Die unmittelbare Zahlungsfähigkeit einer Person oder einer Institution. Liquide (von lat. liquidus – flüssig) Mittel sind in erster Linie Bargeld und Giroguthaben bei Banken (Liquidität 1. Grades), Aber auch Vermögen, das rasch und leicht zu Geld gemacht werden kann, zählt hierzu (Termin- und Sparguthaben, börsennotierte → Wertpapiere, Forderungen; Liquidität 2. Grades).

Lohndumping. Besonders von Gewerkschaften benutzter Begriff für Löhne, die unter dem gültigen Tarif liegen. Der

Begriff Dumping bezeichnet ursprünglich den Verkauf von Waren, zu einem Preis, der unter den Herstellungskosten liegt (z. B. als „Einstandspreis", um Wettbewerber aus dem Markt zu drängen).

Lohnnebenkosten (Arbeitsnebenkosten, Personalnebenkosten). Aufwendungen des Arbeitgebers, die aufgrund von gesetzlichen Vorschriften, Tarifverträgen sowie Betriebsvereinbarungen oder freiwillig erbracht werden: z. B.: Arbeitgeberanteile zur → Sozialversicherung, Weihnachtsgeld, Urlaubsgeld, vermögenswirksame Leistungen oder betriebliche Altersversorgungen und Gratifikationen. Die Lohnnebenkosten beeinflussen maßgeblich die Höhe der Arbeitskosten, die sich aus dem Lohn des Arbeitnehmers für seine geleistete Arbeit und den Lohnzusatzkosten zusammensetzt.

Makroökonomie. Bezeichnung für die Erforschung und Beschreibung des Wirtschaftsprozesses im Hinblick auf große (zu Sektoren/Aggregaten zusammengefasste) Wirtschaftseinheiten (private Wirtschaft, Staat, Import, Export usw.) und gesamtwirtschaftliche Zusammenhänge (Konjunktur, Beschäftigung, Inflation). Im Unterschied dazu bezieht sich die mikroökonomische Betrachtungsweise auf die Untersuchung des Verhaltens einzelner Wirtschaftseinheiten oder Wirtschaftssubjekte (z. B. das Angebots- und Nachfrageverhalten von Unternehmen und Haushalten auf den einzelnen Märkten, die Preisbildung und den Wettbewerb). Die mikroökonomische schafft die Voraussetzung für die makroökonomische Analyse.

Manipulation (zu frz. manipuler „handhaben"). Die Beeinflussung, Steuerung fremden Denkens, Fühlens und Verhaltens, meist ohne dass sich die Betroffenen der Steuerung bewusst werden.

Marxismus. Von Karl Marx (1818 – 1883) und Friedrich Engels (1820 – 1895) begründete philosophisch-ökonomische Lehre, die davon ausgeht, dass der Motor der gesellschaftlichen Entwicklung im Kampf zwischen den beiden Klassen der Produktionsmittelbesitzer (Kapitalisten) und der Arbeiter (Proletariat) besteht. Ziel ist die Herstellung einer klassenlosen Gesellschaft im → Sozialismus bzw. → Kommunismus.

Mehrwertsteuer. Verbrauchssteuer, Form der Umsatzsteuer; Steuer, die der Verbraucher beim Kauf einer Ware zusätzlich zum eigentlichen Verkaufspreis bezahlen muss (in Deutschland in der Regel 19 Prozent des Verkaufspreises, bei bestimmten Waren wie Lebensmitteln und Büchern 7 %). Der Verkäufer muss diese Steuerbeträge an den Staat abführen.

Merkantilismus. Wirtschaftssystem im Zeitalter des → Absolutismus (17/18. Jh. in Europa), das der Vergrößerung des nationalen (fürstlichen) Reichtums und der Macht des Staates dienen sollte; wirtschaftspolitisch wurde vor allem der Außenhandel (Export) gefördert. Die Bezeichnung Merkantilismus wurde von Adam Smith (1723 – 1790) als Gegensatz insbesondere zu dem von ihm theoretisch interpretierten → liberalen Industrie- und Marktwirtschaftssystem geprägt.

mikroökonomisch. → Makroökonomie.

Modell. Im allgemeinen Sprachgebrauch eine vereinfachende Darstellung eines Sachverhalts, die es ermöglichen soll, den gesamten Sachverhalt in seiner Struktur zu verstehen. Ein Modell ist also nicht der gemeinte Sachverhalt selbst, es versucht, die für den Sachverhalt am wichtigsten erscheinenden Zusammenhänge abzubilden, setzt also immer eine Entscheidung darüber voraus, was als wesentlich und was als vernachlässigbar anzusehen ist. Für den Erkenntnisprozess in den Wirtschaftswissenschaften ist die Verwendung von Modellen typisch. Ihre Funktion besteht darin, ökonomische Vorgänge zu erklären oder auch zu prognostizieren.

OECD. Organization for Economic Cooperation and Development. Seit 1963 Nachfolgeorganisation der OEEC (Organization for European Economic Cooperation), die 1948 mit dem Ziel des Wiederaufbaus der europäischen Wirtschaft gegründet wurde. Der OECD gehören 30 Länder an (alle westlichen Industrieländer einschließlich USA, Kanada, Japan, Australien und der Türkei). Ziel der OECD ist die Koordinierung der Konjunktur- und Währungspolitik und die Förderung der Entwicklungshilfe. Sitz: Paris.

ökologisch. Der Begriff (von griech. oikos – Haus, Haushaltung und logos – Rede, Lehre) bezieht sich allgemein auf die Beziehungen zwischen den Lebewesen und ihrer Umwelt. Ziel ökologischer Politik ist es, trotz der Anforderungen der Wirtschaft und der Umweltbelastung die natürlichen Lebensgrundlagen für Menschen und Tiere zu erhalten und die natürliche Umwelt zu schützen.

Ölschock. Bezeichnung für eine durch einen abrupten starken Anstieg der Ölpreise („Ölkrise") verursachte schwierige wirtschaftliche Situation (Konjunkturrückgang, steigende Arbeitslosigkeit); zumeist bezogen auf die beiden Ölkrisen von Herbst 1971 (Verknappung der Ölmenge durch die OPEC, Anstieg der Ölpreise um über 70 %) und von 1979/80 (Revolution im Iran, Golfkrieg, Preisanstieg von 17,2 Dollar (1979) bis auf 33 Dollar (1982) pro Barrel (159 Liter Öl). In der Zeit von 2000 bis 2007 stieg der Preis von 27 auf 65 Dollar.

Ordoliberalismus. Theoretischer Entwurf einer freiheitlichen, auf den Grundsätzen der Marktwirtschaft beruhenden Wirtschafts- und Gesellschaftsordnung. Als deutsche Variante des Neoliberalismus eine der Grundlagen der sozialen Marktwirtschaft. Die geistigen Ursprünge gehen auf den deutschen Ökonomen Walter Eucken (1891 – 1950) zurück, der mit anderen Nationalökonomen und Juristen in der sog. Freiburger Schule in den 1930er-Jahren Grundgedanken zur Ordnung der Wirtschaft und des Wettbewerbs entwickelte.

Pionierunternehmer. Der österreichische Volkswirtschaftler und Sozialwissenschaftler Joseph A. Schumpeter entwickelte eine Theorie zur wirtschaftlichen Entwicklung des kapitalistischen Wirtschaftssystems, die er durch innerwirtschaftliche Veränderungen erklärte. Den durch den Wettbewerb ausgelösten *Prozess der „schöpferischen Zerstörung"*, d. h. der ständigen Erneuerung und Verbesserung der Produktionsverfahren und Erzeugnisse, bei dem alte Güter und Produktionsverfahren ständig durch neue ersetzt werden, sieht Schumpeter als Motor der wirtschaftlichen Entwicklung. Eine zentrale Rolle spielt dabei der *„dynamische"*, der schöpferische, einfallsreiche *Unternehmer*, der durch neue Ideen und den Einsatz neuer Produktionsmethoden, Techniken und Verarbeitungsmöglichkeiten den wirtschaftlichen und technischen Fortschritt immer wieder vorantreibt.

Planwirtschaft. Dem marktwirtschaftlichen System gegenüberstehendes System, das meist kein Privateigentum an Produktionsmitteln erlaubt und bei dem der Staat die Weisung gibt, was, wann, wo, wie viel und zu welchem Preis produziert werden soll und wie eine Zuteilung zu erfolgen hat. Die Steuerung des Wirtschaftsablaufs erfolgt im Modell zentral über eine staatliche Planungsbehörde (Zentralverwaltungswirtschaft), die den Betrieben Produktionsanweisungen gibt, die Zuteilung von Rohstoffen regelt usw.

Produktionsfaktoren. Mittel, mit denen Güter hergestellt (produziert) werden. Die Volkswirtschaftslehre unterscheidet im Allgemeinen drei Produktionsfaktoren: 1. Boden bzw. Natur (Land und Wasser, mit allen darin enthaltenen Bodenschätzen und Energiequellen); 2. Arbeit (körperliche und geistige menschliche Arbeit); 3. Kapital (außer Boden und Arbeit alle sonstigen Mittel, die für die Produktion verwendet und selber erst hergestellt werden müssen: Maschinen, Werkzeuge, Gebäude usw.).

Produktivität. Verhältnis von Produktionsergebnis zum Einsatz der → Produktionsfaktoren. Die Produktivität ist gestiegen, wenn mit dem gleichen Einsatz von Produktionsfaktoren ein größeres Produktionsergebnis erzielt wurde oder bei gleichem Produktionsergebnis die Einsatzmenge der Produktionsfaktoren geringer war. Gemessen wird zumeist die Arbeitsproduktivität (Produktion je Beschäftigten oder je Beschäftigtenstunde). Gründe für steigende Arbeitsproduktivität können eine höhere Leistungsintensität der Arbeit oder eine verbesserte Arbeitsorganisation oder die Einsparung von Arbeitskräften durch den Einsatz von Maschinen (Rationalisierung) sein.

real. Im Unterschied zu nominalen (in jeweiligen Preisen gerechneten) werden in realen wirtschaftlichen Größen (z. B. reales Bruttoinlandsprodukt, Reallohn) die Preissteigerungen berücksichtigt (d. h., die Preiseffekte werden durch Zurückrechnung auf konstante Preise eines Basisjahres ausgeschaltet).

Refinanzierung. Bezeichnung für den Vorgang, mit dem sich Banken bei der → Zentralbank (im Rahmen der „Refinanzierungspolitik") Zentralbankgeld beschaffen.

Ressourcen. Hilfsmittel, Reserven. In der Volkswirtschaft alle Mittel, die für die Produktion von Gütern und Dienstleistungen zur Verfügung stehen. Im engeren umwelt- und energiepolitischen Sinn: Gesamtheit aller natürlichen Rohstoffe und Energieträger. In der Politik: Machtmittel, Möglichkeiten, auf die man sich stützen kann. Im weiteren Sinne alle Mittel und Möglichkeiten, aus denen eine Person oder eine Gruppe schöpfen kann, um ihre Stellung in der Gesellschaft zu erhalten oder zu verbessern.

Rezession. Oft unklar gebrauchter Begriff für den Rückgang des Wirtschaftswachstums; z. T. wird der Tiefpunkt des Konjunkturzyklus als Rezession bezeichnet, z. T. nur dann, wenn er mit „Minus-Wachstum" verbunden ist. Eine länger anhaltende Rezession wird auch als → Depression bezeichnet.

Richtlinien. Die von der Europäischen Union beschlossenen „Gesetze" heißen „Verordnungen", wenn sie unmittelbar in allen Mitgliedstaaten verbindlich gelten und über dem Recht des jeweiligen Staates stehen. Daneben beschließt die EU „Richtlinien", d. h. Weisungen an die Mitgliedstaaten, ihre nationalen Gesetze oder Vorschriften so zu ändern, dass das in der „Richtlinie" enthaltene Ziel erreicht wird (Umsetzung der Richtlinie in nationales Recht).

SED. Sozialistische Einheitspartei Deutschlands; bis zum Ende der → DDR (1989/90) die das gesamte politische, gesellschaftliche und wirtschaftliche Leben des Landes beherrschende Staatspartei der DDR (hervorgegangen aus der unter dem Druck der sowjetischen Besatzungsmacht vollzogenen Zwangsvereinigung von KPD und SPD).

Sittenwidrigkeit. Allgemein gehaltener Begriff der Rechtsordnung, der eine rechtliche Regelung verbieten soll, die gegen die „guten Sitten" (gegen das „Anstandsgefühl aller billig und gerecht Denkenden") verstößt. In der Diskussion über Niedriglöhne bezeichnet man Löhne als „sittenwidrig", die mehr als 30 % unterhalb des in der Branche oder vor Ort üblichen Tarifs liegen.

Souveränität. Eigene, selbstbestimmte Herrschaftsgewalt eines Staates nach innen (Gewaltmonopol) und außen; die äußere (völkerrechtliche) Souveränität garantiert die Unabhängigkeit (Selbstbestimmungsrecht) eines Staates in den internationalen Beziehungen; *Souveränitätsrechte* können auf supranationale Organisationen (z. B. die EU) übertragen werden (Souveränitätsverzicht in bestimmten Bereichen).

Soziale Sicherung. Teil der Sozialpolitik, der dem Schutz des Bürgers vor Risiken der Lebenslage und vor materieller Not dient, er umfasst das System der → Sozialversicherung, die „Grundsicherung für Arbeitsuchende" (→ Arbeitslosengeld II/„Hartz IV") und die → Sozialhilfe.

Sozialhilfe. Teil der sozialen Sicherung, der dazu dienen soll, in Not geratenen Menschen ein menschenwürdiges Leben (Existenzminimum) zu ermöglichen. Auf Sozialhilfe besteht ein gesetzlicher Anspruch, wenn der Bedürftige sich nicht selbst helfen oder die erforderliche Hilfe nicht von anderen erhalten kann. Im Rahmen der Arbeitsmarktreform wurden zum 1.1.2005 die arbeitsfähigen unter den bisherigen Sozialhilfeempfängern aus der Sozialhilfe ausgegliedert (sie erhalten jetzt → „Arbeitslosengeld II") und das Sozialhilfesystem reformiert. Dabei wurden die „Regelsätze" neu festgesetzt, und zwar auf 347 € (seit 2009: 359 €). Hinzu kommt, wie bisher, die Übernahme der Kosten für Miete und Heizung (Näheres: www.bmas.bund.de → Soziale Sicherung).

Sozialismus. Im frühen 19. Jahrhundert entstandene Lehre und politische Bewegung, die dem Prinzip der Gleichheit den Vorrang vor dem der Freiheit gibt und die Verfügung über die Produktionsmittel in die Hand der Gesellschaft bzw. des Staates legen will (im Gegensatz zum → „Kapitalismus", in dem die Produktionsmittel privaten Eigentümern gehören).

sozialistisch. Bezeichnung für eine Gesellschaft oder eine Theorie, die die Grundprinzipien des → Sozialismus (kein Privatbesitz an Produktionsmitteln, Vorrang des Prinzips der Gleichheit vor dem der Freiheit, Ausübung der Macht durch eine Einheitspartei) verwirklicht bzw. zu verwirklichen versucht.

Sozialleistungen. Sammelbezeichnung für alle Leistungen (Zahlungen) des Staates, die sozialen Zwecken dienen (→ Sozialversicherung, → Kindergeld, → Arbeitslosengeld II, → Sozialhilfe usw.; vgl. → Transferleistungen).

Sozialversicherung. Alle Angestellten und Arbeiter sind verpflichtet, monatliche Beiträge an vier Versicherungen zu leisten, die zusammenfassend als Sozialversicherung bezeichnet werden: Die Krankenversicherung übernimmt die Kosten für die medizinische Betreuung im Krankheitsfall; die Arbeitslosenversicherung zahlt Arbeitslosengeld, wenn man arbeitslos wird; die Rentenversicherung zahlt die monatliche Rente, wenn man aus Altersgründen aus dem Erwerbsleben ausgeschieden ist; die Pflegeversicherung leistet Zahlungen, wenn Menschen, vor allem ältere Menschen, zu Pflegefällen werden. Die Beiträge zu allen vier Versicherungen machten 2008 für die Arbeitnehmer knapp 20 % ihres monatlichen Bruttoeinkommens aus; weitere 20 % werden von den Arbeitgebern in die Versicherungskassen gezahlt.

Spekulation. Ausnutzung zeitlicher Preisunterschiede und Zufälligkeiten auf dem Markt zu Gewinnzwecken; so werden z. B. Güter oder → Devisen mit der Absicht gekauft, sie später (wenn der Preis gestiegen ist) wieder zu verkaufen; jede Spekulation enthält das Risiko, dass die Preiserwartung nicht eintritt.

Staatsinterventionismus. Kritische Bezeichnung für eine wirtschaftspolitische Grundhaltung, nach der die Wirtschaft eines Landes durch starke staatliche Eingriffe aktiv gestaltet werden soll.

Subventionen. Zuschüsse der „öffentlichen Hand" (des Staates) an förderungsbedürftige Wirtschaftszweige (z. B. Landwirtschaft, Wohnungsbau, Schifffahrt) oder an Personengruppen mit geringem Einkommen (Sparförderung, Vermögensbildung). So können Subventionen etwa zur Erhaltung von Betrieben oder ganzen Wirtschaftszweigen gewährt werden, zur Anpassung an neue Bedingungen, zur Förderung des Produktivitätsfortschritts und des Wachstums von Unternehmen oder Unternehmenszweigen. Subventionen werden als direkte Finanzhilfen oder indirekt in Form von Steuervergünstigungen gezahlt und können mit bestimmten Auflagen verbunden sein. Im allgemeinen Sprachgebrauch werden alle Arten von staatlichen Zuschüssen und Fördermitteln als Subventionen (von lat. subvenire – zu Hilfe kommen) bezeichnet.

Tarifautonomie. Freiheit der → Tarifpartner, ohne staatliche Einwirkung Verträge über Arbeitsentgelte und -bedingungen abzuschließen; sie handeln Tarifverträge aus, die ihre jeweiligen Mitglieder verpflichten. Tarifautonomie ist ein wesentlicher Bestandteil der Koalitionsfreiheit.

Tarifpartner (Sozialpartner). Die zum Abschluss eines Tarifvertrages fähigen Zusammenschlüsse von Arbeitgebern (Arbeitgeberverbände) und Arbeitnehmern (Gewerkschaften).

Tarifvertrag. Schriftlicher Vertrag zwischen Arbeitgebern und Gewerkschaften zur Regelung arbeitsvertraglicher Bedingungen (Löhne, Inhalt, Abschluss und Beendigung von Arbeitsverhältnissen), von Rechten und Pflichten der Tarifpartner sowie zur Regelung von betrieblichen und betriebsverfassungsrechtlichen Fragen und gemeinsamen Einrichtungen der Vertragsparteien. Das Recht zum Abschluss eines Tarifvertrags folgt aus der in Art. 9 Abs. 3 GG garantierten → Tarifautonomie.

Transaktion. Wirtschaftlicher Vorgang, bei dem ein Gut oder ein Rechtsanspruch von einem Wirtschaftssubjekt (Privatperson, Haushalt, Unternehmen, Staat) auf ein anderes übergeht (übertragen wird). So ist z. B. jeder Kauf oder Verkauf eine Transaktion.

Transaktionskosten. Allgemein alle Kosten, die im Zusammenhang mit wirtschaftlichen Transaktionen entstehen oder diese Transaktionen erst ermöglichen (z. B. Informationskosten der Verbraucher vor dem Kauf langlebiger Konsumgüter); insbesondere auch währungsbedingte Umtausch-, Absicherungs- und Informationskosten des internationalen Güterverkehrs. Beim Tausch von Währungen entstehen Kosten durch Gebühren von Banken oder Wechselbüros.

Transferzahlungen. Zahlungen des Staates an private Haushalte, für die der Staat keine Gegenleistung erhält. Sie bewirken eine Einkommensumverteilung und sollen soziale Ungleichheiten mildern (→ Wohngeld, → Kindergeld, BAföG etc.); vgl. → Sozialleistungen.

Verbriefung. Schaffung einer spezifischen Form von → Wertpapieren: Eigentumsrechte und Forderungen (Zahlungsansprüche; z. B. von Banken aus vergebenen Krediten) werden zu „Paketen" gebündelt, die dann als gewinnbringende Wertpapiere verkauft und in den internationalen Handel gebracht werden.

Warenkorb. Bezeichnung für die Menge an Waren und Gütern, die statistisch den typischen Verbrauch eines privaten Haushalts innerhalb eines bestimmten Zeitraums darstellt. Der Warenkorb liegt der Berechnung des Verbraucherpreisindex durch das Statistische Bundesamt zugrunde und enthält 700 ausgewählte Waren und Dienstleistungen, die nach dem Verwendungszweck in zwölf Hauptgruppen untergliedert sind (z. B. Nahrungsmittel und alkoholfreie Getränke, alkoholische Getränke und Tabakwaren, Bekleidung und Schuhe, Wohnung, Wasser, Elektrizität, Gesundheitspflege, Verkehr, Nachrichtenübermittlung, Freizeit und Kultur, Bildungswesen). Die Zusammensetzung des Warenkorbs muss dem Verbrauch der privaten Haushalte möglichst genau entsprechen.

Weiterhin muss die Gewichtung der einzelnen Güter und Dienstleistungen des Warenkorbs dem Anteil möglichst nahekommen, den der durchschnittliche Haushalt von seinem Einkommen für solche Waren aufwendet. Deshalb wird neben der Zusammensetzung auch die Gewichtung der Güter und Dienstleistungen des Warenkorbs auf die Konsumgewohnheiten unterschiedlicher Haushalte (Indexhaushalte) abgestellt sowie im Zeitverlauf überprüft und entsprechend angepasst. Eine Anpassung der Zusammensetzung des Warenkorbs an die Konsumgewohnheiten der Haushalte wird in der Regel alle fünf Jahre vorgenommen (im Jahr 2008 wurde der Warenkorb von 2000 auf 2005 umgestellt). Dies gewährleistet, dass längerfristig verändertes Kaufverhalten berücksichtigt wird, kurzfristige Modeerscheinungen jedoch keinen Einfluss haben.

Weber, Max. Professor für Wirtschaftswissenschaften und Soziologie in Berlin, Freiburg und Heidelberg (1864–1920). Hauptwerk: Wirtschaft und Gesellschaft. Grundriss der verstehenden Soziologie, drei Bde., Berlin 1921.

Wechselkurs. Preis einer ausländischen Währung, ausgedrückt in Einheiten der eigenen Währung. Im Unterschied zur Preisnotierung gibt die Mengennotierung an, welcher Betrag der Auslandswährung als Gegenwert für eine bestimmte Menge an Inlandswährung zu zahlen ist (z. B. 1,20 US-Dollar für einen Euro).

Weltbank (amtlich: Internationale Bank für Wiederaufbau und Entwicklung, engl. *International Bank for Reconstruction and Development*). Sonderorganisation der UN (seit 25.11.1947). Ziel der Weltbank ist es, den Lebensstandard in den Entwicklungsländern durch Gewährung finanzieller und technischer Hilfe zu heben und das bei der Finanziung von Entwicklungsprojekten auftretende Risiko auf alle Mitgliedstaaten zu verteilen. Die Hilfen dienen v. a. zur Befriedigung von Grundbedürfnissen und zur ländlichen Entwicklung unter Einbeziehung umweltpolitischer Aspekte.

Weltwirtschaftskrise. Allgemeine Bezeichnung für eine Wirtschaftskrise, die weltweit zumindest die wichtigsten Wirtschaftsmächte erfasst; im engeren Sinne Bezeichnung für die Wirtschaftskrise, die sich nach dem New Yorker Börsenkrach („Schwarzer Freitag" des 25.10.1929) global ausweitete und auf ihrem Höhepunkt zur Arbeitslosigkeit von insgesamt ca. 30 Mill. Menschen führte.

Wertpapiere. Im weitesten Sinne alle Urkunden über Vermögensrechte, Banknoten genauso wie eine Aktie oder sogar Briefmarke. Wertpapiere im Sinne des Wertpapierhandelsgesetzes sind, auch wenn für sie keine Urkunden ausgestellt sind, Aktien, Zertifikate, Schuldverschreibungen und andere Wertpapiere, die mit Aktien oder Schuldverschreibungen vergleichbar sind, wenn sie an einem Markt gehandelt werden können. Wertpapiere sind auch Anteilscheine, die von einer Investmentgesellschaft ausgegeben werden. Sie werden ausgegeben durch die staatlichen Institutionen (Bund, Länder, Gemeinden, Bahn, Post), durch Banken, durch die Industrie oder durch das Ausland.

Werturteil. Aussage, die explizit eine Wertung enthält, d. h. bestimmte Vorgänge, Handlungen oder Entscheidungen als gerechtfertigt/wünschenswert/gut bzw. als nicht gerechtfertigt/schlecht bezeichnet.

Wirtschaftsliberalismus. → Liberalismus.

Wohngeld. Staatlicher Zuschuss zu den Mietkosten (Mietzuschuss, Mietbeihilfe) für Haushalte, derer Einkommen unter einer bestimmten Grenze liegen und deren Mietkosten (z. B. wegen vieler Kinder) das Einkommen stark belasten (ca. 800 000 Bezieher, der durchschnittliche Betrag wurde von 90 € auf 142 € [ab 1.1.2009] erhöht).

Zentralbank. Geldpolitische Entscheidungsinstanz einer Volkswirtschaft. Als Bestandteil des Bankensystems ist die Zentralbank allein zur Ausgabe gesetzlicher Zahlungsmittel berechtigt. Über den Einsatz ihrer geldpolitischen Instrumente kann die Zentralbank die Bankenliquidität und die Geldschöpfung der Banken so steuern, dass die Ziele der Geldpolitik erreicht werden. Zu den geldpolitischen Zielen zählt vorrangig die Erreichung und Sicherung der Geldwertstabilität. Die Deutsche Bundesbank ist die nationale Zentralbank der Bundesrepublik Deutschland. In der Europäischen Wirtschafts- und Währungsunion bilden die nationalen Zentralbanken und die Europäische Zentralbank zusammen das Eurosystem, das die Geldpolitik für alle Teilnehmerländer einheitlich festlegt.

Register (G = Glossar)

Bildquellenverzeichnis

Umschlag vorne: links: © picture-alliance/ZB, rechts: © picture-alliance/dpa; Umschlag hinten: © picture-alliance/ZB; S. 5: o.l.: © picture-alliance/dpa; o.r.: Fotostudio Druwe & Polastri; M.l.: © picture-alliance/ZB; M.r.: ullstein-bild – oed; u.l. und r.: © picture-alliance/dpa; S. 6 o.: © Bergmoser + Höller Verlag AG; S. 9: o.: dpa/Stephan Jansen, u.: © picture-alliance/dpa; S. 10: o.l.: © picture-alliance/dpa; o.r.: © picture-alliance/dpa-infografik; u.: © Bergmoser + Höller Verlag AG; S. 12 o.: © picture-alliance/dpa; u.: © picture-alliance/dpa-infografik; S. 16: bpk, Berlin; S. 17: AKG, Berlin; S. 18: Archiv/INTERFOTO; S. 20: o.: © picture-alliance/akg-images, u.: Süddeutscher Verlag – Bilderdienst; S. 22: Peter J. Schneider/Zindel, Kopiervorlagen für den Politikunterricht, Heft 2: Wirtschaftsordnungen und Wirtschaftspolitik, © Winklers Verlag / Gebrüder Grimm, Darmstadt o.J., Lösungen, S. 8; S. 23: Zeichnung: Gerhard Mester/CCC, www.c5.net; S. 24: © Henning Kaiser/ddp; S. 27: o.l.: © Bergmoser + Höller Verlag AG; o.r. und u.: © picture-alliance/dpa-infografik; S. 29: © picture-alliance/dpa-infografik; S. 31 o.: Verlagsarchiv Schöningh; u.: © Erich Schmidt Verlag; S. 37: l.: Zeichnung: Kossatz, M.: Zeichnung: Auth; S. 41: o.: © picture-alliance/dpa-infografik; u.: © Bergmoser + Höller Verlag AG; S. 43: o.: © picture-alliance/dpa-infografik; u.: © Bergmoser + Höller Verlag AG; S. 44: © European Central Bank; S. 45: Unser Geld. Ein Heft für die Schule, Sek. I, Ausgabe 2004/2005, hg. im Auftrag der Arbeitsgemeinschaft zur Förderung der wirtschaftlichen und sozialen Bildung von Adalbert Kitsche und Heinz Markmann, Verlag Th. Mann, Gelsenkirchen 2004, S. 15; S. 46: © picture-alliance/dpa-infografik; S. 49: © Erich Schmidt Verlag; S. 50 u.: © picture-alliance/dpa-infografik; S. 53 u.: aus: Bundesagentur für Arbeit (Hg.): IAB-Kurzbericht 18/2010; S. 54: © picture-alliance/dpa-infografik; S. 55: o.: © picture-alliance/dpa-infografik; u.: © Bergmoser + Höller Verlag AG; S. 62 u.: Zeichnung: Jan Tomaschoff/CCC, www.c5.net; S. 64: o.: © Erich Schmidt Verlag; u.r.: © picture-alliance/dpa-infografik; S. 65: Zeichnung: Horst Haitzinger/CCC,www.c5.net; S. 67: aus: Bundesagentur für Arbeit (Hg.), IAB-Kurzbericht 12/2010, S. 3; S. 70: © picture-alliance/dpa-infografik; S. 72: © Erich Schmidt Verlag; S. 75: AKG, Berlin; S. 77: Camera Press/INTERFOTO; S. 80, 81, 82: © picture-alliance/dpa-infografik; S. 83: l.: Grafik: BMWi, Datengrundlage Statistisches Bundesamt; r.: Grafik: BMWi, Datengrundlage Bundesagentur für Arbeit, Deutsche Bundesbank; S. 85: © picture-alliance/dpa-infografik; S. 87: l.: © picture-alliance/dpa; r.: © picture-alliance/dpa-infografik; S. 89: © picture-alliance/ZB; S. 90: o.l.: © Bergmoser + Höller Verlag AG; o.r. und u.: © picture-alliance/dpa-infografik

Sollte trotz aller Bemühungen um korrekte Urheberangaben ein Irrtum unterlaufen sein, bitten wir darum, sich mit dem Verlag in Verbindung zu setzen, damit eventuelle Korrekturen vorgenommen werden können.